新版

福祉産業マネジメント

編著
渡辺孝雄
服部　治
小島理市

Healthcare and Socialcare Management

同文舘出版

≪著者紹介（執筆順）：肩書は執筆時のものです。≫

渡辺　孝雄（社会福祉法人プラットホーム武蔵野館理事）＜第1,2,3,5章＞
森下　正之（東海大学教養学部講師）＜第4章＞
岡本多喜子（明治学院大学社会学部教授）＜第5章＞
小島　理市（産業能率大学経営情報学部講師）＜第6,8,10,11章＞
細川　和男（みずほ総合研究所株式会社　＜第7,12章＞
　　　　　　コンサルティング部主席コンサルタント）
勝又　壽良（元東海大学教養学部教授）＜第9章＞
服部　　治（松蔭大学経営文化学部教授）＜第13,14章＞
志築　　学（共栄大学国際経営学部教授）＜第15章＞

はしがき

　「福祉」という概念が時代の変遷と共に大きく変化してきている。それは福祉国家から福祉社会へと，給付主体が国家から社会保険へと移行し，今また自助・共助による「予防」「自立」を中心とする市民社会の主体的参加が求められている。この背景には，先進国が共通して高齢化と低経済成長下にあり，社会保障の財政負担が重くなっていることと，経済発展により「人権尊重・個人の尊厳」の価値観や高度情報化社会の拡大で利用者のニーズも多様化してきていることがあると推察される。

　福祉産業は，「福祉」概念の目まぐるしい変化にもかかわらず，2000年以降の10年間において多くの課題を抱えながら，社会的ニーズの中に静かに強く浸透してきていると言わざるを得ない。今，福祉産業への対応を行政が間違えるならば制度崩壊を起こしかねない状況に至っているが，なお奮闘している。

　国家の福祉についてのビジョンも明確でない中，福祉産業の対応も混迷しているが，21世紀先進国の「福祉」の問題解決の方向性は次の点にならざるを得ない。すなわち，福祉産業は，国家地方自治体の財源や人的資源の薄さを勘案すれば，今後はNPOや地域コミュニティセクターとネットワークを組みながら，持続可能な福祉制度を支援するという2つのテーマを抱え，現実的対応において答えを出していかねばならない。

　本書では，各専門家がそれぞれの立場から過去および将来を見つめながら問題点や対応策について造詣の深い提案を集約している。福祉産業に従事している方々，福祉関連の教育機関の学生・教員の方々に理論および実務面のヒントを提供し，加えて将来への希望をもっていただければと願うものである。

　本書は2004年に刊行した『福祉産業経営』のコンセプトをそのまま引き継ぎながら，その後に成立した介護保険法導入等，福祉制度のあり方を大きく変える法制度の制定，改革があったことに鑑み，大幅に加筆修正を行なった全面改

訂版である。

これを機会に書名も『福祉産業マネジメント（新版）』とし，内容はさらに充実したものになったと自負している。

最後に，執筆者各位には限りある紙数に凝縮して豊富な知識・見解を盛り込んでいただき，深く感謝申し上げます。また，本書の刊行にあたり，同文舘出版取締役市川良之様には多大なご尽力をいただき，温かいご支援なくしては発刊に至らなかったと深く感謝申し上げます。

≪本書の構成と内容≫

各章のポイントを要約すると以下のようになる。

第１章の「福祉産業に未来はあるか」では，現在，最も議論されなければならない課題に挑戦している。時代を読解くキーワードは，セイフティーネット，社会保障制度改革，財政逼迫，高齢化，ニーズの多様化，自助・共助・公助のバランス，などである。

第２章の「福祉産業とは」では，福祉産業の対象領域を，主に次の４つの視点から考察している。①物的サービスか人的サービスかの区分。②施設でのサービスか在宅でのサービスかの区分。③公的給付の対象か否か。④経済的側面で支援するサービスとその他のサービス。

第３章の「福祉産業の経営課題」では，福祉産業のマネジメントについて，共用品・ユニバーサルデザイン等の高付加価値製品開発など必須の課題を重点に解説している。「生産性向上」のための「経営理念」・「品質保証」（良質サービス・事故防止）・「情報の透明性」，そして職員の働く環境の改善も取り上げる。

第４章の「事業開設者は誰か」では，福祉産業を事業開設者から分析することで，福祉産業の実体を解説している。また，将来の課題である資金調達の側面からの提案をしている。NPM（新公共経営），PFI（公設民営），REIT（新資金調達）等も解説。

第５章の「民間産業の参加に期待するもの」では，福祉政策を歴史的経緯から見ることによって，福祉産業に求められている経営課題を解説している。多

様なニーズへの対応，柔軟性，顧客満足度の高い利用者への対応，マネジメント能力，生産性向上，などがキーワードである。

　第6章の「福祉産業の市場と特徴」では，市場規模の把握や将来展望は，マーケティング活動を行ううえでの必須事項であるという前提で，公表されているデータから実態把握に迫る。

　第7章の「患者・利用者の立場から見た福祉産業経営」では，患者・利用者を支える仕組みについて，各種年金制度，資金調達の方法，利用者保護制度，福祉用具購入やリフォームへのアドバイスを解説している。

　第8章の「ケア従事者と現場の問題点」では，ケアを提供する現場で働く人々の問題点を分析する。パート職員の実態やケアマネージャーを中心に解説している。これは福祉産業の経営問題の核心でもあり，患者・利用者のヘルスリテラシーの向上にも関わる問題である。

　第9章の「共助・NPOに期待されるもの」では，非営利のNPO，ボランティアの「心通わせる」福祉が理想であることが理解される。同時に福祉産業の限界も見えてくる。歴史的経緯やスウェーデンの事例，経済学的理論の裏付け，などを駆使し，未来の福祉のあり方にヒントを与えるものである。また，営利・非営利の棲み分けを利用者が選別する叡智を持つ必要も示唆している。

　第10章の「経営理念・戦略の重要性と外部ネットワーク」は，第3章の各論的役割を果している。経営理念を経営戦略・中期計画・年次計画・予算制度へと落とし込んでいくプロセスとそのプロセスで発揮するリーダーシップの役割（意思決定・会議体）を解説している。また，経営理念に外部ネットワークを位置づける具体的展開では，BSC（バランスト・スコアカード）の事例が参考になる。

　第11章の「効率・品質保証の重要性」も前章同様に第3章の各論的役割を果している。福祉産業の経営課題で特に重要なテーマは，効率経営（生産性向上）と良質サービスを品質保証することである。効率経営と品質保証の意味を明らかにする。

　第12章の「患者・利用者に選ばれる福祉産業経営」では，競争状態がどのようであろうと，患者・利用者から選ばれる体制づくりは，品質保証と合わせて

重要な経営課題であるという前提のもとに，マーケティングの基本である調査－戦略の策定－CS，を解説している。SWOT分析，ポートフォリオ分析を柱にさらなる研究の必要性を唱えている。

第13章の「経営の要は人材確保と活用」では，人材をコストではなく資源と考える経営マインドこそ重要であり，職員のキャリア開発，評価，賃金，処遇の全ての局面にその姿勢が表れることを実証している。また職員との信頼関係は適切な人的資源管理が行われることで成り立つとも言える。

第14章の「リーダーシップのない福祉に明日はない」では，リーダーシップの役割を課題達成と組織の活性化に求めている。そのために，目標管理MBOなどの経営ツールを使い，ボトムアップの組織風土を培い，職員の積極的経営参加を促し，未来戦略を切り開いていくことの必要性を強調する。

第15章の「高齢者の自立を支援するビジネス」では，高齢者の自立は政府の支出抑制のためだけでなく，高齢者の生きがい・生活の質向上（QOL）の面からも要求されることである。福祉産業の叡智はこの方面にこそ生かされる。この分野のビジネスには異業種，大手企業，中小企業が様々な取り組みを展開している。ここではそれらの事例を挙げ，多くの可能性を提案している。

2008年4月

渡辺　孝雄
編者　服部　治
小島　理市

目　　次

はしがき

第1章　福祉産業に未来はあるか …………………………………………1
§1　問題解決の鍵（かぎ）はどこにあるか ………………………2
　　1．財政逼迫と社会保障制度　　2
　　2．社会保障制度改革のねらいは何か　　3
　　3．国家の義務「セイフティーネット」は放棄できるか　　6
　　4．財政逼迫・高齢化を救う道はあるのか　　6
§2　公助から自助・共助への拡大 ………………………………11
　　1．ニーズの多様化・高質化　　11
　　2．福祉産業の発展と方向性　　12

第2章　福祉産業とは ……………………………………………………13
§1　福祉産業が提供する福祉機器・用具・用品 …………………14
　　1．福祉機器・用具・用品をとりまく背景　　14
　　2．福祉機器・用具・用品とは　　16
　　3．福祉機器・用具・用品提供サービスのシステム　　16
　　4．福祉機器・用具・用品の品質保証　　17
§2　福祉産業が提供するケア・サービス（人的サービス） ………18
　　1．介護保険施設でのケア提供　　18
　　2．"居宅"以外の"住まい"　　22
§3　介護施設外（在宅）でのケア提供 ……………………………23
　　1．訪問介護　　23
　　2．訪問看護　　24
§4　高齢者の生活経済 ………………………………………………24

1．民間介護保険　　24
　　　2．公的年金を補完する私的年金　　25
　　　3．リバースモーゲージの運営上の問題（長期生活支援貸付）　　26
　§5　総合的な便利サービス …………………………………………26
　§6　福祉用具の定義と分類 …………………………………………27

第3章　福祉産業の経営課題 ……………………………………37
　§1　社会保障における福祉産業のあり方 …………………………38
　§2　経営理念を明確に ………………………………………………39
　　　1．良質サービスの福祉理念の実践　　39
　　　2．市場原理の限界と応用　　39
　§3　良質サービスの保証 ……………………………………………40
　　　1．品質保証と事故防止　　40
　　　2．良質サービス提供の4層構造の管理　　41
　　　3．良質サービスと品質保証　　41
　§4　情報の透明性 ……………………………………………………42
　　　1．インフォームド・コンセント；利用者が説明を受ける権利　　42
　　　2．情報開示と利用者保護　　43
　　　3．利用者保護の制度　　43
　§5　働く環境の改善 …………………………………………………44
　　　　　―生産性向上の第1歩―
　§6　福祉産業の経営刷新と生産性向上 ……………………………44
　　　1．ケア方式の変革でサービスの効率化　　45
　　　　　―仕事のしくみ―
　　　2．付加価値生産性　　45
　　　3．福祉活動の生産性向上の要点　　46
　　　4．生産性向上のステップ　　47
　§7　事故防止の歯止めのための品質保証 …………………………48
　　　1．二重，三重のガイドライン基準で品質保証　　48

2．ユニバーサル・デザイン・共用品の開発　48
　　　3．事故防止の管理システム　49
　　　　　―働く人の作業環境の改善―

第4章　事業開設者は誰か　……………………………………………51
　§1　グローバル化の背景　……………………………………………52
　§2　「社会福祉法」の改正主要点　…………………………………54
　　　1．福祉サービスの基本的理念の規定　54
　　　2．利用者の立場に立った社会福祉制度の構築　54
　　　3．サービスの質の向上　55
　　　4．社会福祉事業の充実・活性化　55
　　　5．地域福祉の推進　57
　　　6．施　　行　57
　　　7．支援費制度＝障害者福祉サービスの利用制度化　57
　§3　社会福祉事業の経営主体　………………………………………58
　　　1．介護保険に基づく社会福祉事業　60
　　　2．経営主体　61
　　　3．構造改革特別区域法成立（2002年末）と特養ホーム実験　65
　　　4．介護保険に基づく社会福祉事業サービスの周辺領域事業　67
　§4　今後の展望　………………………………………………………68
　　　　―社会福祉事業「経営」とNPM―

第5章　民間産業の参加に期待するもの　……………………………71
　§1　日本の社会保障制度　……………………………………………72
　　　1．戦後の社会保障政策　72
　　　2．社会福祉関連の法規　73
　§2　高度経済成長以降の社会福祉施策　……………………………74
　§3　福祉産業の育成　…………………………………………………76
　　　1．社会福祉事業の変化　76

2．福祉産業成立の契機　78
　§4　1990年代以降の変化 …………………………………………80
　　　1．福祉計画の作成　80
　　　2．住民主体と消費者契約を重視した福祉政策　82
　§5　今後の福祉政策 ………………………………………………84
　　　1．多様化する福祉産業　84
　　　2．柔軟性を求められる福祉産業　85

第6章　福祉産業の市場と特徴 ………………………………………89
　§1　はじめに ………………………………………………………90
　§2　福祉産業市場とは ……………………………………………91
　§3　市場規模と将来予測 …………………………………………94
　　　1．市場規模（2000年の過去のデータから市場規模を推計）　94
　　　2．2008年（現時点）での市場規模推計　95
　　　3．市場の将来予測　96
　§4　福祉産業市場の特徴 …………………………………………97

第7章　患者・利用者の立場から見た福祉産業経営 ……………103
　§1　高齢者の生活設計 …………………………………………104
　　　1．年金制度の概要　104
　　　2．公的年金　104
　　　3．民間年金　106
　§2　高齢者向け資金調達 ………………………………………107
　　　1．高齢者向け住宅の最近の潮流　107
　　　2．高齢者住宅融資制度　108
　　　3．リバースモーゲージ（Reverse Mortgage；住宅担保融資）　108
　§3　適切な福祉用具の購入やリフォーム方法 ………………108
　　　1．福祉用具購入の場合　108
　　　2．介護目的のリフォームの場合　109

§4　利用者保護制度 ……………………………………………110
　　1．利用者保護制度の全体像　110
　　2．消費者保護3法の概要　110
　　3．成年後見人制度　112

第8章　ケア従事者と現場の問題点 ……………………………113
　§1　はじめに ………………………………………………………114
　§2　問題となる福祉産業のインフォーマル雇用 ………………115
　§3　ケアプランの精度および信用の低下 ………………………116
　§4　介護従事者の職業としての魅力 ……………………………118
　§5　福祉産業の知的業務の増加 …………………………………119

第9章　共助・NPOに期待されるもの …………………………123
　§1　NGO・NPOの仕組みと役割 ………………………………124
　　1．NGO（非政府組織）　124
　　2．NPO法　124
　　3．NPOの活動分野　125
　　4．社会的経済セクター　125
　　5．アメリカのNPO　126
　§2　福祉国家から福祉社会へ ……………………………………127
　　1．福祉社会への模索　127
　　2．市民民主主義　128
　　3．21世紀の福祉サービス供給　129
　§3　NGO・NPOと福祉活動 ……………………………………130
　　1．海外での保健・医療活動　130
　　2．ウェイトを高める介護活動　130
　　3．民間による地域福祉活動　131
　§4　地域福祉サービスと「共同生産」……………………………132
　　1．スウェーデンの保育協同組合　132

2．エコマネーと地域福祉　133
　　3．PFI/PPP による医療サービス供給　133
　§5　経済学における協同組合論の系譜 …………………135
　　1．スミスの描く人間像　135
　　2．協同組合運動の始まり　135
　　3．非営利組織の課題　136
　　4．「政策連携」の経済学へ　137

第10章　経営理念・戦略の重要性と外部ネットワーク …………139
　§1　経営理念と経営戦略 ……………………………………140
　§2　経営戦略と経営計画 ……………………………………143
　　1．中期計画　143
　　2．年次計画　145
　　3．予算制度　146
　　4．目標管理　147
　　5．トップのリーダーシップ　147
　§3　経営戦略と意思決定システム …………………………147
　　1．経営戦略と組織　147
　　2．経営戦略と「会議体」　149
　§4　経営戦略とネットワーク ………………………………149
　　1．地域医療との連携　150
　　2．介護施設と在宅介護サービスとの連携(水平的ネットワーク)　151
　　3．NPO・ボランティアとの連携　152
　　4．流通ネットワーク　152

第11章　効率・品質保証の重要性 …………………………155
　§1　効率経営と品質保証の相関関係 ………………………156
　　1．効率経営とは　156
　　2．品質保証とは　158

3．効率経営と品質保証との関係　160
§2　効率経営 …………………………………………………160
　　1．人材の活用による生産性向上　160
　　2．コスト削減　164
§3　品質保証 …………………………………………………167
　　1．利用者の権利保護と訴訟　167
　　2．リスクマネジメントと第三者評価　168
　　3．利用者サービスの向上と品質保証　169
　　4．ISO9000S（品質マネジメントシステムの標準）　170
　　5．ISOとTQMは車の両輪　171

第12章　患者・利用者に選ばれる福祉産業経営 ……………173
§1　マーケティング戦略 ……………………………………174
　　1．福祉産業におけるマーケティングの必要性　174
　　2．福祉業界におけるマーケティングの特長　174
　　3．マーケティング計画立案の流れ　175
　　4．経営ビジョン確立の重要性　175
§2　現状分析の方法 …………………………………………177
　　1．情報収集の方法　177
　　2．福祉環境の把握（外部環境の分析）　177
　　3．経営主体の能力分析（内部環境の把握）　180
§3　マーケティング戦略の策定 ……………………………182
　　1．戦略策定のツール　182
　　2．代表的戦略　183
§4　顧客満足度向上 …………………………………………185
　　1．顧客不満足への対応　185
　　2．利用者安心感の醸成　186
　　3．情報公開　187

第13章　経営の要は人材確保と活用…………………………189
- §1　仕事と能力の不適応状態への点検・修正 …………………190
- §2　人的資源管理領域とコンピテンシー…………………191
  1. 「人」と「仕事」をめぐる適応関係　194
- §3　キャリア開発の運用展開 ………………………………195
  1. キャリア開発の運用意図　195
  2. 職場サイドからのキャリア形成への仕組み　198
  3. 職員サイドからのキャリア形成　200
- §4　キャリアの進展過程と進路プランの連動化 ……………201
- §5　賃金管理　203
- §6　人事評価管理　205

第14章　リーダーシップのない福祉に明日はない……………207
- §1　組織活性化とリーダーシップの発揮 …………………208
- §2　目標管理と取組みの配慮点 ………………………………209
- §3　運用におけるステップ ……………………………………211
- §4　管理職の直面する3つの課題 ……………………………213
- §5　組織の活性化と「職場の力」……………………………214
- §6　集団をベースとした個人と組織のあり方 ………………216
- §7　＜システム4＞の原理と組織運営 ………………………217
- §8　リーダーシップの実践とSL理論 ………………………219

第15章　高齢者の自立を支援するビジネス……………………221
- §1　軌道に乗った民間「介護」サービスの転機 ……………222
  1. サービス利用者の予想を上回る伸び　222
  2. 迅速だった介護サービス大手の戦略転換　223
  3. 拡大の一途をたどる民営事業者と顕在化する制度破綻の懸念　224
- §2　地域支援事業，地域密着型サービスの創設は新事業機会を生むか
    ………………………………………………………………226

1．本来，介護・高齢者支援事業は地域密着型　226
　　2．ユーザーの新介護予防サービスへの評価は「不安がいっぱい」　227
　　3．「介護」サービスの周辺に各種高齢者支援の事業機会が　228
　　4．急増する有料老人ホームと価格引き下げ競争の激化　230
　　5．介護・高齢者支援分野で生まれるニュービジネス　231
　§3　異業種からの新規参入で活性化する介護・高齢者支援事業 ……232
　　1．異業種企業の参入はますます活発に　232
　　2．目立つ建設業界からの参入　233
　　3．問われる「経営力」と注目されるニューカマー　235
　　4．「参入への支援」にも大きなビジネスチャンスが　236
　§4　規制改革で展開余地の大きい福祉ビジネス …………………237
　　1．「福祉」，「医療」は規制改革の最重要課題　237
　　2．病院経営支援に大きなビジネスチャンス　238
　　3．大手ゼネコンは専門部署を整備して対応　239

付　社会福祉関連年表……………………………………………241

索　引………………………………………………………………245

第1章

福祉産業に未来はあるか

───〈本章の要点〉───

❶ 民間福祉産業の現場には,「福祉産業に未来はあるか」という本章のタイトルに表されるような将来を不安視する現状がある。その原因を解明する「鍵(かぎ)」は,「福祉」を取り巻く社会環境(新しい波)がどのようなものであるかを分析し,国家の社会政策がどのような方向に向かおうとしているのか,すなわちそのビジョンにまで迫ってみる必要がある。

❷ 「福祉産業とは何か」(第2章のテーマ)を社会保障制度の中で考察しつつ,社会保障制度の在り方を見つめ,再度「福祉産業」とは何かを考える

❸ 社会保障制度を見る時,「国家の経済への介入をどの程度にすべきか」という経済学のテーマから考え直さなければならない。ケインズ主義・新保守主義・第三の道,について考察する。

❹ さらに,多くの先進国が社会保障システムの生む成果やそのシステムを支える財源に行き詰まりを見せている中から,「公助」中心できた福祉行政を反省し,公助・共助・自助*の3者バランスを模索していくことから,日本における福祉ニーズの多様性に注目する。

　　* 役割分担において,行政(国・自治体)が行う「公助」,NPOやボランティアによる地域の住民が共に助け合う「共助」,住民自らが努力する「自助」努力,を言う。欧州連合(EU)誕生時に締結されたマーストリヒト条約で基本思想が地方自治で謳われた。

❺ 福祉産業は物的・人的サービスの両面で「多様化と高質化するニーズ」に対応してきている。この傾向は,公的保険や公的支援でカバーされるか否かを問わず拡大し続けると考えられる。福祉産業の乗っている波(ウェーブ)は社会保障ではなく,国民のニーズであることを理解すべきである。そこに福祉産業の明るい未来を予感する。

§1　問題解決の鍵（かぎ）はどこにあるか

　2007年の参議院議員選挙において野党が過半数をとり，安倍元首相が退陣したが，その原因は社会保険庁の公的年金の杜撰（ずさん）な事務処理が明るみになったことにより，「国民の不安」・「所得格差拡大」が選挙の争点になった点にあった。しかし，それ以外にも下記に見るように，歴代内閣の後遺症としての「所得格差拡大」や「医療」「子育て」「教育」に対する将来不安が顕在化しつつあった。山積する問題を解決する方法は，今や財政（お金）だけの問題ではなく，「豊かな社会の質を高める政策」を示す，国家のビジョン・基本戦略と思想を明確にすることが重要となっている。福祉産業の未来もビジョンなき政策に対する指針にまで言及しなければ解明できない。

1.　財政逼迫と社会保障制度

　日本の借金残高は833兆円強（2007年9月末財務省データ）で，GDPの1.75倍に上り，先進国でもイタリアを抜いて断然トップという状況である。乳幼児から高齢者まで含めた国民1人当たりに換算すると約653万に相当するという。この財政逼迫を背景に「聖域なき」歳出削減の主旨のもと，雇用保険給付の削減から，「年金」・「医療」・「介護」・「福祉」の社会保障費がすべてにわたり歳出カットされてきた。
　「医療」では，本人の自己負担3割や高齢者医療保険の創設，療養病床の介

---

(1) GDP（Gross Domestic Product:国内総生産）。一定期間内に国内で生み出された付加価値の総額。国の経済成長率をこの数値で見て，景気変動を分析・予測・国際比較をしている。
　　GNP（Gross National Product；国民総生産）は1980年代までは使用された指標であったが，外国に住む国民の生産量も含むため，現在は政府の発表する指標もGDPが基本指標となっている。

護への移管方針の発表があり，「介護」も「認定区分」が変更され，介護予防の重視や障害者との一元化，などがあった。それらに加え医療・介護を提供する病院や施設の収入となる診療報酬や介護報酬の減額が，産婦人科・小児科の閉鎖や従事者のモチベーションに大きな影響を与えている。その結果，医療や福祉の現場で働く人々に対する経済的な見返りに対する魅力の喪失が原因と思われる職員の離職，利用者・患者へのしわ寄せという連鎖反応となり，俗に言う「医療難民・介護難民が出る」という不安が広がっている。また，生活保護においても70歳以上に支給されていた月額約18,000円の「老齢加算」が06年に廃止され，07年からは15歳以下の子供のいる一人世帯に，月額2万数千円を上乗せする母子加算も段階的に廃止されることが決まっている。

　ここまで来ると，もはやセイフティーネットに穴があきだしたという問題ではない。社会保障費が「所得の再配分」として機能する結果，GDPがプラス効果を生むという経済学原理も無視した非常識な政治行動と言える。財政逼迫の中でも，解決できる方策を模索せねばならない。

2．社会保障制度改革のねらいは何か

(1) 社会保障制度改革の骨子

　平成13（2001）年3月に「社会保障制度改革大綱」が公表されたが，その理由として，次の3点があげられる。
　① 少子高齢化による人口構成の将来変動が財源や給付に大きく影響するこ

---

(2) 「医療」にはもともと社会的入院患者（身体状態は療養の必要がないが何らかの理由で退院できない人々）がいた。介護保険が施行されて介護老人保健施設等へ誘導する狙いであったが，それでも病院での社会的入院患者は解消されなかった。そこで，2012年までに病院は機能転換を前提とした「介護保険移行準備病棟」を選択しなければならない。これにより病院は，難病で療養が長い患者は医療型療養病床に，回復期の患者にはリハビリ病床へと明確な対応をする方向が決まった。

(3) 「安全網」（サーカスでの落下時のダメージ防止用）を社会に適用し，安全（軍隊・警察・教育）・安心（失業保険，社会保障制度）のシステムを言う。実際は「安全網」の機能より，安心によるチャレンジ精神の高揚の方が経済に与える効果が大きいことが認識されている。

とが予想される。
② 国の借金が800兆円を超え，社会保障制度の国家予算負担分を聖域として放置できない。
③ これまで，医療・介護・年金・福祉を別々に制度化してきたことにより，制度相互の重複化による非効率が顕在化している。

このままでは，憲法25条の生存権保障の国家責任を果たす社会保障制度そのものが崩壊し，セイフティーネットの崩壊はひいては産業活性化，日本経済の基本的パワーにも影響すると判断された。そこで，財源の限界に配慮しつつ，「持続可能な制度構築」ができないか。すなわち「社会保障制度の再設計」が検討されたということである。

そこで提示された構想は，以下の3点を柱とする構想である。
① 社会保障制度の一元化（医療・介護・年金・雇用・福祉を制度的に一本化）
② 「総合社会保険」化（事業主負担を廃止し，18歳以上65歳以下の国民から保険料を徴収，未納については，その分給付から削減する）
③ 国民の病気にならない自己健康管理—自己責任

この具体的な「仕組み」を医療に限ってみると次ページの枠内のように要約される。

---

(4) 憲法25条の第1項「すべて国民は，健康で文化的な最低限度の生活を営む権利を有する」は生存権の根拠となっている。今後，訴訟による請求権の有無について法解釈の余地が残されている。

① 皆保険・皆納付：未納者には給付の削減で制度の財源を強固にする。
② 納付保険料の個人別管理に基づく給付管理：納付した保険料に比例して給付率や給付額を決める。
③ 自己管理型給付：予防等の自己管理に対応した給付。自己管理が悪いとみなされる被保険者の給付を減額する。
④ 地域別運営：保険者を都道府県とし，保険料の徴収から給付まで自主運営権限を与え，国は標準給付率を基準として地方自治体へペナルティーを与え，全体の給付抑制を図る。
⑤ 地域単位における新給付管理システムの構築：「地域包括支援センター」等で被保険者データの一括管理システムをつくり，予防や医療の受診歴，介護・年金等給付履歴管理，保険料納付管理を行う。

上記のモデルから予測される大きな問題点は，2点になると予測される。

① 高齢者医療保険について，「重点化」「負担率変更」でもカバーできない財源を消費税で補塡。
② 資金力のある国民には良い医療を買う機会を保障しつつ，公的保険からの給付を抑制する。公民二階建て階層型制度への転換（混合診療の解禁）で対応。

　このように，社会保障制度改革を分析的に概観すると，限りなく社会保障制度そのものの存在価値が薄れていくように見える。今後も議論は紆余曲折をたどるであろうが，この構想に従って，すでに平成13年11月医療制度改革大綱，平成14年7月保険法等改正法成立，平成16年年金制度改正，平成17年高齢者医療制度改革実施，平成18年介護保険法改定，第5次医療法改正案の成立，などがスタートしている。

(2) 社会保障制度改革のねらい

　高齢化の進行に伴い，医療費や介護費の増加は国民にも理解できるところであるが，800兆円を超える借金は社会保障制度が作った借金ではない。財政逼迫は長引く不況への景気刺激策と金融危機の救済などにその原因がある。今後とも経済成長を優先し，増加税収で借金を長期に返済していかねばならない方向性は変更できない。

また，少子化による生産年齢人口[5]の減少やGDPの縮小が予測されるが，すぐに影響の出る問題ではないが，総合的対策が必要であり，できることから逐次実施しなければならない。したがって「小さな政府」にする努力と，一方で消費税や環境税（温暖化対策）の税収財源の見直しなど放置されている検討課題も推進すべきである。これを考慮すると，社会保障制度改革の本当の「ねらい」は，市場原理主義で社会保障制度も縮小していこうというもので，そのための将来の改定手続きを，国会承認を経ずして実施できる体制づくりであったと理解される。

それにしても，社会保障費の削減はモラルハザード[6]の削減効果はあるものの，限界点に近くなっていて，定期的に繰り返される診療報酬・介護報酬の削減改定も検討段階に来ているのではなかろうか。

3. 国家の義務「セイフティーネット」は放棄できるか

財政逼迫も早急に改善できる方策もなく，財源がないことを理由に「セイフティーネット」である社会保障制度を放棄することはできない。市場原理主義で，セイフティーネットまで解体してもよいかの国民的合意も必要である。その前に，同じセイフティーネットの1つである国防費の削減や公的機関の効率化など国民に知らされていない部分の検討課題もまだ多くある。これらが国民に理解される形の中で議論されないところに政治の貧困がうかがえる。

4. 財政逼迫・高齢化を救う道はあるのか

先進国（米国・英国）では，過去において低経済成長をいかに脱するか，増

---

[5] 満14歳以上の人口で，「就業者」と「完全失業者」を合わせた人口を言う。女性を含むため潜在的労働者を含んでいる。1995年8716万人であったが2050年には5389万人に減少するとの推計値もある。

[6] 倫理感の欠如を言う。消費者が安易に医療機関（救急を含む）を利用することや供給側の架空請求・水増し請求・高薬価品の処方などが医療では指摘される。

加する社会保障費をいかに捻出するか議論されてきた。その経緯を参考にしてみたい。

(1) 政府介入から市場主義へ

1970～80年代，二度の石油危機（73，79年）で，経済は長期にわたり低迷し，財政逼迫で政府は歳出削減をし，「大きな政府」から「小さな政府」に方向転換を迫られた。それまでは，ケインズの「市場は不完全であり，それを財政支出で補完することで，失業も解消し，安定成長が図れる」とする，政府による市場・経済への介入を重視するケインズ主義を踏襲してきたが(7)，「小さな政府」を主張する「新保守主義(8)」への転換であった。

1979年に就任したサッチャー元英国首相は，公企業（通信・電力・石炭など）の民営化，規制緩和の市場改革を断行した。また，米国では81年，レーガン元大統領が就任し，市場の機能を過大に重視，自助努力と自己責任を前提に低福祉，低負担の「小さな政府」に転換する改革を進めた。この市場主義の思想的背景にはフリードマン(9)，ハイエク(10)の新保守主義の理論があった。

この1980年代の市場主義者の改革は，先進各国に行政改革のモデルとして強い影響を与えた。わが国では1981年，第2次臨時行政改革がスタートする。1980年代頃から，各国で推進された規制緩和・撤廃は，国の過度の介入で本来の機能を失った市場メカニズムの回復を目的としていた。

市場メカニズムによって資源配分が効率的に行われるためには，①適正な情報を十分に活用できる，②競争の場で取引できる，③サービスの同質性，など

---

(7) ケインズ，J. M.（1883～1946），政府の市場介入，公共投資を重視，『雇用，利子および貨幣の一般理論』1936年，日本の高度成長は彼の理論に基づき，公共投資で経済の活性化を図ってきた側面が大きい。
(8) アダム・スミスの，自由放任で市場の自動調節機能を信奉する理論を敷衍して，「経済への政府の介入はすべきでない」と主張する。ミュルダール，K. G.（1898～1987，スウェーデンの福祉・経済学者，ノーベル賞，『福祉国家を超えて』1960年）も含まれる。
(9) フリードマン，M.（1912～2006）通貨政策重視のシカゴ学派の重鎮，ノーベル賞，『選択の自由』1979年。
(10) ハイエク，F. A.（1899～1992）反ケインズで新保守主義の理論構築，貨幣・景気論の学者，ノーベル賞，『隷従の道』1941年，『自由の条件』1960年，サッチャーやレーガンの思想的支柱となった。

が条件であり、公正取引の監視も必要である。

(2) 市場主義の問題を超えて「第三の道」へ

1980年代の市場主義改革で資源の効果的配分が行われ、一応経済は活性化したが、所得格差と不平等が拡大し、環境・地域コミュニティー・医療・福祉及び教育は後退した。

経済学者ガルブレイス[11]は、市場は完全競争で資源配分が公正に行われる保証はない、不完全である雇用、経済の安定化と不均衡是正のための政府の介入は必要であるとし、不平等をなくす「賢明なる社会活動」すなわち失業対策、福祉給付や公共建設などの政府活動の重要性を説き、高福祉・高負担はやむを得ないとした。

97～98年、東南アジア・ロシア[12]の通貨危機は、市場が暴走した例であり、市場経済が万能ではなく、政府の最小限の管理である経済介入、ガイドラインが必要であることを示した。

21世紀に入り英国の元首相ブレアは、市場主義や古い理念を超え、新しい「第三の道」改革を進めている。その目指す目標は、欧州の社会民主主義が適応を図る新しい社会・経済の枠組みである。ブレアは、平等な社会の実現を目途に福祉を重視し、教育こそ雇用機会を改善すると考え、研修手当支給、新技術教育を受講する制度等、画期的改革を推進して、現政権もそれを継承している。

(3) 「第三の道」での摸索

「小さな政府」の市場主義（新保守主義思想）でもなく、「大きな政府」のケインズ主義でもない「第三の道」は両者の中間帯にあって、多くの選択の道がある。

広井良典氏の図（次ページの図）で説明するならば、第三の道は図で示された「近辺」というイメージで、確実な数値で示されるところにまで至っていな

---

[11] ガルブレイス、J. K.（1908～2006）経済学者、制度学派で独占経済に対し福祉を重視、ノーベル賞、『豊かな社会』1958年、『不確実性の時代』1977年。

[12] 具体的には、タイ、マレーシア、インドネシア、韓国、ロシア、中国などの諸国があげられる。

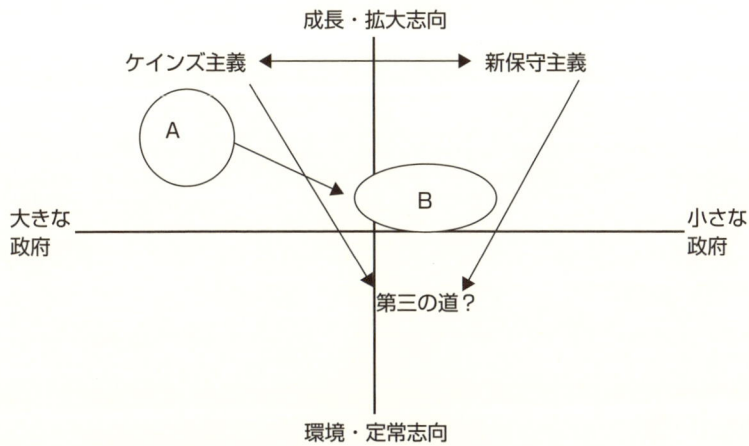

注) 横軸：社会保障政策の次元（パイの分配に関わる）
　　縦軸：環境政策の次元（パイの大きさに関わる）
出所) 広井良典『定常型社会』（岩波新書）p. 15に筆者補筆。

い。第2次世界大戦後の高度成長時代の日本は，Aのような成長志向・政府規制（介入）の両者が高い位置にあったが，現在の財政逼迫を考慮すれば「緩やかな」成長志向を堅持せざるを得ないであろう。「小さな」政府で緩やかな成長の2つを考え併せれば，B地点を希求することにならざるを得ないと考えられる。これは公的保険でカバーできる範囲の縮小，自己負担・自己責任の拡大は，B地点に属する程度において，やむを得ないと考えることを意味する。

> Column

障害者の現状

　2001年における障害者656万人の年齢別状況から分析すると，40歳以上が515万人で78.5％，65歳以上が287万人で43.8％と高齢化している。内訳は，65歳以上の者が，身体障害者（児）では60％，知的障害者（児）では3％，精神障害者では29％を占めている。40歳以上でみると，身体障害者（児）では92％，知的障害者（児）では29％，精神障害者では69％を占めている

　今後，身体障害者及び精神障害者は高齢者で増加することが見込まれるため，さらに障害者に占める高齢者のウェートは高まると推察される。

　このように，福祉の領域と介護の領域が不明確になる傾向が起きている。また，介護機器・用具・用品も障害者・被介護者・健常高齢者との使用範囲が不明確になりつつある。今後，ケアや機器・用具などを含む全体を公的給付でどこまでカバーするか，その考え方など検討していかねばならない。

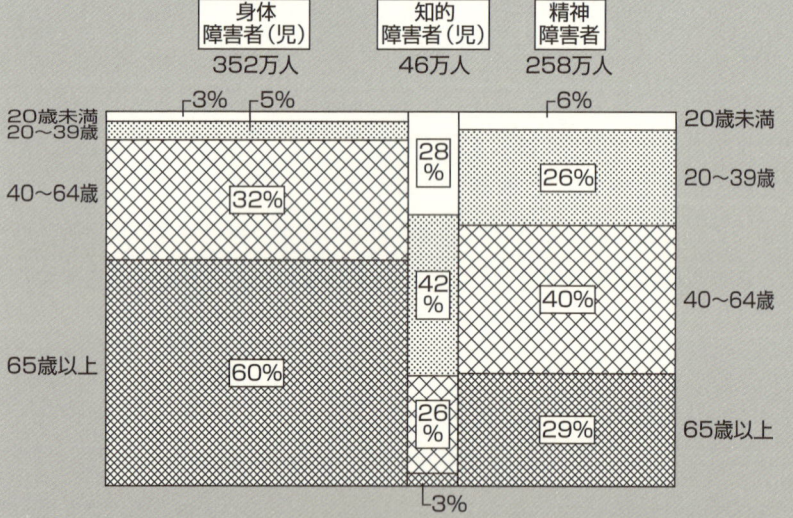

（出所）「厚生労働省統計資料，身体障害児者実態調査（2001年）」より。
　注1）　身体障害者（児）：2001年身体障害児・者実態調査及び2001年社会福祉施設等調査に基づく推計（身体障害者障害程度等級1級（最重度）から6級（軽度）までの者を含む）。
　　2）　知的障害者（児）：2000年知的障害児（者）基礎調査及び平成12年社会福祉施設等調査に基づく推計（最重度から軽度までの者を含む）。
　　3）　精神障害者：2002年患者調査に基づく推計患者数

§2　公助から自助・共助への拡大

　ここまで政府の政策(公助)面から,主に財政の問題が福祉産業にどのような影響を与えるかについて社会保障制度の行方を中心にみてきた。そして,これからはさらに利用者(自助)およびNPOや企業(共助)の努力という視点からも考察を進める必要がある。北欧の福祉政策は,市民の主体性としての自助,NPO・企業の参加(共助)と公助の3者のバランスなくしては解決しないとする方向に転換している。

1. ニーズの多様化・高質化

(1) 富裕層の拡大

　先進国の経済は共通して「富裕層」が拡大している。このことは,福祉の対象となる人々のライフスタイルとニーズが多様化し,高品質のサービスを望むケースが多くなることを意味している。この背景には,高齢者・病人・障害者などを社会的弱者ととらえる思想から,「人権尊重」「個人の尊厳」を重視する思想の拡大・浸透がある。このことと公的保険でカバーするサービスの規格とがマッチしなくなっている現実も考慮しなくてはならなくなっている。
　たとえば,「電動車いす」は民間企業が福祉分野に参入してきたことによる,企業ノウハウの活用であり,介護保険給付の対象になっているが,今後利用者が増え,新機種の開発が続発した場合,保険でどこまでカバーするかという問題が浮上するであろう。ニーズの多様化・高度化に福祉産業は,いち早く対応してきている現実は,企業の力であり,共助と言えなくもない。
　また,NPOが徘徊する認知症高齢者を昼夜分かたず見守るという「心を通

わせる」ケアを提供していることは、介護難民を出さないことにどれほど貢献しているかまだその結果は出ていない。さらに、二世帯住宅政策を求める声もある。介護と育児を二世帯住宅でカバーする方法は、高齢者にやさしいマインドを持つ日本の家族にはふさわしい。北欧から羨望の眼差しで見られているこのような日本人の意識構造は、これからも利用可能な資源であると言えよう。このような自助努力を誘発する施策と相まってこそ、「小さな政府」「低成長経済下」でも「豊かさ」の実感される社会を創り上げることは可能と思われる。

2. 福祉産業の発展と方向性

(1) 公的保険外ニーズの拡大

障害者・高齢者の重要なニーズに応える産業側の対応は公的保険対象外ではあるが、拡大している。たとえば、バリアフリーのための乗車券売機や低床ノンストップバス、嚥下が容易な食品、音声操作型パソコン、高さ調整可能型洗面大や調理台、ロボット歩行誘導器やロボット愛玩犬などがあげられる。

(2) 福祉産業の展望

福祉産業は、用具・機器や設備などの物品を提供する分野と各種ケアという人的行為サービスを提供する分野の2つに分類される。これまで、物品を提供する福祉産業のそして、それらのなかには公的保険ではカバーできない多様なニーズがあることを紹介した。

このように、福祉に対するニーズの多様性と高質化は、「利用者の自立」を政府が要請するに至って、ますます拡大の方向性を加速させるものと推測される。それに呼応できるのは民間福祉産業であることは、第15章に詳しい。

福祉産業に対する需要は、高齢化の進展だけでなく、人権尊重・個人の尊厳に対する思想が拡大するに伴い、民間企業の叡智も注がれ、拡大することは確実である。

(渡辺　孝雄)

第2章

福祉産業とは

―― <本章の要点> ――

❶ 福祉産業の種類と範囲は QOL，社会参加，自立支援のニーズに対応して，福祉機器から生活経済の問題までを対象とし，著しく広い。

❷ 2002年，政府の長期施策として障害者基本法に基づき"新障害者基本計画"が決定され，「重点政策実施5ヵ年計画」が発表された。ノーマライゼーションの理念の下，社会参加のニーズが高まり，ユニバーサルデザイン，バリアフリーに代表されるような社会・生活環境の整備などの施策が推進されている。生活環境全体の整備については「福祉のまちづくり条例」，「ハートビル法」（1994年），「交通バリアフリー法」（2000年）が施行されている。福祉用具の研究開発と普及の促進に関しては「福祉用具法」（1953年）がある。

❸ 標準品，共用品の開発を目指し，諸産業から新規参入が増加している。また，それに伴い流通ルートも整備されつつある。光通信のブロードバンドを適用して，寝たきりの人が遠方の家族といつでもコミュニケートできる技術も実用化された。福祉産業は，あらゆる人的資源，ハイテク技術資源，ファイナンス・財政資源，コミュニティのネットワーキング等を総動員することにより，その種類と役割は拡大することが求められる。

❹ 高齢者の生活経済の安定を図ることが重要である。高齢者が，長年住み慣れた住居以外のライフステージに応じた，"住まい"が必要である。介護施設，特定施設（有料ホーム・ケアハウス）と異なる，療養生活に適した"住まい"である。福祉施設の設備資金は，公的資金・銀行融資にあわせ PFI（民間資金等の活用で公設民営），REIT（不動産投資信託）などリスクに対応する資金調達が注目されている。

❺ 欧米では，a）公的年金を補充する私的年金，b）住宅担保融資で毎月年金型の生活費を受け取る制度，c）高齢者だけで生活する計画的に開発された安全で楽しい生活を送れる中規模の都市のデザイン，等がある。

§1 福祉産業が提供する福祉機器・用具・用品

1. 福祉機器・用具・用品をとりまく背景

　福祉用具法では，福祉用具とは「心身の機能が日常生活を営むのに支障のある老人，または身体障害者の日常の便宜を図るための用具，及びこれらの者の機能訓練のための用具及び補装具をいう」と規定している。

　従来，福祉用具は障害をもった，特定の人々がその対象であった。今日，福祉用具を使用する利用層は，広がりをみせている。その背景には，次のようなことがあげられる。

① 高齢者人口の状況は，2010年2813万人，2020年3336万人と予測されている。とくに，75歳以上の後期高齢者が著増，QOLの高い生活を送るため，高齢者の誰もが福祉用具を利用する時代となってきた。

② ノーマライゼーション[1]（normalization）の理念の下，障害者，高齢者の社会参加へのニーズが高まっている。バリアフリーの社会・生活環境の整備等の政策が推進されてきた。

③ 使いやすく便利，標準仕様で良質の福祉用具が増えてきた。諸産業の多数の事業所が参入し，種類も増え，流通ルートも整備，拡大された。

④ 一般産業で培ってきた製造技術，生産管理，VA（価値分析）[2]，品質管理等の経営技法により，良質の標準品を低価格で供給できる体制が整備さ

---

[1] デンマークのニーリエやバンク・ミケルセンらが説く，福祉の基本理念。障害者の人権を尊重し，ADLからQOLへ，施設から地域へと当事者の主体性の尊重を提唱した。

[2] Value Analysis の略である。ある製品の価値・機能を，何の目的のためどの程度の性能・安全度が必要かを多面的に評価し，価値を中心に分析する技法。V（価値）＝Q（品質）÷C（コスト）の考え方で，安価な代替材料で同一の品質を提供できれば価値は上がる。

れてきた。

⑤　PL法（製造物責任法），SG基準（Safety Guideline；安全基準），消費者契約法等の規制強化，および福祉用品・サービス内容の情報提供が一段と進み，利用者の安全・権利保護，環境保護が整備された。

⑥　「共用品」やユニバーサルデザインの福祉用具・用品が開発されるようになった（「ユニバーサルデザイン」については，本書の99頁参照）。同じ仕様で障害者，高齢者も共用できるので，共用品が普及拡大している。ユニバーサルデザインが，米国でロン・メイス氏により提唱された背景には，1960年代に始まる市民運動と"機会均等""平等"の思想に基づく法律の整備がある。すなわち，公民権法（1964），建築障害法（1968），リハビリテーション法(1973；504項)，障害児童平等教育法(1975)，公平住宅修正法(1988；FHAA)，障害をもつアメリカ人に関する法律（1990；ADA法）などである．ADA法は雇用，公的施設，交通および州等の政府機関のサービス，通信などの分野について障害者の社会参加の機会均等と権利を認めている。

　　ユニバーサルデザインに近い考え方を欧州では，「Design for All；万人向けデザイン」，「Inclusive Design；包括デザイン」と呼ぶ。伝統的な文化・生活習慣のなかから生れた考えである。その生成の背景は米国と異なる。

⑦　介護保険で，福祉用具・用品が給付されるようになり，その利用についてケアマネジャー，PT（Physical Therapist；理学療法士），OT（Occupational Therapist；作業療法士）等専門職が　その適応性をアセスメントして，利用計画をつくり，アドバイスをする仕組みが制度化した。介護保険は，人的サービス以外に物品の供給者も選択できることから，福祉用品の利用が普及した。しかし，"福祉用具貸与"の給付は特殊寝台，車いす等，また，"介護福祉用具購入"は，入浴用いすなどで種目が制限されている（本章末の表2-3以下を参照）。

⑧　介護支援センター，地区の福祉センターで，福祉用具の情報提供・相談が行なわれてきたが，介護保険の施行で取扱業者が増加した。たとえば，調剤薬局，大型量販店，介護用品専門店，医療機器店，レンタル専門店，農協，生協，デパート等が挙げられる。

2. 福祉機器・用具・用品とは

福祉機器・用具・用品は機能，品質，デザイン面で，他産業に比べ種類が多く，健常人としてのニーズ（生活全般の需要）まで広がっている。QOLの高い療養生活をするのに求められるものが，生活人としてのニーズとしては生活全般の需要，すなわち，ソフトからハードの耐久財，建築物まで多岐にわたり，次のようにまとめられる（章末の表2-3～2-7参照）。

① 日常生活のパーソナル関連（入浴，排泄）に関する福祉用品，機器サービスなど；文化的，社会的環境に関連する福祉用品・機器，サービス等は，公的制度の給付の限度を超えて，自己負担で利用を希望する人も多い。

　法定の限度ではQOLを維持できないことも推定される。

② 移動関連の機器，サービスなど；電動車いす（三輪・四輪），リフト，福祉車両（座席シフト，車いす収容）など。これらは健常な高齢者の利用が伸張している。

③ 住居・建物などの環境に関する福祉用品・機器，サービスなど；機能面の改善（品質・軽量・操作性）に加え，価格，デザイン，アンビエンス（ambience）のニーズが高まっている。

④ 介護等生活の質（QOL）に関する福祉用品・機器サービスなど

3. 福祉機器・用具・用品提供サービスのシステム

福祉機器・用具・用品の利用について，1969年から予算措置により始まった「日常生活用具給付事業」は65歳以上の要援護老人，一人暮らしの老人・重度身体障害者，重度障害児(者)に対して，特殊ベッド・浴槽などの日常生活用具を給付または貸与し日常生活の便宜をはかることを目指した。なかでも「老人日常生活用具給付等事業」は，公的福祉制度として，当初，所得制限があったが，89年，一般世帯も給付対象となった。90年，社会福祉関係8法の改正を内容とする"老人福祉法等の一部の改正"（同法第18条2項）により，在宅福祉サービスの一環として法制化された。

日常生活用具の給付品目は，身体機能の代行，補完に止まらず，障害により損なわれた生活動作能力を自立させていくことにより，いかにして，生活を充実させていくか，という視点に立って必要な用具が，種々，追加されてきた。たとえば，重度障害者用意志伝達装置（90年），聴覚障害者用通信装置（91年），携帯用会話補助装置（92年），移動用リフト（96年）などが挙げられる。このように，利用者ニーズの高まり，製造技術，IT技術の進歩で給付品目の範囲が漸次，拡大してきている（表2-3, 2-6参照）。

　福祉機器・用具・用品は，通常，利用者が個人で選び，業者よりレンタル（貸与）で利用する。

　業者は利用者に適切なサービス供給をするため，次のようなことを行なう。
① 　利用者への配送，利用方法の講習
② 　契約期間終了後の引取り，定期的な修理，滅菌消毒，衛生管理
③ 　福祉機器・用具・用品の保管など
④ 　職員の技能研修
⑤ 　福祉関連有資格者の配置などの総合的管理

　90年，厚生省は利用者の保護のため，『介護用品・介護機器賃貸サービスガイドライン』，続いて94年に『福祉用具販売サービスガイドライン』を定めた。先進ハイテク技術の応用で高価格，専門的福祉機器用具・用品が多くなったので，レンタルの利用は増加傾向にある。

4．福祉機器・用具・用品の品質保証

(1) 品質規格，品質基準の整備

　福祉機器・用具用品の品質基準，規格の整備による安全性，品質保証は利用者にとって重要である。車いす，家具，施設の便器などにはJIS日本工業規格，また，便座等についてはSG基準（安全ガイド）がある。SG基準は，漸次，拡大される見込みである。

　日本工業規格（JIS）の調査会から提案された"高齢者・障害者ニーズの配

慮に関する国際的ガイドライン"がISOの総会で採択され可決された(1998年5月)。これは"ガイド71"として発行されたが、福祉機器・用具・用品を製作したりサービスを提供するときの「規格」をつくる基準を示している。

2003年6月、"ガイド71"は翻訳されJISZ8071として発行された。欧州では2002年、CEN/CENLECガイド6として適用されている。

(2) 福祉機器・用具・用品の総合的品質保証

福祉機器・用具・用品の品目、種類とも増えたが、その安全性、機能性、耐久性、経済性、環境適応性、便利性などをふまえた、総合的な品質保証制度を確立することが重要である。

たとえば、在宅濃縮酸素療法(HOT：Home Oxygen Therapy)の在宅ケアでは、静電気を防除する防爆の環境が必要であり、介護職員は天然繊維の衣服を着用して利用者への安全保証に努めるといった総合的対策が必要である。HOT装置の品質基準だけでは　利用者への保証は十分ではない。

福祉用具の品質管理、VA（価値分析）、物流システムを改善することによって画期的品質の向上と大幅なコスト合理化が実現できる。

§2　福祉産業が提供するケア・サービス(人的サービス)

介護保険施設および在宅で利用できるケア・サービス（人的サービス）の全容は表2-1の通りである。

1.　介護保険施設でのケア提供

重度の介護を必要とする高齢者に対応できる施設の整備がゴールドプラン(1989年策定)、新ゴールドプラン（1994〜99年）、ゴールドプラン21（2000〜2004

年）で進められてきた。ゴールドプラン⁽³⁾は，介護保険施設の長期の整備目標を示した。介護保険法で定められた介護保険施設には，①介護老人福祉施設（特別養護老人ホーム：特養），②介護老人保健施設（老健），③介護療養型医療施設がある。また老健には　認知症老人専門病棟が設けられている。

　介護療養病床の削減にともない老健・有料ホーム等への転換が図られた。介護療養病床と老人保健施設は，目的・機能の違い，"患者重症度"の構成の差異が大きい。したがって，従来型老健とは別途に扱われる。

　転換した施設は，介護療養型老人保健施設とよび，施設要件として，一般病院の退院患者の受け皿としての機能，夜間の医療ニーズのある患者＊の看護体制が手厚いこと等が決められる予定である（2009年度より適用）。

　＊（例）　経管栄養，胃ろう，喀痰吸引，酸素療法および認知症ケア。

　なお重度の介護度の認定を受けた人が，3つの各施設で療養している例が見受けられるが，今後介護保険施設の各機能と役割を明確にすることは重要である。

　②の老健は医師が管理者として利用者100人当たり1.1人，PT，OT，3.8人他，計54.2人が従事し，リハビリ等医療ケアを行なっている。ただし，常時，病院へ転院して治療している人が大勢いる。特養についても，また同様の理由で空きベッドが多い。その結果，労働生産性（1人当り年間ベース）は4998千円（2001年）と病院対比の約70％に止まっている。⁽⁴⁾

　居宅サービスに準ずる施設として，近年注目を集めているものに次のものがある。

(1) グループホーム（認知症対応型共同生活介護施設）

　認知症老人の増加に対応してグループホームを3,200カ所，整備する見込みが示された。これは，8～9名程度の認知症高齢者が生活の役割を担い，家庭

---

(3) 1999年に新ゴールドプランが終了，2000年度より始まった。基本方向は，①活力ある高齢者像の構築，②高齢者の尊厳の確保と自立支援，③支え合う地域社会の形成，④利用者から信頼される介護サービスの確立。具体策は訪問看護・介護，認知症高齢者の介護，福祉の社会的基盤の確立などで，在宅ケアに重点を置いている。

(4) 全国公私病院連盟統計による。

的雰囲気の中で共同生活を行ない，継続的に小さな社会をつくって，認知症の進行を遅らせるケア方式である。経営規模はケアユニットを3つ連結して，総定員27名までで，地域に密着した施設である。事業主体は法人に限定されており，ケアを提供する基準，建物・施設条件，専門の資格者配置数等が示されている。運営面の規制が緩和され，NPOや地域のボランティアが参加することで，急速な普及が見込まれる。なお，第三者評価機関による質の評価を受けることが設立のための条件である。

(2) 介護老人福祉施設

この施設はデイサービス，介護支援センターを兼営するなど，地域の福祉サービスの拠点として機能してきた。施設における職員の増員が図られ，居室も年々個室が増え，1997年には全部屋数のうち22.5％が個室，17.9％が2人室となり，個人の生活の場として生活環境が改善されている。過去の合部屋ではインフルエンザ等の感染事故もあり，プライバシーが保てない，安眠できないなど問題も多かった。2003年度以降は，すべて新設分から，原則，個室となった。

また，介護職員の基準が3：1（利用者3人に対し職員1人）となり，手厚い介護ケアが提供されることとなった。

介護保険施設は2000年より，分散型の「ユニットケア」を導入した。各ユニットは，グループ単位で小人数の家庭的雰囲気の中で日常生活を送る共同生活単位とする。介護ケアもユニット単位で行なうのでケアの継続性，質の向上が図れる。

(3) 特定施設（有料老人ホーム，ケアハウス，高齢者専用賃貸住宅）

特定施設は，ケアハウス，有料老人ホームを指し，これらは介護保険の給付対象となる。

① ケアハウス（軽費老人ホーム）は，ゴールドプラン21で，10.5万戸の整備が目標とされた。事業主体は社会福祉法人，医療法人，地方公共団体に限られていたが，規制緩和された。低額料金で入所でき，食事などの便宜

表2－1　主要な高齢者福祉サービスの概要と提供見込量

事業	事業概要	ゴールドプラン21における2004年度の提供見込量	2006年度末実績
訪問介護 （ホームヘルプサービス）	日常生活に支障のある高齢者がいる家庭を訪問して，介護・生活・家事サービスを提供	225百万時間 （35万人）*	102万人
訪問看護 （訪問看護ステーション）	在宅の寝たきり老人等に対し，かかりつけの医師の指示に基づき，看護サービスを提供	44百万時間 （9,900か所）*	5,700か所
通所介護／（デイサービス） 通所リハビリテーション ／（デイケア）	送迎用バス等で通所介護施設（デイサービスセンター）に通う高齢者に，入浴，食事，健康診査，日常動作訓練等のサービスを提供	105百万回 （2.6万か所）	133.4万 （Dサービス 92.4万 Dケア 41.0万）
短期入所生活介護 短期入所療養介護 （ショートステイ）	寝たきり老人等の介護者に代わって，特別養護老人ホーム，老人保健施設等で短期間，高齢者を預かる	4,785千週 （9.6万人分）*	27.3万人 （特養等 22.0万 老健等 5.3万）
介護老人福祉施設 （特別養護老人ホーム）	常時介護が必要で，家庭での生活が困難な高齢者のための福祉施設	36万人分	40.2万人分
介護老人保健施設	看護，医学的管理の下で行なう介護，機能訓練が必要な高齢者のための施設	29.7万人分	30.5万人分
認知症対応型共同生活介護施設 （認知症老人グループホーム）	安定状態にある認知症の要介護者に対し，認知症老人グループホームで，入浴，排せつ，食事等の日常生活上の世話や機能訓練を行なう	3,200か所	（2005年度末） 7,084か所
介護利用型軽費老人ホーム （ケアハウス）	車いすや訪問介護員（ホームヘルパー）等を活用し，自立した生活を継続できるよう工夫された軽費老人ホーム	10.5万人分	
生活支援ハウス （高齢者生活福祉センター）	介護支援，安心できる住まい，地域住民との交流の機能を総合的に備えた小規模な複合施設	1,800か所	

（注）1．ゴールドプラン21のうち，（　）＊の数値については，一定の前提条件の下で試算した参考値である。
　　　2．通所リハビリテーション（デイケア）の実績は，1999年7月1日現在の数値である。
（出所）厚生労働省『厚生労働白書（平成19年版）』より作成。

を提供するので今後，普及が見込まれる。
② 有料老人ホームは，事業主体は法人であれば制限がない。老人福祉法で"常時，10人以上で食事など生活上の便宜を提供する"と規定され，介護費は介護保険の給付対象である。介護・看護職等2.5：1以上の職員で介護サービスを行なう体制である。

介護が必要になった場合の居室の"転室"や介護の問題など，一部の不適正広告について，公正取引委員会の"景品表示法"で指導が行なわれた。介護施設への入所は待機期間が長く，有料老人ホームの需要は高まると推定されるが，高額の入居金やサービスの質のバラつきが大きいのが問題である。

入所して利用者が介護保険の給付を受けるには，①知事の指定を受けた施設で生活している，②原則要介護の認定を受けている，③医療保険の給付を受けていない，という要件を満たす必要がある。

さらに，平成18年4月より高齢者専用賃貸住宅のうち十分な居住水準のものも①と同様に給付の対象となった。

また，同年より『外部サービス利用型特定施設入居者生活介護』が創設された。これにより，従来，施設の職員により全ての介護サービスが提供されたが①"施設サービス計画"の作成，"相談"・"安否確認"等は職員が実施し②介護サービスを外部の専門的事業者と契約して提供できることとなった。

2．"居宅"以外の"住まい"

わが国の，住宅関連（設備含む）業界の規模は42兆円，そのうち高齢者関連は5兆円と推定される。

高齢者の住居として，定住していた居宅，介護保険施設，特定施設以外の多様な"住まい"が今後増えると見込まれる。その求められる要件として以下のような5つが挙げられる。

① 高齢者の心身状態の変化に適応して，的確なサービスを提供する。たとえば，PPC（progressive patient care）[5]ケア方式で介護度に応じて，健常

者から，重度のアルツハイマー・認知症ケアまで行なう。
② 長期滞在の療養生活には所有権を登記できる施設が望ましい(6)（§4の3．「リバースモーゲージ」参照）。
③ 安心できる環境であること。必要なとき，夜間の介護，医療，リハビリ，薬局など福祉サービスに併せて，美理容，介護タクシー，食堂・書店，生花店，金融機関，ガススタンドなどの日常生活サービスが必要である。
④ 医療(7)，福祉，ケアマネジャー，薬局等の専門的サービス，および日常生活の継続的な支援。これらは，小規模施設対象の運営は困難である。災害，治安，緊急時の対応などの問題がないことが，安心した生活の前提である。
⑤ 良質で，低コスト，かつ財務の面もリスクフリーであること。

§3 介護施設外（在宅）でのケア提供

コムスン等大型企業や病院の参加はあるものの，大半が小規模事業者が多い。

1．訪問介護

在宅へホームヘルパー等が訪問して，ケアを提供しているホームヘルプサービスを言う。身体介護（清拭，体位交換，口腔ケア等）と家事介護（清掃，洗濯・調理等）を指す。介護保険でカバーできない，認知症による徘徊のつき添いや散歩など，NPOのボランティアが貢献している。

---

(5) 利用者の心身状態の介護度に応じてシステム（ケア方式，ケアプラン，役割と職責）を変える方法。重度のクラスに重点配置して良質で効率的ケアを図る。
(6) 区分所有の登記は原則，耐震，耐火，構造である。走行リフト，酸素や給湯配管等の取り付けができること，バリアフリーで，生活段階に応じて改修改造できること。
(7) 合同診療所（グループプラクティス），在宅療養支援診療所（24時間対応），人工透析，リハビリ回復クリニックや歯科，訪問看護ステーション，総合診療医，（ゼネラル・プラクティス；GP）による健康相談，ゲストハウス等。

2. 訪問看護

病院,「かかりつけ医」と連携して,在宅で医療が必要な,特に高齢者へ医療サービスを提供する。末期がん患者や,在院日数短縮で病院から退院させられた人々の頼るところとして重要な役割を果たしている。今後緩和ケアのできる医師の増員ができれば,医療難民の出る可能性も解消されると期待される。

介護保険法施行後も,要介護以外の患者（例えば健常者）は,高齢者医療保険制度・健康保険制度（医療保険）の対象となる医療上の訪問看護を受療できる。しかし介護保険の給付は医療保険給付に優先するので,要介護と認定された人は,末期がんや難病患者等の場合を除いて医療保険の訪問看護は受けることはできない。

§4　高齢者の生活経済

1. 民間介護保険

公的介護保険の補完として,民間介護保険への期待は大きい。

民間は国の介護保険より早く1985年,生命保険会社が介護保障保険,89年,損害保険会社が,介護費用保険を始めた。社会保障制度審議会は公的サービスは基本的ニーズを,民間は付加的サービスを担うという方向を示した。公的介護保険のメニューは質,量ともに全国一律に決められており,給付対象外の治療食,住居改修費,大雪のラッセルなど民間介護保険によってカバーされるのが望ましい。

1998年,新たに生命保険契約者保護機構,損害保険契約者保護機構が設立された。保険会社が破綻した際,利用者保護を目途に保険契約等の管理を行なう。

また，資産内容・経営内容の情報公開等の利用者保護の対応等について基準が示された。資産運用のポートフォリオ，リスク分散・アクチュアリ（保険数理技術）の技術開発促進などの支援を続け，業界の健全な競争促進と育成を図ることが重要である。

2. 公的年金を補完する私的年金

厚生労働省調査[8]によると，老後の生活を"公的年金を基本とし貯金や個人年金で備える"（51.8％）。"貯蓄や個人年金などで"（7.4％），"公的年金のみで老後の生活を充足"（35.2％），"その他"（2.7％），"不詳"（2.9％）という傾向がわかる。

調査から，老後の生活設計は公的年金を主として，併せて個人年金，簡易保険などを見込んでいることが伺える。人口構造の少子高齢化，グローバル化に対応して，安定した実質価値のある年金を支給することが求められる。公的年金は賦課方式の世代間扶養の考え方で，賦課方式の要素の強い財政運営を行なうことにより，積立方式に比べ，社会経済の変動に対応し実質生活水準を保証できる合理的仕組みであるといわれる。

2003年，合計特殊出生率は1.3と最低を記録した。"世代間扶養"は，後世代の負担を見込んでいるが，少子化の進行で制度の基本的対策が必要となっている。保険料増額，支給額の減額，支給年齢の引き上げによる保険財政の維持が議論されている。

オランダのごとく雇用機会均等，ジェンダー[9]（gender）の問題解決，ワークシェアリング[10]（work sharing）などの基本的改革が必要である。わが国では確定給付企業年金法が2001年に公布され，翌年から施行された。自己の責任で積立運用を行ない，年金を受け取る仕組みであるから運用成績如何で受け取り

---

[8] 「公的・民間サービスの機能基礎調査報告」『平成14年版 厚生労働白書』。
[9] 男女雇用機会均等法（1997年改正）が示す如く，男・女の相違を社会的文化的にとらえ，その役割を重視する考え方をさす。
[10] ある仕事を多人数で分担すること。1980年代オランダで導入され，失業問題，女性の労働環境等を改善し経済の成長をもたらした。

額は大きな格差が出る。資金運用は，長期金利，世界金融・経済の影響を受けるので，リスク分散の技術開発など極めて困難な問題が多い。

3. リバースモーゲージの運営上の問題（長期生活支援貸付）

高齢者が居住する住宅，土地を担保に，融資を受け，医療・介護費等に充当する制度をリバースモーゲージ（reverse mortgage；住居担保融資）という。利用者の死去，相続により契約は終わり，住宅を売却処分し，返済に充てる。1981年，東京都武蔵野公社がこの制度を導入，以来，多くの市で導入されたが，経済の不況，土地価格の暴落で担保不足，返済不能等難問題が発生した。住宅，土地の担保の評価や融資管理の技術は高度に専門的である。長期にわたる資産の価格変動，長期金利の変動の的確な予測，および担保不足の場合のリスクヘッジの技術開発，中古住宅評価制度の整備等の課題を解決すれば，アメリカにおけるように普及が見込まれる。

§5 総合的な便利サービス

高齢者が活き活きと社会生活を送るためには，多様なライフスタイルを支援するサービスが必要である。たとえば，外出，預金の自動機の出し入れ等，生活全般についてきめ細かいサービスが必要である。具体的に挙げると以下のようなものが考えられる

① 福祉介護タクシー（介護保険適用，通院等），移動のための福祉車両・航空機を使用するサービス
② 長距離の旅行サービス，介護・看護ケア・医療的処置も行なうサービス
③ 財産の運用・管理についての総合的相談
④ 食事（管理栄養士による）の配食，保健食品・サプリメントの出張相談

⑤　園芸セラピー，音楽セラピー，アロマセラピーなどの出張サービス
⑥　美容・理容の出張サービス
⑦　巡回・見回りサービス（たとえば，郵便会社，牛乳配送業者・宅配業者と契約）
⑧　蒲団の滅菌・消毒・乾燥，居宅クリーニング・サービス
⑨　家財，美術品の保管預かり（倉庫業）
⑩　ギフト等のサービス（生け花・菓子など）
⑪　墓掃除，代理墓参サービス
⑫　パッチワーク，朗読，生け花などの出張サービス
⑬　アメニティサービス，コンビニエンスサービス

§6　福祉用具の定義と分類

　福祉用具は膨大な種類があり，わが国では㈶テクノエイド協会に代表される専門機関による分類が行なわれている。ちなみに，テクノエイド協会が制定した**福祉用具分類コード95**（CCTA95：Classification Code of Technical Aids, 95）の大分類を示すと，表2-2の通りである。[11]

---

(11) テクノエイド情報システム（TAIS）のコード構築は，当初，ISO9999日本語訳を活用したが，わが国の実情に合わない面もあり，「コード95」を制定した。ただし，CCTA95の分類の範囲は，表2-2のごとく限定されている。
　在宅の障害者によって利用される個人用の福祉用具に限り，公共の場や介助・介護のためだけに用いられる用具，公共の場へのアクセス用具は原則，含まれない。また，次も対象外である。①福祉用具の製作・設置の用具，②2つ以上の機能の合同の機能をもつ器具，③医療目的，④福祉用具を使うための訓練用具。
　このコードはWAM-NET。
　また，資料の詳細は㈶テクノエイド協会のHP＜http://www.tchno-aids.or.jp/＞を参照。

表2-2 「CCTA95；福祉用具分類コード」大分類

コード	項目	コード	項目
03	治療訓練用具	18	家具・建具・建築設備
06	義肢，装具・義足	21	コミュニケーション関連用具
09	パーソナルケア関連用具	24	操作用具
12	移動機器	27	環境改善機器・作業用具
15	家事用具	30	レクリエーション用具

　福祉用具とは，全ての障害の予防・軽減・補償のために用いる各種用具である。用具には特殊なもの，特注品などがあり，分類はそれぞれ異なる。
　「児童福祉法」「身体障害者福祉法」「障害者自立支援法」「介護保険法」[12]などの法令に基づき厚生労働省が福祉用具の種目を告示している。また，次のような細別や基準が公布されているので，参照されたい。

① 障害者の自立支援に関する基準
(A) 補装具の種目，購入または修理に関する費用の額の算定等に関する基準
(B) 障害者自立支援法に基づく指定相談支援に要する費用の額の算定に関する基準
(C) 障害者自立支援法に基づく指定障害福祉サービス等および基準該当障害福祉サービスに要する費用の算定に関する基準

② 介護に係る細則等
(A) 厚生労働大臣が定める福祉用具貸与および介護予防福祉用具貸与に係わる福祉用具の種目
(B) 介護保険の給付対象となる福祉用具及び住宅改修の取り扱いについて
(C) 厚生労働大臣が定める居宅介護住宅改修費等の支給に係わる住宅改修の種目
(D) 介護保険における福祉用具の選定の判断基準について

---

[12] 社会福祉基礎構造改革の一環として身体障害者福祉法等が改正され，(2000年)障害者福祉サービスについて，行政が福祉サービスの給付内容を決める"措置制度"に代えて，障害者自らが自分の意思で，かつ自己責任でサービスを選択し，事業者との契約に基づきサービスを利用する"支援費制度"が導入された。(2003年4月)

(E) 介護保険における福祉用具貸与と補装具給付制度との適用関係について

なお,参考のために,以下の表2-3で障害者自立支援法に規定された助成対象と種目,用具を挙げる。

なお,福祉関連の用具,機器,情報システムの発展は著しい。今後,多くの需要の見込まれる複合技術のハイテク機器など,種目として挙げられていないものが多数あることにも,留意する必要がある。

表2-3 障害者自立支援法に規定された助成の対象および種目,用具

＜補装具等の助成＞

障害を補うために必要とされる用具(補装具)の費用を助成する制度。

対象は,身体障害者手帳の交付を受けた人。ただし,介護保険で,購入・レンタル等利用ができる人は介護保険が優先となる。

障害別	補装具等の名称
視覚	眼鏡,義眼,盲人安全つえ
聴覚	補聴器
肢体不自由者(児)	義肢,装具,車椅子,電動車いす,歩行器,歩行補助つえ 座位保持装置,意思伝達装置
肢体不自由者	座位保持いす,起立保持具,頭部保持具,排便補助具

また,利用料は,原則10％の負担がある。種目別に,定められた基準額以上の補装具の交付を受けるときはその差額の自己負担もする。

義肢・装具については,公的機関の補装具の要否判定を受け,そのうち18歳未満の方は,療育指定保健所,または,育成医療機関において作成した意見書を提出する必要がある。

＜日常生活用具の助成＞

障害のある在宅の方の日常生活を容易にするための用具(日常生活用具)の費用助成である。対象と種目はその概要を別表に整理して説明した。利用料は,世帯所得により費用負担がある。新規購入費,レンタル(貸与)の費用,および部品の取替え費用,修理費用など細部にわたり決められている。

	種目	対象者
介護・訓練支援用具	浴槽〔湯沸かし器含む〕	原則として学齢児以上の身体障害者で，下肢または体幹機能障害の程度が，1級または2級の者。
	特殊寝台	原則として，学齢児以上の身体障害者で，下肢または体幹機能障害の程度が，1級または2級の者。
	特殊マット1	1．原則として3歳以上の知的障害者または，知的障害児で障害の程度が，最重度または重度の自ら排便の処置が困難な者であって，ベッドが排泄物で汚れるのを防ぐ必要があるもの。 2．原則として3歳以上18未満の身体障害者で，下肢または体幹機能の障害の程度が，1級または2級の児童であってベッドが排泄物で汚れるのを防ぐ必要があるもの。 3．18歳未満の身体障害者で下肢または体幹機能障害の程度が，1級の者（常時，介護を要する者に限る）。 4．18歳以上の精神障害者で，障害の程度が1級の者であってベッドが排泄物で汚れるのを防ぐ必要があるもの。
	特殊マット2	原則として3歳以上の身体障害者で，下肢または体幹機能障害の程度が，2級以上の者であって，①1日の大半をベッドで寝ている状態の者，②①で，かつ当該じょくそうが出来ている者または繰り返すもの。
	特殊尿器	原則として学齢児以上の身体障害者で下肢または体幹機能障害の程度が，1級以上の者（常時介護を要するものに限る）。 または寝たきりで起き上がりもしくは座位を保てないもの。
	入浴担架	原則として3級以上の身体障害者で下肢または体幹機能障害の程度が，1級または，2級の者（入浴の際にその家族等の他人の介助を必要とするもので，座位またはおきあがりをすることが出来ない者にかぎる）。
	体位変換器	原則として学齢児以上の身体障害者で下肢または体幹機能障害の程度が，1級または，2級のもの（下着交換等の際にその家族等の他人の介助を必要とするもので，寝返りを，つかまってもすることが出来ないものに限る）。
	移動用リフト	原則として，3歳以上の身体障害者で下肢または体幹機能障害の程度が，1級または，2級のものであって，移乗または立ち上がりをすることが出来ないもの。
	訓練いす(児)	原則として3歳以上18歳未満の身体障害者で，下肢または体幹機能障害の程度が，1級または，2級の児童。
自立生活支援用具	入浴補助用具	原則として，3歳以上の18未満の身体障害者で，下肢または体幹機能障害（児）であって入浴に際し介助を必要とする。
	便器	原則として学齢児以上の身体障害者で下肢または体幹機能障害者（児）であって，入浴に際し介助を必要とする。

自立生活支援用具	頭部保護帽	平衡機能，もしくは，下肢または体幹機能に障害を有する者また，てんかん等で転倒し頭部の保護が必要な者。
	T字杖，棒状の杖	平衡機能もしくは下肢または体幹機能に障害を有し原則として64歳以下の身体障害者で公機関（自治体）が必要と認める者。
	移動，移乗支援用具〔歩行支援用具〕	原則として3歳以上の身体障害者で，平衡機能もしくは下肢または体幹機能に障害を有し家庭内の移動等において介助を必要とするもの，または掴まらないと歩けないもの。
	特殊便器	1，原則として学齢児以上の知的障害者（児）で，障害の程度が最重度または重度の自ら排便の処理が困難なもの。 2，原則として学齢児以上の身体障害者（児）で両上肢の機能の障害の程度が1級または2級の者〔1または2のいずれの者も，排便の後始末をすることが出来ないことを原則とする〕。
	火災報知機	1，身体障害者で，障害の程度が，1級または2級の者。 2，知的障害者で，障害の程度が，最重度または重度の者。 3，精神障害者で，障害の程度が，1級または2級の者。 （①から③までのいずれの者も，火災発生の感知および避難が著しく困難な障害者で，障害のみの世帯に限る。
	自動消火装置	火災報知機と同様の者を対象。
	ガス安全システム	1，18歳以上の身体障害者で，喉頭摘出等により臭覚機能を喪失したもの（喉頭摘出等により臭覚機能を喪失した者のみの世帯およびこれに準ずる者に限る）。 2，18歳以上の身体障害者，下肢または体幹機能の障害の程度が1級の者（その障害者のみの世帯の者またはこれに準ずるものに限る）。
	電磁調理器	1，18歳以上の身体障害者で，視覚障害の程度が，1級または2級の者。 2，18歳以上の身体障害者で，上肢機能障害の程度が1級または，2級の者。 3，18歳以上の身体障害者で，下肢または体幹機能の障害の程度が1級の者。 4，18歳以上の知的障害者で，障害の程度が最重度または，重度の者。 5，18歳以上の精神障害者で，障害の程度が1級または2級の者（1から5までいずれの者，障害者のみの世帯の者またはこれに準ずるもの）。 （1から5までいずれの者も，障害者のみの世帯の者またはこれに準ずる世帯に限る）。
	歩行時間延長信号機用小型送信機	原則として学齢児以上の身体障害者で，視覚障害の程度が，1級または，2級の者（2級の者は，送信機のみに限る）。
	フラッシュベル	原則として学齢児以上の身体障害者で，聴覚，音声または言語の障害の程度が3級の者。

自立生活支援用具	会議用拡聴器	原則として学齢児以上の身体障害者で、聴覚の障害の程度が4級以上の者。
	携帯用信号装置	原則として学齢児以上の身体障害者で、聴覚、音声、または言語の機能障害の程度が3級以上の者。
	聴覚障害者用屋内信号装置	18歳以上の聴覚の障害の程度が2級以上の者。(その、聴覚障害者のみの世帯の者、または、これに準ずる世帯の者で、日常生活上必要であると認める世帯に限る)。
在宅療養等支援用具	透析加湿器	原則として3歳以上の身体障害者で人工透析を必要とする者(CAPD：自己連続携行式腹膜還流法による透析療法を行うものにかぎる)。
	ネブライザー〔吸入器〕	原則として3歳以上の身体障害者で、呼吸器機能障害の程度が3級以上であるものまたは同程度の身体障害者（児）で、必要であると認められた人（加齢による疾病はのぞく）。
	電気式痰吸引器	ネブライザー（吸入器）同様の者を対象。
	酸素吸入装置	おおむね18歳以上の身体障害者で呼吸器機能障害の程度は原則として3級以上の者。(医療保険その他の制度による在宅酸素療法HOTに該当しないもので、医師により酸素吸入装置の使用を認められたものに限る)。
	酸素ボンベ運搬車	18歳以上の身体障害者で、呼吸器機能障害の程度が原則として、3級以上の者（医療保険その他の制度による在宅酸素療法を受けていないものに限る）。
	空気清浄器	18歳以上の身体障害者で呼吸器機能障害の程度は3級以上の者。
	ルームクーラー	18歳以上の身体障害者で、頚髄損傷等で体温調節機能を喪失した者（医師により体温調節機能を喪失したと認められた者に限る）。
	盲人用体温計	原則として学齢児以上の身体障害者で、視覚障害の程度が1級または2級の者（視覚障害者のみの世帯の者またはこれに準じる世帯の者に限る）。
	盲人用体重計	18歳以上の身体障害者で、視覚障害の程度が1級または2級の者（視覚障害者のみの世帯の者またはこれに準じる世帯の者に限る）。
情報・意思疎通支援用具	携帯用会話補助装置	原則として学齢児以上の身体障害者で音声または、言語の機能障害者（児）または肢体不自由者（児）であって、音声または、言語の著しい障害を有するものでかつ、筆談の困難なもの。
	情報通信支援用具	視覚障害者で、パーソナルコンピューターを使用しないと文字が読めないもので、当該機器の使用が可能な者または上肢機能障害者で、脳性まひ等のため特別な装置が必要な上肢機能障害の程度1級の者。
	点字ディスプレイ	18歳以上の視覚障害者および視覚障害の重度重複障害者（原則として視覚障害2級以上かつ視覚障害2級以上の身体障害者であって、必要であると認められたもの。

情報・意思疎通支援用具	点字器	学齢児以上の身体障害者で，点字を習得しようとしているものまた点字の利用が可能な者。
	点字タイプライター	身体障害者で，視覚障害の程度が，1級または2級の者（本人が就労，もしくは就学または就労が見込まれる者に限る）。
	視覚障害者用ポータブルレコーダー	原則として学齢児以上の身体障害者で，視覚障害の程度が1級または2級であって文字を目で読むことが難しいもの。
	視覚障害者用活字読上げ装置	原則として学齢児以上の身体障害者で，視覚障害の程度が1級または2級のもの。
	視覚障害者用拡大読書器	原則として学齢児以上の身体障害者で，本装置により文字等を読むことが可能になる視覚障害者。
	盲人用時計	18歳以上の身体障害者で，視覚障害の程度が1級または2級の者。
	聴覚障害者用通信装置	原則として学齢児以上の身体障害者で，聴覚，音声または言語機能に著しい障害を有し，コミュニケーション，緊急連絡等の手段として当該機器の給付が必要であると認められる者。
	福祉電話（貸与）	原則として学齢児以上の身体障害者。
	聴覚障害者用情報受信装置	18歳以上の身体障害者手帖の交付を受けた難聴者または外出困難な者（原則として2級以上）であって，コミュニケーション，緊急連絡等の手段として必要性があると認められる者．（障害者のみの世帯およびこれに準ずる世帯で，前年分の所得税が非課税の世帯に限る）。
	人工喉頭	音声または，言語の機能障害で，必要と認められる者。
	点字図書	学齢児以上の身体障害者で，視覚に障害のある者。
排泄管理支援用具	ストーマ用装具	直腸または膀胱の機能障害者。
	紙おむつ等	3歳までに脳性まひ等の脳原生運動障害または同等の状態にあることにより，3歳以上で，排尿または排便に意思表示が困難で紙おむつを必要とするもの。
	収尿器	脊髄損傷，二分脊髄損傷等により，収尿器の使用が必要な者。

> Column

「障害者自立支援法」の制定

　これまでは，身体障害，知的障害，精神障害のように障害種別ごとに異なる法律に基づいていた福祉サービスや公費負担医療などが2006年4月から共通の制度の中で提供される仕組みになった。

　障害者に対する，福祉サービスの計画的な整備，社会参加・就労支援の促進，すなわち，地域生活への移行の支援，等を通じ，障害者が安心して暮らすことが出来る地域社会の実現を目指す。

(1) 障害の種別に係わらず，一元的にサービスを提供する仕組みの創設
(2) 障害種別に複雑で，ばらばらであった，施設，事業体系の再編成を通じた利用者本位のサービス体系の見直し
(3) サービス支援の必要度に関する，客観的区分（尺度）の導入。障害程度の軽い方から，区分1・区分2・区分3・区分4・区分5・区分6の6区分である。
(4) 利用者負担の見直しと，国の負担の義務化により，障害者支援の制度を皆で支える仕組みの見直し。
(5) ケアマネジメントの制度化によりサービス支給・決定の客観化・透明化を図る。

　本法の施行後，障害福祉サービス利用状況としては，全体の利用者数は，前年比8.8%増加しており（国民健康保険団体連合会），着実に伸びてきている。福祉サービスの抜本的改革であるため，10%の自己負担金の創設の問題や，サービス提供事業者の改革への対応の遅れなど問題点の指摘も多い。

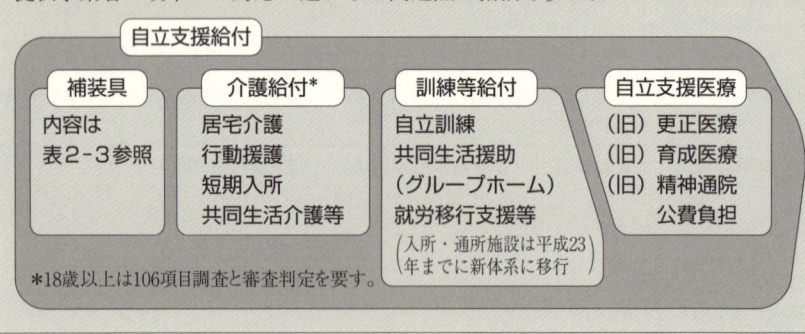

自立支援給付

補装具	介護給付*	訓練等給付	自立支援医療
内容は表2-3参照	居宅介護 行動援護 短期入所 共同生活介護等	自立訓練 共同生活援助 （グループホーム） 就労移行支援等 (入所・通所施設は平成23年までに新体系に移行)	(旧) 更正医療 (旧) 育成医療 (旧) 精神通院 公費負担

*18歳以上は106項目調査と審査判定を要す。

〔参考文献〕

厚生労働省編〔2007〕『厚生労働白書(平成19年版)』ぎょうせい。
後藤芳一〔1999〕『福祉用具の流通ビジネス』同友館。
通産省・機械情報産業局編〔1997〕『福祉用具産業政策の基本的方向』㈶通産調査会。
㈶テクノエイド協会編〔2001〕『福祉用具総覧2001』中央法規出版。
㈱三菱総合研究所(編集協力)〔1998〕『福祉用具ビジネス白書 '98』中央法規出版。

(渡辺　孝雄)

第3章

福祉産業の経営課題

――＜本章の要点＞――

❶ 福祉理念の確立の重要性について述べる。

　福祉産業の経営組織は，理念に基づく目標が明示されることが必要である。福祉の理念・ビジョンは，事業所が目指す価値観，利用者本位の良質のサービス，生産性向上などの考え方，倫理的使命などについて明確な方向を示す。

　福祉産業の使命は特殊であり，組織全員が明確な理念を共有し実践することが求められる。

❷ 福祉産業の生産性向上について，どの様に進めるか学習する。生産性の向上の目標，福祉活動の成果の達成，良質サービス提供による利用者の満足度向上などである。経営資源（ヒト・モノ・カネ・情報・技術）を活用し，仕事の仕組み，ケア方式，仕事の計画・標準化などプロセスの変革も必要となる。居宅，施設ケアともに，生産性は一般産業の約50％で改善の余地は大きい。

❸ 付加価値生産性の向上は，福祉産業にとってなぜ重要か理解する。

　付加価値は，その団体が，「経営資源」を利用し生み出した純価値である。それは働く人の給与の原資となる。収入の規模の大きさよりも，付加価値生産性の向上が福祉産業の健全経営の要である。

❹ 重層的品質管理と利用者保護について，それをいかに進めるか理解する。

　福祉産業の品質管理は，事業所全員の品質意識を刷新し，関連事業者の諸基準・法令等の遵守，標準化団体等との連携・協力によって実現できる。

　どのような基準，法令，管理方法があるか学習する。

§1　社会保障における福祉産業のあり方

　福祉産業は，社会福祉構造改革の福祉施策の一部を担う重要な役割と責任がある。社会保障制度の全体のパラダイムとの整合性をもって，整備・育成を図るべきである。

　障害者や高齢者の福祉サービスに対するニーズは，質，量ともに高度化，多様化している。公私分離の原則（憲法25，89条）を踏まえて，その役割を認識し責任が重大であることを認め，効果的サービスを遂行することが求められている。

　福祉産業を育成し，発展させていくためには，公民の緊密な協力，NPOや地域社会の住民の主体的参加も必要である。

　1985年以降，経済は混乱，低迷しているが，その間の高齢者の家計状態をみると，現役世代と遜色がない水準である。しかし所得のバランスを示すジニ係数(1)は，全世帯0.3188に対して0.3799と大きく乖離し所得格差が生まれている。(2)また介護保険の未申請に加え，認定を受けても利用を辞退する人が続出している高齢者世帯は20％を超え，介護力が低下する中で，高齢者の"住まい"もライフステージに応じて変わる傾向が出ている。福祉産業は常に，障害者や高齢者の支援について，継続的に創造的な努力を払い，公，民，地域住民のネットワーキングの役割と責務を果たすべきである。

---

(1)　総務庁の貯蓄動向調査（1999年）によると，65歳以上の金融商品の貯蓄額は2739万円である。
(2)　所得などの分布の均等度を示す指標で，0から1までの値をとり，0に近いほど分布が均等で，1に近いほど不均等となり，所得格差が大きいことになる。厚生省の「平成8年所得再分配調査」によれば，社会保障や税による再分配を行なう前の当初所得のジニ係数は，1981年，0.3491が，96年，0.4412に上昇している。これは世帯間の所得格差が拡大していることを示している。ジニ係数について5章§2「高度経済成長以降の社会福祉施策」の項も参照。

§2　経営理念を明確に

1. 良質サービスの福祉理念の実践

社会福祉法（2000年に社会福祉事業法を改正）は，福祉サービスの適切かつ良質なサービスの提供に努力することを求めている。また適正かつ公正な第三者評価を行なうことを示している。

提供するサービスの質の向上，とくにその成果（アウトカム）を利用者・家族が評価し満足することに努めなければならない。心身ともに健やかで質の高い生活（QOL）は利用者の価値観でもあり，モニタリングや継続的評価と改善の努力が必要である。常にトップの理念が明確で，その秀逸性が組織に浸透していることが重要である。さらに，良質の福祉サービスの提供には職員の資質，専門性と技能の向上，豊かな人間性と公正な倫理観が基本であろう。

利用者との信頼関係の維持と十分な情報公開による選択の機会提供が重要である。

2. 市場原理の限界と応用

1980年代のイギリス，アメリカの新保守主義といわれる政府介入を縮小する施策は，所得格差の拡大や医療・福祉の後退をもたらした。その反省から，イギリスは市場競争原理を超えて，第三の道へ進んでいる。

市場原理とは，価値のあるサービスが評価されることである（第12章参照）。

$$V = \frac{Q}{C}$$　　V＝サービス価値，Q＝品質，C＝コスト

すなわち，同じコストで品質の向上ができれば，そのサービスの価値は高いといえる。換言すれば，同じ品質を，より低いコストで提供することである。

また，福祉サービスの特殊性は市場原理の限界を示す。つまり，①情報の非対称性，②サービスは蓄えられない，③同じサービスは反復できない，④利用者は　十人十色のニーズをもっている，⑤価格公定や資格認定の規制が多い等の問題があり，一般の経済原理をそのまま適用できないことを理解すべきである。市場原理の限界は認めるが，利用者本位にサービス活動の効率性，質の向上を図る組織運営・管理体制などは民間の企業で培われた技法，システムがモデルとなろう。

§3　良質サービスの保証

1. 品質保証と事故防止

事故・リスクとは　利用者の期待するサービスの成果（アウトカム）を提供できないことである。

利用者の権利を尊重して良質で安全なサービスを提供するためには，全職員参加の品質管理を実践して，事故防止に努めることは基本的要件である。

サービスの成果，利用者満足度（CS：customer satisfaction）および，付加価値生産性が向上すれば，職員のモラール（morale）は高揚し，組織の活性化をもたらす。すなわち，そこでは，ケアチームの技能水準・能力開発が進められるのである。

2. 良質サービス提供の4層構造の管理

良質サービスを的確に提供していくためには，品質管理は次の重層的4レベルで行なう（表3-1）。

① 福祉サービスの事業所レベルの品質管理
② 地域・業界・専門職学会・団体レベルの品質管理
③ 国家レベルの品質管理
④ 国際レベルの品質管理

表3-1　品質保証の4層レベル

事業所レベル	地域・業界レベル	国家レベル	国際レベル
サービス運営基準 重要事項説明書 利用契約書 サービス利用契約書 事業所の理念・倫理基準 事業所内業務規定 事業所内作業基準 感染防止委員会 リスクマネジメント委員会 個人情報保護責任者	シルバーマーク オンブズパーソン 諸業務ガイドライン 協会認定（資格） 個人権利保護条例 福祉サービス利用援助事業 第三者機能評価機構 医師会 薬剤師会 社会福祉士会 PT，OT 専門職 学会の基準 福祉機器・用具等レンタル規則	PL 製造物責任法 GMP 医薬優良工程 JIS 日本工業規格 SG 安全ガイド 成年後見制度 金融商品販売法 景品法 社会福祉法 医師法 薬事法・薬剤師法 医療保険制度 介護保険法 保険医療機関・保険医の療養担当規則 交通バリアフリー法 ハートビル法（特定建築物）	ISO 国際標準化機構 WHO-ICD-10 （国際疾病コード）

3. 良質サービスと品質保証

日本医療機能評価機構は1995年に発足して，医療機関については97年より評価活動を開始した。公正，中立の第三者評価専門機構による審査結果は，2001

年より受審したことを広報でPRできることとなった。介護サービスについても重層的管理と評価制度が必要である。

事故を防ぐリスクマネジメントのポイントは，以下が挙げられる。

① 良質サービス提供等の経営理念を全員で共有する。
② 未然に事故を防止，発生を予防する先手の管理をする。
③ 現場の実態：ヒヤリ（incident），ハット（accident）などの情報を検討して管理体制をつくる。
④ ヒト・モノ・技術・情報など全ての経営資源を動員して組織を再編成する。

§4　情報の透明性

　介護保険は利用者が自分の意思でサービスを選択し，提供者と契約して利用することになったが，選択の判断に必要な情報が十分に利用できていないようである。

　利用者は提供する側と対等に情報を共有して，話し合い，納得の上で契約しサービスを受けるのが望ましい。すなわち，利用者に，積極的に共同決定に参加を求め，自分の健康については，あくまで自分自身で責任をもつべきであるという自己決定，自己責任の考えである。

1.　インフォームド・コンセント；利用者が説明を受ける権利

　福祉サービスや福祉用具の提供について，事業者は親身になって，いろいろな方法で，利用者が納得の上で同意するまで，時間をかけて繰り返し，繰り返し説明するのが任務である。サービス内容の説明に限らず，健康管理の面から福祉用具のコンプライアンス相談・指導も行なうべきである。

2. 情報開示と利用者保護

　介護保険では,"サービス運営基準"の作成を事業者に求め,サービスの概要,事業所の資格者等の基本事項を文書にして,サービスの質を説明し契約書を交わすよう指導している。

　同時に,"重要事項説明書"を作成,苦情処理,医療機関等との連携,契約終了に伴う援助などについても明確にすることを求めている。利用者または事業者の義務のみ規定したり,具体性に欠けて,わかりにくい説明などは改善を要する。社会福祉法は,都道府県社会福祉協議会に運営適正化委員会を設けるなど苦情処理を適切に処理する制度を創設した。利用者の苦情や不満は,大小を問わずできるだけいろいろな機会に聴取するよう努力すべきである。

3. 利用者保護の制度

　生活・福祉用具等の安全性や利用者保護については,SGマーク(安全ガイドマーク),JIS(日本工業規格),PL法(製造物責任法),金融商品販売法(2000年5月制定),金融商品取引法(2006年,旧証券取引法を改題)である程度守られている。これらについては,第4章を参照してほしい。

　また,認知症性高齢者,知的障害者,精神障害者を保護する「成年後見制度」と,未成年者を保護する「未成年後見制度」が1999年制定された。

　この制度と平行して権利擁護を図る「福祉サービス利用援助事業」は,都道府県社会福祉協議会の行なっていた地域福祉権利擁護事業を名称変更したものである。そして,2000年に施行された社会福祉法の第2種社会福祉事業に規定された。その目的は,判断能力の著しく不十分な人が自立した生活を送れるよう福祉サービスの利用を援助し,権利擁護を行なうというものである。

§5　働く環境の改善
――生産性向上の第1歩――

　目標と役割・責任が明確で，貢献度，成果を達成する行動特性（実力），技能，知識などが処遇に公正に反映される，魅力のある職場と働きやすい雇用条件の整備が必要である。働く人の意欲と働き甲斐に結びつく人事制度の確立こそ，生産性向上の鍵である。非常勤の職員が多い職場でもオランダでは，ワークシェアリングの勤務体制を導入，非常勤も常勤と全て同じ，男女機会均等，同一価値労働，同一処遇の原則（ILO；コンパラブルワース）の処遇で成果を伸ばしている。

　わが国では，目標管理（MBO：management by objectives）や成果主義の組織運営で，生産性を上げ成果配分を行なう事業所が増えている。このような職場では，モラールが高く，前向きの組織風土がある。

§6　福祉産業の経営刷新と生産性向上

　生産性とは，少ない資源（ヒト・モノ・設備，情報）を使って，より多くの成果・利用者満足度を上げていく考え方である。生産性向上は利用者へのサービス向上となり，また，職員の労働環境改善，地域社会への貢献にもなる。生産性向上の技法は　国の社会経済の安定成長，働く人の福祉の増進にも役立つ。

　福祉機関，福祉産業の"労働生産性"は一般産業に比較して，極めて低い。経営革新による生産性の大幅の向上が緊急の課題である。福祉は国の諸産業の中でも高度成長が見込まれている分野であり，経営を刷新して生産性向上を図

ることが必要である。

1. ケア方式の変革でサービスの効率化
—仕事のしくみ—

利用者一人ひとりについて，ケアサービスを管理する，ケアマネジメント（介護支援）が介護保険で導入された。すなわち①目標とする成果（アウトカム）を明確にして，②心身の情報収集・課題分析（アセスメント），③ケアプラン・介護計画の作成，④ケアチームの編成と効果的協働の調整の一連のプロセスの革新が必要である。そのためには心身の情報収集を頻回行なう（現状，月数回である）等，ケア方式の変革が良質のケアに必須となる。

高齢者施設で「ユニットケア」が，試験的に導入されているが画期的な成果をあげている。プライマリー・ケアの考え方で，利用者のベットサイドで一対一の継続性のある，良質のケア・サービスを提供できる。

また，ケアマネジメントで的確なケアプランを立案するためには，ケア（治療）の目標・アウトカムを明確にすることが前提となる。良質サービスを目指すには，技能の向上に併せて，ケア方式や，サービス手順・プロセスの標準化，ケアガイドラインを設ける等，根本的対策と意識刷新が効果的である。

このようなムダ・ムラ・ムリのない管理体制方式による良質サービスの提供が，健全経営やコスト低減をもたらすのである。言い換えれば，サービスの質の向上と，サービスの効率化は資源の有効活用をもたらし，事業所の体質が強化され，安定成長を図ることができるのである。

2. 付加価値生産性

付加価値生産性は，福祉活動の成果を正しく表わす重要な指標である。

付加価値はケアチームが資源を消費し，さらにME機器や施設を利用し，技術力，管理力，技能，情報システムを活用して，新たに創造した経済的価値である。

すなわち，新たに生み出した準所得が付加価値であり，①資本出資者，②働

く人,③経営者の3つのセクターに分配される。また,付加価値生産性こそ直接"賃金"と結びつく指標で,2つの算出式がある。

算出式Ⅰは,**収益（売上げ）－外部購入経費**（資材費・医薬品費,光熱費,上下水道費・通信費・産業廃棄委託費,レンタル費など）で算定される。

算出式Ⅱは,**決算書から①人件費,②金融費用,③減価償却費,④租税公課,⑤地代・家賃,⑥経常利益（法人税込み）を**加算して算定する（日銀方式）。

福祉活動の成果を正しく表わす重要な指標は,生産性の指標の中でも,(1) 1人当たり付加価値生産性,(2)労働分配率,(3)付加価値率が経営の健全性を示す基本指標である。

適正人件費は健全経営の柱であり,賃金,要員計画などを検討するときは"労働分配率"や"付加価値率"の資料も必要である。"労働分配率"は,総人件費を付加価値額で除して求める。60％以内が良い。

付加価値率は,付加価値額を総収入（総収益）で除して求める。施設ケアは60％以上,居宅サービスは80％以上が良い。

3. 福祉活動の生産性向上の要点

表3-2は経営資源を消費して,成果（アウトカム）を目標とし,その目標を効果的に実現する最も的確な方法を考える,すなわち,仕事のプロセス・進め方の刷新を行なうことが必要であることを示す。

たとえば,良質サービス（感染の予防,利用者の人格尊重,癒しの環境）や

表3-2 福祉活動の生産性向上の要点

経営資源の投入 インプット（コスト）	サービス活動の展開 プロセス	成　果 アウトカム
ヒト・モノ・情報,技術,設備,福祉機器・用具,コンピュータ,技能者	ケア方式,管理組織,チームケア,リーダーシップ,理念・組織風土,24時間介護,情報組織システム,地域連携,ネットワーキング	高いケア効果,質の評価,CS,事故防止,良質サービス

効果的ケア提供等の成果を実現するためには，仕事の管理体制，情報システム，職員の能力・処遇の仕組み，チーム編成，サービス方式，TQM（Total Quality Management：全職員による総合的品質経営）など全面的プロセス刷新が必要である。

4．生産性向上のステップ

生産性の算出式を構成する仕組みを，要素に分解して解説する。

$$1人当たり付加価値 = \frac{V（付加価値額）}{L（職員数；常勤換算）}$$

$$\frac{V}{L} = \underbrace{\frac{V}{OP}}_{（付加価値率）} \times \underbrace{P}_{（価格）} \times \underbrace{\frac{O}{K}}_{（資本生産性）^*} \times \underbrace{\frac{K}{L}}_{（労働装備率）}$$

K：資本額　　　　P：価　格　　　　V：付加価値
L：人　員　　　　O：アウトプット（サービス提供高）

＊資本生産性：建物，設備，機器，車両がどれだけ有効に活用されているかを示す。通年，実働率の向上を図ることによって改善される。

　4つの要因の，価格Pは公定（介護・診療報酬）の場合は経営努力で改善することはできない。付加価値率はムダ，ムリ，ムラなど経費合理化により改善する。居宅サービス80％以上，施設サービスは60％以上が望ましい。創造的知恵を活かしたマーケティングで新しいサービスの導入も効果的である。

　労働装備率とは1人当たり有形資産，機器・建物などを示し，技術水準やサービスの質的側面を示す。戦略的重点分野への計画的投資は生産性向上のため必要であるが，過大な大型投資はリース，PFI・公設民営，公的長期資金によりリスク分散を図ることが必要である。

§7　事故防止の歯止めのための品質保証

1.　二重，三重のガイドライン基準で品質保証

　アメリカの安全基準（ANSI）は，建物の壁材，床材の反射度，材質，階段手すりのデザイン，採光などについてのものである。転倒，めまい（glaring），骨折，熱傷などの事故防止のため，厳しいガイドラインがある。

　車いすが壁に衝突してもショックを緩和する壁材（パルプ主材），高さ調節の洗面・調理台（熱湯の温度管理）や，トイレ，採光調節の窓ガラス・カーテンなどについても基準がある。

　事故を防止し，アメニティの高い癒しの生活環境・療養施設等を提供するためには，国，行政レベル，品質管理専門家レベル，事業所・設計レベルで各々適切な基準や，規制が設けられるべきである。

2.　ユニバーサルデザイン・共用品の開発

　アメリカでは，人工呼吸器を搭載する電動車いすが健康保険で給付される（コストは約＄14,000）。予備電源を搭載しハイテク技術で振動が全くなく，デコボコ路でも，快適に安全に速く進める。また，アメリカ，ニュージャージー州の著名なケスラーリハビリ研究所は　両手両足に障害のある人が肘や音声入力等の補助装置で操作できる自動車を開発した。欧米では"大文字印刷"の本，新聞の種類が増えている。障害に関係なく，一般に使いやすいユニバーサル商品は多数開発されていて好評である。音声入力操作のコンピュータ，大文字の事務機器，操作が簡単な電気機器，高さ調節式のいすなど標準品として量産体

制に入れば価格も下がるので一段と普及し事故防止につながる。

3. 事故防止の管理システム
　　──働く人の作業環境の改善──

　感染防止，転倒事故防止等の療養，環境・働く人に安全で働きやすい労働環境の管理システムが必要である。たとえば，体温計，マスクや手袋，治療用具，ユニフォームなど連用，共用しないよう，各人別の検査具，使い捨ての用具を使う国が増えてきた。

　「転倒事故」は重大な結果を招くので，重点的管理が必要である。事故は主に入浴時に起きるので，欧米では浴槽を利用する全身浴は一般に行なわない。施設，居宅でも半身浴とシャワーで清潔にする。また熱湯による熱傷事故，体温の急変による心臓への負担を防止するため，お湯の温度は低く制限している。浴室の床は速乾タイル等を使用，何時も乾燥しているので，スリップや転倒を防止している。

　また，入力・清潔・移動・ベッド上起立等の身体介護に携わる人の「腰痛」を防止するため，介助にリフト（手動式・電動式）をフルに活用するので，作業効率も向上し，転倒を防止している。

　以上は，働く人の健康管理，労働環境の改善も良質サービス管理の前提条件である。

〔参考文献〕
川口清史〔1999〕『ヨーロッパの福祉ミックスと非営利・共同組織』大月書店。
佐和隆光〔2000〕『市場主義の終焉』岩波書店。
渡辺孝雄〔1998〕『在宅ケアの基礎と実践』（第2刷）ミクス（現エルゼビア・ジャパン）。
Andersen G. E.〔1999〕*Social Foundation of Postindustrial Economies*, Oxford University Press（渡辺雅男・渡辺景子訳〔2000〕『ポスト工業経済の社会的基礎』桜井書店）。

　　　　　　　　　　　　　　　　　　　　　　　　　　　（渡辺　孝雄）

第4章

事業開設者は誰か

―――＜本章の要点＞―――

❶ グローバル化の概念の理解が必須である。福祉分野におけるグローバル化は，ノーマライゼーションとNPM（新公共経営）の2つの概念が，2000年実施の「社会福祉基礎構造改革」，とくに「社会福祉法」の大改正の理念と改革行動方針として強く反映されている。

❷ 社会福祉事業法が社会福祉法に題名が改正され，福祉サービスの基本的理念の規定，措置制度から福祉サービスの利用制度への転換，サービスの質の向上，社会福祉事業の充実化・活性化，地域福祉推進化等は上記2つの概念に基づいている。

❸ 社会福祉事業の経営主体に関し，社会福祉法で2つの事業分類が規定され，参入可能な経営主体を明示し，社会福祉法人が中心的な役割を担うことが明確化されている。介護保険適用療養病床13万床が2011年度末にゼロとなる。規制緩和の方向性に沿った動きとして，急増する有料老人ホームは，介護保険に基づく事業の周辺領域事業にあり，大きな可能性と課題がある。利用者保護のため，規制強化が始まった。

❹ 今後の展望としては，NPMの浸透が遅れている社会福祉分野において，中心的役割を期待される経営主体である社会福祉法人の経営力強化の課題，とくに資金調達面を含め，NPMの考え方の実践が問われる。更に，リート（不動産投資信託）が介護つき有料老人ホーム建設の有力な資金調達手段として注目される。

§1 グローバル化の背景

　ケネス・ボールディング（1966年，アメリカ）が「宇宙船地球号」という概念を使い，地球規模に基づく世界観の提唱を行なったことを契機に生まれた「グローバル化（Globalization）＝世界化，地球社会化，地球的規模化」は，1970年代に入り環境問題に止まらず広く用いられ始めた。とくに，グローバル化の概念は地球市民という意識を高め，地球的視点で物事を考え行動する新しい概念に発展し，国境を越え現在も進化・拡大し続けている。福祉分野におけるグローバル化について考えると，次のような大きな変化・変動があった。

　まず，「ノーマライゼーション(1)」という新しい概念が，1959年，デンマークにおいて知的障害者福祉法に導入された。その後，概念は全世界的に広まった。この概念は日本には70年代には紹介されたが，93年に「心身障害者対策法」が「障害者基本法」に改正されたことを契機に，障害者福祉の領域に止まらず，社会福祉全般の中核理念として採用されている。

　また，グローバル化については，「NPM（New Public Management；新公共経営）」という考え方が社会福祉分野にも大きな影響を及ぼしている。「NPM」という用語は90年代はじめに公共政策を論じる学者の間で使われ始め，瞬く間に広く一般に受け入れられた。NPMとは行政を経営ととらえる動きで，英国，ニュージーランド，オーストラリア，アメリカ等を中心とする国々における公

---

(1) この「ノーマライゼーション」をモデルに，日本において，1993年に策定された「障害者対策に関する新長期計画」を具体化した重点実施計画として）障害者プランは，95年に策定された。このプランは7ヵ年計画（1996～2002年）であった。福祉対策のみならず，住宅，教育，雇用，通信，放送など障害者施策の全般に関する内容であった。
　障害者プランは，次の7つの視点から施策の重点的推進を図った。
　①地域でともに生活する。②社会的自立を促進する。③バリアフリー化を促進する。④生活の質（QOL：Quality of Life）の向上を目指す。⑤安全な暮らしを確保する。⑥心のバリア（障害）を取り除く。⑦わが国にふさわしい国際協力・国際交流を推進する。

共部門の改革の取り組みを指すものである。

　増大する財政赤字や，累積する公的債務残高等，共通する問題をかかえる先進諸国において，現在行政の効率化や活性化を図るため，企業経営の理念や手法の積極的採用による行政改革推進の有効的なアプローチとなっている。NPMの考え方は，①市場競争原理の導入と強化，②発生主義会計制度採用，③権限と責任の明確化を図るため，組織の編成と権限の委譲，④行政評価システム（成果主義・業績主義に基づく）導入と説明責任の徹底等から構成される。NPM推進の具体的提案として，民営化，業務のアウトソーシング（外部委託），PFI（Private Finance Initiative；民間資本による社会資本整備），独立行政法人化，ベンチ・マーキング等がある。日本のNPMは主として地方行政改革との関係において，論じられてきた。とくに，1995年に地方分権推進法が成立し発足した地方分権推進委員会が中心となり，2001年までの6年間，自治省（現・総務省）指導下で地方分権改革が取り組まれた。その際，NPMの考え方が自治体の地方行革の行動指針の中核となった。慢性的赤字財政をかかえる地方自治体の行政改革努力は，福祉サービスを含む，拡大する自治体事業にも向けられた。とくに，福祉サービス領域については「社会福祉基礎構造改革」が，2000年4月導入の介護保険制度，成年後見制度，改正地方自治法に対応するために実施された。

　1951年に制定された社会福祉事業法以来，大きな改正が行なわれていないために，社会福祉の共通基盤制度（制度を構成する社会福祉事業，社会福祉法人，措置制度等）の関係する法律改正に向け，97年から見直しが始まった。2000年6月「社会福祉事業法」は「社会福祉法」に変更，内容も大幅に改正された。なお，改正対象となった法律は社会福祉事業法を含め8法である（ほかの7法は，身体障害者福祉法，知的障害者福祉法，児童福祉法，民生委員法，社会福祉施設職員等退職手当共済法，生活保護法，廃止となった公益質屋法）。

§2 「社会福祉法」の改正主要点

「社会福祉事業法」を名称変更して改正された「社会福祉法」の内容は，前述のノーマライゼーションの考え方が広く反映されている。具体的には，次に述べる通りである。

1. 福祉サービスの基本的理念の規定

「福祉サービスは，個人の尊厳の保持を旨とし，その内容は，福祉サービスの利用者が心身ともに健やかに育成され，またはその有する能力に応じ自立した日常生活を営むように支援するものとして，良質かつ適切なものでなければならない」と社会福祉法の総則第三条で規定されているが，まさにノーマライゼーションの考え方を反映している。

2. 利用者の立場に立った社会福祉制度の構築

制度面から改正内容について述べると次の通りである。

① **福祉サービスの利用の制度化**

「行政が行政処分によりサービス内容を決める措置制度」から「利用者が事業者と対等な関係に基づきサービスを選択する利用制度」への変更。言い換えれば，福祉サービスの提供者・事業者中心であった社会福祉を，利用者中心の視点で関係を転換させることを意味する。これもノーマライゼーションの考え方に合致する（ただし，要保護児童に関する制度については，措置制度は存続される）。

② 利用者保護制度の創設

地域福祉権利擁護制度と苦情解決の仕組みの導入，誇大広告の禁止，地域福祉権利擁護制度（福祉サービス利用援助事業），利用契約についての説明と書面交付義務づけ。利用者保護については，通常の商取引における消費者保護基本法および消費者契約法の規定と同じ内容で，消費者保護の考え方である（全世界的に高まる「消費者の知る権利」の考え方にも合致）。とくに，2000年4月から施行された「消費者契約法」の立法化の背景には，有料老人ホームの契約内容の不当表示の問題化を含め，高齢者世帯の契約トラブルがある。

3. サービスの質の向上

サービスの質の向上に関しては，次の要件が挙げられる。
① **良質なサービスを支える人材の養成・専門職の確保**
② **サービスの質の自己評価および質を評価する第三者機関の育成**

市場競争の下，一般の産業界では①と同様に企業が自主的に行っている活動である。経営資源の1つであるヒトに関し，人材の養成・確保は人事・労務管理機能であり，自己の提供サービスの評価はTQC・TQM（全社的品質管理）手法やQCサークル（品質管理の現場自主勉強グループ）活動，外部評価はISO9000，14000等国際品質システム審査機関を利用する。このような規定はNPMの考え方に沿っている。

③ **事業の透明性の確保**

サービス内容に関する情報の提供，財務諸表の開示を社会福祉法人に対しての義務づけ，国・地方公共団体による情報提供体制の整備する。市場競争下ではこれも必要とされ，これはNPMの考え方に沿っている。

4. 社会福祉事業の充実・活性化

社会福祉事業を活性化させる施策として，次のようなものが挙げられる。

① 多様化する社会福祉サービス需要に対応し9事業の追加

権利擁護のための相談援助，障害者(児)生活支援事業，手話通訳事業，盲導犬訓練事業，知的障害者デイサービス事業，等を含む。

② 社会福祉法人設立要件の緩和

障害者の通所授産施設の規模要件の引き下げ，小規模通所授産施設，またはホームヘルプ事業を行う社会福祉法人の設立のための資産要件の大幅引き下げ（委託費等で事業継続に必要な収入1億円を安定的に見込める場合，所轄庁が認める資産額は1,000万円程度），通所施設用に供する土地・建物について賃借を認める。

③ 多様な事業主体の参入促進

保育所について，地域の待機児童数状況を総合的に勘案し，社会福祉法人以外の民間企業の参入を認める。ただし，介護保険制度の施行状況等をふまえ，事業の継続性・安定性の確保を考慮し，引き続き検討される。

④ 福祉サービスの提供体制の充実

社会福祉施設に対する国庫補助制度堅持，障害者プランの計画的整備，学校等の空き教室の活用など整備方法を多様化する。

⑤ 社会福祉法人の運営の弾力化

施設ごとの会計区分を弾力化し，法人単位の経営を確立する。また，利用制度化した事業について，利用料収入を施設整備費の償還にあてることを認め，行政監査の重点化・効率化を図る。

以上のように，福祉サービス提供事業者の増加と多様・創造的な事業者参入を図り，利用者に選択の幅を広げ，利用者獲得の競争を活発にすることは，NPMの市場競争原理の促進と強化に相当する考え方である。ただし，行政の意図は，社会福祉事業者（福祉サービスの提供者）については，引き続き，社会福祉法人が中核となることを期待し，社会福祉事業界（福祉産業）は制限された枠組み内で競争を促進し，サービスの質を向上させ，同時に各福祉法人の強化を図る。現在の多数ある一法人一施設の小規模経営主体のなかから，多施設大規模経営の社会法人に育成・転換を意図することを，「改正社会福祉法」が中心とする社会福祉基礎構造改革から読み取れる。また，国・地方自治体の

助成金等の資金援助は継続されるが，財政悪化の状況下，将来的に助成金等の支出削減をにらんだ行政の布石と考えられる。

5. 地域福祉の推進

地方分権推進の枠組みに基づき，次のような具体策が示された。
① 市町村地域福祉計画および都道府県地域福祉支援計画
② 知的障害福祉等に関する事務の市町村への委譲
③ 社会福祉協議会，共同募金，民生委員・児童委員の活性化（市町村社会福祉協議会を地域福祉の推進役として位置づけることの明確化，都道府県社会福祉協議会による社会福祉事業従業者の養成研修，社会福祉事業の経営指導を行なうことを明確化）

福祉サービスの提供者側ではなく住民側の立場・視点に立ったサービスを確保するため，従事者の教育・指導を経営の根幹に置くことは，NPMの考え方そのものである。また募金の配分については透明性を確保するための規定，民生委員・児童委員の職務内容の明示化等は企業におけるコンプライアンス（法令遵守）にあたる。

6. 施　行

社会福祉法は，2000年4月より施行された。ただし，「行政が行政処分によりサービス内容を決める措置制度」から「利用者が事業者と対等な関係に基づきサービスを選択する利用制度」への変更，地域福祉計画策定，知的障害者福祉等に関する事務の，市町村への委譲に関する規定については準備期間を考慮し，2003年4月施行された。

7. 支援費制度＝障害者福祉サービスの利用制度化

改正はノーマライゼーションの理念を実現するため，障害者福祉サービス提

供者と利用者が対等の関係に立って，契約に基づき障害者福祉サービスを利用できる，利用者本位のサービス提供が期待されている。

① **支援費受給のための手続き**

障害者が自ら希望するサービスについて，利用したい指定事業者・施設を選択し，直接に利用の申し込みを行なうとともに，市町村に対して，利用するサービスの種類ごとに支援費支給の申請を行なう。市町村の支援費支給が決定されると，当該障害者に受給者証が交付され，施設・事業者との直接契約により，サービスの利用が可能となるとともに利用者負担分の支払いが生じる。利用者負担分は，支援費支給決定時に決定される。施設・事業者がサービスを提供したときには，利用者に代わって市町村に対し支援費の支払いを請求し，支援費を代理受領する。措置制度から利用制度（支援費制度）への変更は，利用者本人の自己負担分について不払いのリスクが発生することで，施設・事業者がその費用を回収できない場合，この分は損失・赤字となる。

§3　社会福祉事業の経営主体

「社会福祉法」により規定されている関係条項を調べると，総則2条（定義），第7章社会福祉事業60条（経営主体），同61条（事業経営の準則）が経営主体の概念を把握するためには必要である。

(1) **社会福祉事業の分類**

社会福祉事業は，第1種社会福祉事業と第2種社会福祉事業に分類される（表4-1参照）。

① 第1種社会福祉事業は国・地方公共団体または社会福祉法人が経営することが原則である。

理由：人権に関わることが大きく，社会的発言が弱い者が，全面的に特定の

表4-1　社会福祉法に基づく社会福祉事業の分類①

第1種社会福祉事業

- 生活保護法に規定する救護施設，更生施設，生活困難者を無料または低額な料金で入所させて生活の扶助を行う施設，生活困難者に対して助葬を行う事業
- 児童福祉法に規定する乳児院，母子生活支援施設，児童養護施設，知的障害児通園施設，盲ろうあ児施設，肢体不自由児施設，重症心身障害児施設，情緒障害児短期治療施設，児童自立支援施設，老人福祉法に規定する身体障害者更生施設，身体障害者療護施設，身体障害者福祉ホーム，身体障害者授産施設，知的障害者福祉法に規定する知的障害者更生施設，知的障害者授産施設，知的障害者福祉ホーム，知的障害者通勤寮
- 売春防止法に規定する婦人保護施設，授産施設
- 生計困難者に無利子または低利で資金を融通する事業
- 共同募金を行なう事業

第2種社会福祉事業

- 生計困難者に対して日常生活必需品，金銭を与える事業，生計困難者生活相談事業
- 児童福祉法に規定する障害児相談支援事業，児童自立生活援助事業，放課後児童健全育成事業，児童福祉法に規定する助産施設，保育所，児童厚生施設，児童家庭支援センター，児童福祉増進相談事業
- 母子および寡婦福祉法に規定する母子福祉施設，父子家庭居宅介護等事業
- 老人福祉法に規定するデイサービス・センター（日帰り介護施設），老人短期入所施設，老人福祉センター，老人介護支援センター，痴呆対応型老人共同生活援助事業
- 身体障害者福祉法に規定する身体障害者相談支援事業，身体障害者生活訓練等事業，手話通訳事業または介助犬訓練事業若しくは聴導犬訓練事業，身体障害者更生相談事業
- 知的障害者福祉法に規定する知的障害者地域生活援助事業，知的障害者相談支援事業，知的障害者デイサービス・センター，知的障害者更生相談事業

福祉施設内で生活を行う場合，搾取的で不当な取り扱いを受けないように規定されたため。

②　第2種社会福祉事業は経営主体に特別な制限はない，都道府県知事の届出により，個人や任意団体であっても経営することができる（当然国・地方公共団体または社会福祉法人が経営することは可能）。ただし，行政の委託事業や助成金を受けるためには，公共性や継続性を担保する組織や財務等の要件を満たす必要性がある。

> **表 4 − 2 社会福祉法に基づく社会福祉事業の分類②**

> **第2種社会福祉事業**
> ◦ 精神保健および精神障害者福祉に関する法律に規定する精神障害者社会復帰施設および精神障害者，居宅生活支援事業，精神保健および精神障害者福祉に関する法律に規定する精神障害者地域生活援助事業
> ◦ 低所得者に無料または低額な料金で簡易住宅を貸し付け，または宿泊所等を利用させる事業，低所得者に無料または低額な費用で介護老人保健施設を利用させる事業
> ◦ 隣保事業
> ◦ 福祉サービス利用援助事業
> ◦ 各社会福祉事業に関する連絡，各社会福祉事業に関する連絡助成
> ◦ 老人福祉法，身体障害者福祉法，児童福祉法等による居宅介護等事業，デイサービス（日帰り介護）事業，短期入所事業

理由：第1種社会福祉事業と比較し，第2種社会福祉事業は主として通所・在宅・授産所サービスであり，比較的に人権侵害の発生可能性は低いとみなされる（表4-2参照）。

(2) 社会福祉事業経営者の自主独立性の尊重

具体策として，①国・地方公共団体は法律によってその責任とされたことを他の社会福祉事業経営者に転嫁してはいけないし，これらの事業経営者に財政的援助を求めてはいけない。②国・地方公共団体は他の社会福祉事業経営者の自主性を重んじ，不当にこれらの事業経営に関与してはいけない。③社会福祉事業経営者は，不当に国・地方公共団体の財政的管理的援助を求めてはいけない。

1. 介護保険に基づく社会福祉事業

社会福祉事業の全体規模を把握するために，中核を形成する重要な数字が介護総費用である（表4-3参照）。2003年実績ベースで介護総費用は5.7兆円，うち保険給付額は4.8兆円に上り，2000年に介護保険が導入されて以来3年間で

表4－3　介護保険財政について――総費用の推移・給付費の推移――

	平成12年度 (2000)	平成13年度 (2001)	平成14年度 (2002)	平成15年度 (2003)	平成16年度 (2004)
総費用	3.6兆円 (3.9兆円)	4.6兆円	5.2兆円	5.7兆円	6.3兆円
給付費	3.2兆円	4.1兆円	4.5兆円	4.8兆円	5.2兆円

注）1．2000年度は11ヵ月分。（　）は12ヵ月分に修正。
　　2．平成16年度は予算補正ベース。
（出所）「介護保険財政」，厚生労働省統計。

約50％増加，年率でも二桁の伸び率で，国と地方自治体はさまざまな抑制政策を取り始めている。

2．経営主体

社会福祉事業を営む経営主体は，以下の2事業区分により分類される。

(1) 介護施設事業

第1種社会福祉事業に分類され，介護療養型医療施設を除き，社会福祉法人の施設数割合が非常に高い。

これに対して介護型医療施設は，医療法人の割合が非常に高い。理由は，医療法人の慢性期病床をもつ療養型病院は，介護型医療病床を併設することが認められていることが挙げられる。療養型病院にとり，医師の臨床・診療自由裁量権（clinical freedom）の利点も挙げられる。すなわち，病院側の裁量権により，患者・利用者に対する社会福祉サービス提供の対価につき，病院側に，一番収益のあがる出来高払いの医療保険請求か，または定額制の介護保険請求かの選択権を事実上認めていることを意味していた。ただし，高齢者に対する療養型病床が今後完全定額支払制に移行すれば，療養型病床と介護型病床の区別は意味がなくなると当初から見られていた。

2005年6月施行の改正介護保険法に連動する形で，同年12月に介護療養型医

療病床と医療型療養病床の削減方針が決定された。これは，医療や看護を必要としない入所者が半数程度いる実態調査の結果に基づく政策で，本療養病床の再編成骨子は，介護保険適用療養型病床の13万床が2011年度末に廃止され，ゼロ床となる。また，2011年度末までに医療保険適用療養型病床は25万床を20万床に削減し，そのうち18万床が老人保健施設や有料老人ホームへ6年程度かけ転換を図ることが意図されている。一方この転換策は，医療と介護（health care と social care）の統合化の世界的潮流に合致した動きでもある。

(2) 居宅サービス事業

第2種社会福祉事業に分類され，経営主体の種類も多様である。医療行為を除く，居宅サービスの担い手は社会福祉法人が中心であることは施設介護サービスと変わらない。医療行為を必要とする訪問看護，通所リハビリ，短期入所療養介護，ショートステイ等の居宅サービスについて，医療法人の構成割合が非常に高い。参入が認められている営利法人（企業）が，訪問看護を除く訪問系サービス提供において，社会福祉法人・協議会に次ぐ経営主体数に上っている。

一方，短期入所生活介護についてほとんど実績がないのは，施設介護が認められていない現状，施設に設備投資することは事業の採算性を考えた場合参入が難しいということを意味している。将来的に特養ホーム等施設介護に対し，企業参入が認められる可能性が高まるため，短期入所生活介護やショートステイ・サービスの提供を行っていくことも十分考えられる（次頁の表4-4ⒶⒷ参照）。

補足説明：改正介護保険法の影響

2000年度の介護保険法導入時に予定されていた5年後の本制度の見直しに従い，改正介護保険法が2005年5月に施行された。本改正で，居宅介護に重点を移行する政策と介護予防導入の政策は，2，3年以内に大きな影響が現れることが予想される。

まず，居宅介護に重点を置く政策としては，介護保険3施設に対する介護保険給付において，ホテル・コスト（居住費・食費）は2005年10月より本保険の給付対象外となった。なお低所得者の施設利用については，負担軽減を図るた

第4章 事業開設者は誰か 63

表4-4Ⓐ 介護保険施設の状況——経営主体別にみた施設数の構成割合——

2005年10月1日現在

経営主体 \ 施設	介護老人福祉施設 施設数	介護老人福祉施設 構成割合(%)	介護老人保健施設 施設数	介護老人保健施設 構成割合(%)	介護療養型医療施設 施設数	介護療養型医療施設 構成割合(%)
総数	5,535	100.0	3,278	100.0	3,400	100.0
都道府県	39	0.7	4	0.1	4	0.1
市区町村	333	6.0	129	3.9	173	5.1
広域連合・一部事務組合	140	2.5	21	0.6		
日本赤十字社・社会保険関係団体	7	0.1	64	2.0	48	1.4
社会福祉協議会	12	0.2	1	0.0	37	1.1
社会福祉法人	5,004	90.4	518	15.8		
医療法人	・	・	2,417	73.7	2,605	76.7
社団・財団法人	・	・	99	3.0	93	2.7
その他の法人	・	・	25	0.8	27	0.8
その他	・	・	−	−	413	12.1

(注)「日本赤十字社・社会保険関係団体」とは，日本赤十字社，厚生（医療）農協会，健保組合および健保連合会，国家公務員共済組合および共済組合連合会，地方公務員共済組合，全国市町村職員共済組合連合会，日本私立学校振興・共済事業団，国民健保および国保連合会，全国社会保険協会連合会をいう。
(出所)「介護保険施設の状況」厚生労働省統計

表4-4Ⓑ 介護保険施設の施設数——定員（病床数）増減——

各年10月1日現在

数量 \ 年度	平成17年 (施設数)	平成16年 (施設数)	増減数 (施設数)	平成17年 定員（病床数）	平成16年 定員（病床数）	増減数 定員（病床数）
介護保険施設	12,213	12,139	74	811,000	786,000	25,000
介護老人福祉施設	5,535	5,291	244	383,000	364,000	19,000
介護老人保健施設	3,278	3,131	147	298,000	283,000	15,000
介護療養型医療施設	3,400	3,717	△317	130,000	139,000	△9,000

(出所)「介護保険施設の状況」厚生労働省統計

め補足的給付が創設された。これは在宅と施設の利用者負担の公平性に配慮し，介護保険と年金の給付重複の是正を意図している。中長期的な影響として，施設介護におけるホテル・コストの利用者負担は今後とも増大が予想され，高齢者の賃貸住宅の整備拡大に合わせ，施設と在宅の分類においてグレーゾーンの擬似在宅の利用が促進されることが必至である。なお擬似在宅とは保険制度上，居宅・在宅であるが利用者にとり施設と実態は変らないケアの利用・アクセスが容易な高額でない，妥当な価格（Affordable）賃貸住宅である。換言すれば，施設介護と在宅介護の境界が不鮮明になり，両介護間の競争は多様性を含め価格・質面で激化することが予想される。具体的な形で現れた影響として捉えると，株式会社による有料老人ホームは介護保険導入時に比較し，急拡大してきた。これは，ケアハウスや有料老人ホームにおいても一定の要件を満たせば，介護保険の「特定施設入居者生活介護」(2)の指定を受け，介護サービスの提供を出来るようになった。改正介護法においては，老人福祉法上の有料老人ホーム入居者に関する人数要件の10人以上を廃止した。

　一方，有料老人ホーム設置運営の基準が強化を含め，規制対象の範囲を拡大した。例えば，介護付き有料老人ホームの類型および表示事項をより明確化した。これまでの一般型特定施設入居者生活介護に加え，外部サービス利用型特定施設入居者生活介護の詳細規定追加を行った。有料老人ホームについて，老人福祉法の改正を行い，定義の見直しや入居者保護の徹底を図るため，具体的に情報開示および一時金保全措置の義務付けや所要の規定の見直しが行われた。さらに，都道府県が事業者の指定・指導・監督を行う居宅サービスと施設サービスの中間に位置づけられる市町村がその権限を担う6種類のサービスから構成される地域密着型サービス(3)が設けられた。利用者は原則当該市町村住民に限定される。

---

(2) 当初の「特定施設入所者生活介護」を本制度改正により，「住まい」をより明確化するため，「特定施設入居者生活介護」と変更し，住まいと介護等のケアサービスをあわせ（特養や老健除外の）特定施設が提供の介護サービスを介護保険の給付対象にしている。

(3) 例えば，次のような6つのサービスが挙げられる。①夜間対応型訪問介護，②認知症対応型通所介護，③小規模多機能型居宅介護，④認知症対応型共同生活介護（グループホーム），⑤定員30人未満介護（専用特定施設），⑥定員30人未満介護老人福祉施設入居者生活介護。

介護予防導入政策について，要支援・要介護1等の軽度者の大幅増加に対する抑制と心身状態の改善を図るために新予防給付が創設された。介護予防導入政策は明確なEBM（科学的証拠に基づく医療）が確立されておらず，今後中期にわたり試行錯誤が必至と予想され，新たなビジネス機会として捉えられる可能性が高く，注目される分野である。

3. 構造改革特別区域法成立（2002年末）と特養ホーム実験

(1) 実　験

「特養ホーム」とは，「常時の介護が必要で在宅ではこれが受けることが困難な高齢者のための入所施設である」（第1種社会福祉事業）に分類される。

2003年4月より特養ホームが老人福祉法の特例として，特養ホーム不足区域で本特区の認定を希望する自治体が，内閣総理大臣による特区認定申請を行い，認定を受けた後，自治体関与の下で，株式会社の参入が容認される。方式は公設民営化方式（特区法で定める一定の基準を満たす法人に管理委託）[(4)]とPFI方式（特区法で定める一定の基準を満たすPFI事業者）の2つである。

なお現在，公設民営化について，2003年の6月の地方自治体改正導入で2006年9月の完全実施により，特別養護老人ホームや介護老人保健施設は運用面で指定管理者制度の厳格な実施が始まり，経営力のある有力な社会福祉法人が指定管理者に意欲を見せ積極的に入札参加しつつある。今後中長期的に，さらなる競争促進策として，NPOや営利企業の参入が早晩図られることが予想される。

(2) 備　考

ケアハウス（特定施設）は，軽費老人ホームの介護利用型施設である。ケアハウスの株式会社参入については，一定の要件（たとえば純資産が3億円以上や直前期の経常利益が1億円等）が社会福祉法人の新規設立要件に較べバランスを欠

---

(4) 特区法で定める基準とは，特養ホームの運営に必要な経済的基盤があること等。この実験を契機に，企業の参入実現は早まる可能性が大きい。

表4-5 居宅サービス事業所の状況——経営主体別事業所数の構成割合——

2005年10月1日現在

経営主体\状況	事業所数	総数	地方公共団体	公的・保険関係社団体	社会福祉法人	医療法人	社団・財団法人	協同組合	営利法人（会社）	特定非営利活動法人（NPO）	その他
（訪問系）											
訪問介護（ホームヘルプ）	20,618	100.0	0.7	…	26.5	7.7	1.5	3.6	53.9	5.4	0.8
訪問入浴介護	2,402	100.0	3.4	…	74.8	3.1	1.0	1.1	34.8	0.7	0.2
訪問看護ステーション	5,309	100.0	4.4	1.6	9.5	46.4	15.7	5.5	15.3	0.9	0.7
（通所系）											
通所介護（デイサービス）	17,652	100.0	1.8	…	49.3	8.6	0.9	1.9	31.4	5.5	0.6
通所リハビリテーション	6,093	100.0	3.4	1.3	8.8	74.8	3.1	…	0.1	…	8.6
介護老人保健施設	3,185	100.0	4.6	2.0	15.8	73.7	3.1	…	…	…	0.8
医療施設	2,908	100.0	2.0	0.5	1.1	76.1	3.0	…	0.2	…	17.1
（その他）											
短期入所生活介護（ショートステイ）	6,216	100.0	4.6	…	88.7	2.2	0.1	0.3	3.7	0.1	0.2
短期入所療養介護（ショートステイ）	5,513	100.0	5.1	1.8	9.5	75.3	2.9	…	0.1	…	5.3
介護老人保健施設	3,220	100.0	4.7	2.0	15.5	74.0	3.0	…	…	…	0.8
医療施設	2,293	100.0	5.7	1.5	1.1	77.2	2.7	…	0.2	…	11.6
認知症対応型共同生活介護	7,084	100.0	0.3	…	23.2	19.4	0.4	0.3	50.5	5.8	0.3
特定施設入所者生活介護	1,375	100.0	0.1	…	15.6	0.7	1.5	0.2	79.5	0.6	1.8
福祉用具貸与	6,317	100.0	0.1	…	3.8	2.3	0.4	3.3	88.6	0.2	0.7
居宅介護支援	27,304	100.0	2.9	…	30.7	21.7	4.1	3.5	33.5	2.7	1.0

（注）「公的・社会保険関係団体」とは，日本赤十字社，厚生（医療）農協会，健保組合および健保組合連合会，国家公務員共済組合および共済組合連合会，地方公務員共済組合，全国市町村職員共済組合連合会，日本私立学校振興・共済事業団，国民健保組合および国保連合会，全国社会保険協会連合会をいう。
（出所）「居宅サービス事業所の状況」厚生労働省統計。

き，規制緩和政策に矛盾の指摘もあり，今後改善が予想される。

4. 介護保険に基づく社会福祉事業サービスの周辺領域事業

有料老人ホームは，以下の異なった種類がある。
① 提供する介護サービスが，居宅サービスとして介護保険給付対象となる有料老人ホームは，特定施設入居者生活介護の人員・設備・運営基準を満たした上で，都道府県知事の指定が必要である。介護給付の対象施設としての一定の水準が担保できることとなるが，それ以外の事項について，下記②で述べる健常型有料老人ホームと同じように，介護保険法上の行政の関与は及ばない。但し今後情報開示を含め規制強化の方向にある。
② 介護保険給付対象外の健康型有料老人ホームは当然，健康保険法上の関与は及ばない。事前届出制による限定的な規制のみで質の向上は自主的取り組みに任されている。但し，今後情報開示を含め規制強化の方向にある。

人口問題研究所の2002年の人口動態調査によると，介護保険が導入された2000年に，中位推計ベースで，65歳以上の高齢者人口は約2,200万人（高齢者一人を生産年齢人口3.9人が支える勘定），団塊の世代が2012年（高齢者一人を生産年齢人口2.7人）から65歳の高齢者人口へ入り始めることもあり，2017年末には約3,400万人（高齢者一人を生産年齢人口2.2人）に達し，少なくとも2030年頃までは安定的に高齢者人口の数字が，3,400万人台で推移する。このような日本の人口の急激な高齢化により，多様な施設の需要が拡大することが予想され，有料老人ホームと類似施設についても，消費者契約法や成年後見制度等法律のさらなる整備・充実の必要性が認識され始めている。

§4 今後の展望
—— 社会福祉事業「経営」とNPM ——

　福祉分野では「経営」という用語使用を避ける。代わりに「運営」が多く使われ，ほかに「社会福祉の供給主体」「社会福祉のサービス提供組織」等の用語が見受けられる。

　「運営」の概念は「Operating Management」に相当し，与えられた活動枠組みの管理機能を意味する「経営」より狭義の使われ方が多い。

　「経営」を企業の営利第一主義に結びつけることは現状認識が誤っている。資本主義の質的変化と企業の発展と経済全体に対する貢献等の企業の影響力の大きさから先進工業国の経済は実質的に混合経済であり，市場競争は各国同様の，透明性のある規制による枠組みが整備されている。消費者の知る権利，プライバシー保護，環境保護を含めた企業の社会的責任，説明責任，情報開示責任と透明性確保，法律遵守（コンプライアンス）重視方針等の実践の徹底に，

Column

イギリスで進展するPFI活動

　PFIは，イギリスにおいて医療福祉分野でとくに目覚ましい進化・発展を遂げている。公的医療保険制度（NHS：National Health Service）により長期に支払保証された安定的キャッシュ・フローの獲得を目指し，民間企業が長期投資する事業である。民は契約通りのサービスを提供しなければ官よりペナルティとして，減額されるため，投下資金の回収に全力で事業努力することを求められる仕組みで，結果として，無駄が少なく，サービスの品質が向上し，利用者・消費者の満足度はあがる。また海外に工場移転が進み，国内投資落ち込みの下支え効果や雇用創造・増加の効果が大きく，さらに，事業資金提供も安全な長期国内投資機会として生保・年金基金等機関投資家より注目されている。まさにNPMの進化した形態の1つであり，日本の「公設民営化」やBTO中心の日本版PFIより格段に進んだモデルである。

インターネット利用普及も加わり，消費者・一般人の間で企業の実状・実体への理解が進み，企業全般への信頼は着実に高まっている。一方，消費者の信頼喪失は即企業の廃止・消滅に結びつく事例を挙げることは容易である。

翻って，社会福祉領域・分野における現状を俯瞰するとき，NPM の概念の普及と実践の世界的潮流が日本の行政レベルを含め理解不十分である。さらに国連により，ノーマライゼーション概念の普及活動が1980年初頭に始まったにもかかわらず，日本で利用制度への転換が法律に盛り込まれたのは2000年，本格的施行は2003年まで延長された。しかし行政・福祉分野の関係者（研究者を含む）の措置制度是正に対する不作為による大幅遅延（overdue）についての反省や自己批判が見受けられない。

2000年の介護保険制度導入に対応し，利用者の立場に立った自立支援を促進する社会福祉制度の実現を目指し，社会福祉法等が改正された。社会福祉サービスの中心的担い手は社会福祉法人としての位置づけを明確化，社会福祉法人設立要件の緩和と反対に経営機能（法人会計等）の強化と専門性追求（職員教育・研修充実等），苦情解決内部制度の設置と書面による契約義務づけ，サービスの自己評価による質向上を位置づけた。一方，社会福祉基礎構造改革の実施にもかかわらず，事業資金調達の手段として，社会福祉法人を対象に，公的資金助成や貸付が存続している。公設民営化方式，日本版PFI（BTO中心）[5]方式，社会福祉施設整備公的補助金供与，社会福祉・医療事業団（特殊法人は2003年，独立行政法人化）の貸付等である。

NPM や英国の PFI/PPP（パブリック・プライベート・パートナーシップ）の概念・慣行において，民間部門に公的資金を直接供与や貸付することは皆無である。むしろ，長期的に安定的な公的部門の介護保険や医療保険のキャッシュ・フロー獲得のため，民間がプロジェクト・ファイナンス等の方式により直接資金調達を行っている。このような動向は公的債務を抑制し，民間部門の投資活動を促進する手段として注目されている。そのなかでも特に医療・福祉分野（へ

---

(5) 日本版 PFI；BTO（Build Trasfer Operate：民は建設後即官に建物譲渡し運営委託を受ける）方式は英国の PFI 概念と異なる（英国方式は30年程度で民間が建設資金をリース回収の形で運営受託を組み合わせる）。

ルスケア）におけるリート（REIT；Real Estate Investment Trust：不動産投資信託）は，有力な新たな資金調達手段として最近注視されつつある。リートは，小口投資家から集めた資金を一本にまとめ不動産に投資，そこから生まれた建物の賃貸料や売却益などを所得分配金として投資家に支払う金融商品で，米国で創出され1960年代に立法化された。対象の不動産物件もオフィス・ビル，商業施設，倉庫から90年代に医療・福祉分野に特化した急性期・慢性期病院，外来専門医療施設，養護施設，介護付き集合住宅等のヘルスケア・リートが急成長した。

我が国では2001年にJリート市場が創設され，2006年末に時価総額4兆5,000億円（資産総額9兆円）を超える規模に達し，上場銘柄は約40に達している。主たる不動産物件はオフィス・ビルが中心で，住宅や商業施設への投資が補完的に行なわれている。今後，ヘルスケア・リートの介護付き有料老人ホームを含む高齢者の賃貸住居が成長分野として期待されている。地方自治体の財政再建・自立が急がれる状況下で地方自治体主導のPFIよりも，地方自治体や国の土地を民間に長期リースを行なうPPP（官民提携・協働）形態で，民間主導のヘルスケア・リートの発展が長期的に可能性が高いと考えられる。

さらに寄付優遇税制により，民間法人自ら寄付集めに自助努力する方式こそが，社会福祉法人経営の自立を支援する効果的公共政策である。また，日本で介護保険制度導入後5年経過時点の見直しに基づき，施設介護サービス事業への株式会社参入等を含めた規制緩和のペースが，福祉産業の成長・拡大スピードに影響を及ぼすことが予想される。

〔主要参考文献〕
一番ケ瀬康子監修〔1999〕『社会福祉に関する法とその展開』一ツ橋出版。
岡本栄一・李仁之編〔2002〕『社会福祉原論』建帛社。
古川孝順〔2001〕『社会福祉の運営』有斐閣。
Barzelay, M.〔2001〕*The New Public Management*, University of California Press.

（森下　正之）

第5章

民間産業の参加に期待するもの

―― <本章の要点> ――

❶ 日本の社会保障制度の概要を説明し、社会福祉分野を中心に戦後の歴史的な展開をみていく。とくに高度経済成長期前後とバブル景気の崩壊前後にみられる社会福祉政策の発展と変化を確認し、社会福祉政策と社会経済変化とのかかわりが大きいことを認識する。

❷ 多様な福祉産業は今日的な話題ではあるが、実は社会福祉サービスの量的・質的な整備が進まないなかで、時代の要請に応える形で発展してきている事実をみていく。とくに高齢者福祉分野と児童福祉分野での福祉産業について考察する。

❸ 規制緩和政策により営利企業が福祉分野に参入しやすくなったが、一般産業の企業のように企業利益を挙げることは困難である現状と、国民の生活の安全・安心のためには行政責任を放棄することはできないことをみていく。

❹ 福祉の世界に、自己選択・自己決定・自己責任などの考え方を導入することの意義を考えていく。とくに「契約」によって提供される福祉サービスが増えるに従い、福祉サービス利用者の権利擁護の制度を整備していかなければならない。現制度では、必ずしも利用者の権利が保護されていないことをみていく。

❺ 福祉産業として今後発展の可能性が期待される領域は、高齢者分野である。しかし新たな視点からみると、多様なサービス提供者や警察官・消防署員・郵便局員など緊急事態への対応を行なう職業の人々に、福祉的な視点をもつという教育をする仕事も、福祉産業としての可能性が高いことを提案する。

§1　日本の社会保障制度

　21世紀の日本の社会保障制度は，1945年の終戦以降にその原型がつくられたといってよいであろう。健康保険制度や年金制度は戦前から存在したが，国民のすべてを対象とした制度ではなかった。全国民を対象とした社会保障制度が整備され，国民の生活が安定したものとなったのは20世紀後半になってからであった。

1.　戦後の社会保障政策

　終戦後の日本はアメリカを中心とする占領政策のなかで，国民の生活の安定を緊急課題として対応した。それと併行してイギリスのベヴァリッジ型福祉国家を1つの理想としていた。1942年に出されたベヴァリッジ報告「社会保険および関連諸サービス」は，社会保険と国家扶助を柱として所得保障を行なうことを中心とした所得再分配政策であった。またベヴァリッジ報告書は，リハビリテーションを含む包括的な国営の医療サービス，児童手当，完全雇用政策を前提としており，第3次イギリス労働党内閣において原則的に実施された。

　日本では社会保障制度審議会が「社会保障制度に関する勧告」（1950年10月16日・25年勧告）で，社会保障を狭義と広義，および関連制度に分けて勧告を出した。この勧告では，狭義の社会保障として社会保険，公的扶助，社会福祉，公衆衛生および医療を挙げ，広義の社会保障は狭義の社会保障に戦争犠牲者援護，恩給が加わり，関連制度としては住宅対策と雇用対策を挙げている。

　25年勧告での社会保障の定義は日本国憲法第25条「国民の生存権，国の保障義務」の条文とは一部異なる内容であった。第25条は「すべて国民は，健康で文化的な最低限度の生活を営む権利を有する。国は，すべての生活部面につい

て，社会福祉，社会保障及び公衆衛生の向上及び増進に努めなければならない」とされており，社会福祉，社会保障，公衆衛生は同列に記載されている。しかし，25年勧告では，社会保障は社会福祉や公衆衛生の上位概念となっている。このために，勧告が出されて以降，社会福祉と社会保障との関係について議論が展開されることになる。

2. 社会福祉関連の法規

ここでは社会保険，社会福祉および公的扶助に関わる法律の制定についてみていく。年表（巻末参照）でみられるように，終戦後の日本でいち早く制定された社会保障関係の法律は，公的扶助制度としての旧生活保護法（1946年）である。しかしこの法律には保護請求権の規程がなかったこと，欠格条項が含まれていたことなどにより，1950年に現行の生活保護法が制定された。

社会保険制度では，1947年に健康保険が改正されて「労働者災害補償保険法」が制定された。「健康保険法」は1922年に公布され，27年1月実施された。これは一般被用者を対象とした保険であり，非被用者を対象とした旧国民健康保険は38年に制定されたが，実施主体が市町村・職業を単位とする任意設立の保険組合であったために，国民の全てを対象とすることはなかった。本来の意味で，国民の全てが健康保険制度に加入することが可能になったのは，58年に現行の国民健康保険法が制定されたことによる。

失業保険は1947年に制定され，その後74年「雇用保険法」となり失業手当の給付以外に教育訓練給付などが実施されている。

日本の公的年金制度は1941年に男性労働者を対象とした「労働者年金保険法」が制定され，42年に実施されたことから始まる。この法律が44年に「厚生年金保険法」と名称変更をし，被保険者の範囲を職員や女性に拡大した。しかし被用者以外の一般国民を対象とした年金保険制度は，59年に制定された「国民年金保険法」まで待たなければならなかった。

日本の社会保険の種類は「国民年金法」が制定されて以後，長期にわたり「年金保険」，「医療保険」，「雇用保険」，「労働者災害補償保険」の4種類であった

が，2000年に主に高齢者の介護を保険事故と捉えた「介護保険」が導入され，現在では5保険となっている。

　社会福祉の分野では1947年の「児童福祉法」の制定に始まり，49年には「身体障害者福祉法」，60年には現在の「知的障害者福祉法」（当初は精神障害者福祉法で，98年に法律名を改正）が制定された。その後は63年に「老人福祉法」，64年に現在の「母子及び寡婦福祉法」（当初は母子福祉法で81年に法律名を改正）が制定されて，公的扶助である生活保護法とともに社会福祉6法といわれる時代になった。

§2　高度経済成長以降の社会福祉施策

　終戦から始まり，後に高度経済成長期の時代のなかで日本の社会保険，社会福祉，公的扶助の原型は形成されている。この高度経済成長は社会保険分野に大きな影響を与え，国民年金のモデル年金支給額の上昇を始め，1973年を「福祉元年」として老人医療費公費負担制度（高齢者の医療費無料化）が実施された。しかし「福祉元年」としたその年に第4次中東戦争による第1次石油ショックが起こり，「福祉元年」は一転して「福祉見直し」論へと転換した。

　1980年代に入り日本経済が拡大を続けるに従い，社会保障制度全体も新たな変化をみせるようになる。1つは85年の年金改正で基礎年金制度が導入されたことである。また高齢者人口の増大への対策として86年には長寿社会大綱が閣議決定され，人生80年時代にふさわしい経済・社会システムの構築を目指し，政府が推進すべき指針を示した。

　1970年に65歳以上人口が全人口構成の7％を超え，国連がいう"高齢化社会"に突入した。同年の合計特殊出生率はまだ2.13であった。またその後には第2

---

(1)　1人の女性が一生に産むと推定される平均の子どもの数。

次ベビーブームの到来を予測していたことで，人口高齢化に対しての対策を真剣に考える風潮ではなかった。しかし合計特殊出生率は72年の2.14以降低下を続け，89年には1.57と、丙午（ひのえうま）による一時的な低下を示した66年の1.58を下回る戦後最低の数値を示した。これは当時「1.57ショック」といわれ，これ以降は少子化への危機感と人口高齢化問題が真剣に論じられるようになった。

1989年12月には当時の厚生省が，「高齢者保健福祉十か年戦略（ゴールドプラン）」を策定した。これは具体的な数値目標を掲げた厚生行政計画として最初のものであった。90年にバブル景気が崩壊する直前に出生率「1.57ショック」が訪れ，さらにその前年の末にゴールドプランが策定されたことは社会福祉政策にとって不幸であった。それは73年が「福祉元年」と呼ばれ、その直後に第1次石油ショックに襲われた悪夢を彷彿とさせるものであった。

1970年代から80年代は地域福祉・在宅福祉を重視する施策が推進され始めていたが，現実には施設福祉中心にならざるを得ない状況であった。しかし90年代以降，高齢者分野においては「介護の社会化」の促進が進み，バブル経済の崩壊による日本経済の「失われた10年」の間に，社会福祉分野では自己選択，自己決定，自己責任，契約による福祉サービスの利用などが進んだ。それは日本の社会保障政策を"所得再配分政策"と位置づけるのではなく，アメリカ型の市場競争を前提としたものとし，新たな所得格差を是認する結果ともなっている。80年代は「一億総中流」などといわれ，所得格差や資産格差など富の分配の不平等を示すジニ係数（第3章§1参照）が0に近づいていた日本社会であるが，90年以降は富の配分格差は拡大している。さらに介護保険法の施行および経済の規制緩和とあいまって福祉分野にも多くの企業が参入し，競争原理が福祉の世界にも導入された。

§3　福祉産業の育成

1.　社会福祉事業の変化

　社会福祉分野は社会福祉法（社会福祉事業法が2000年に法律名を変更した）によって第1種社会福祉事業は国，地方公共団体，社会福祉法人が経営することを原則としている（同法第60条）。そのため営利を目的としていなくとも，それ以外の組織が社会福祉分野で事業を起こそうとすると，事業の範囲は第2種社会福祉事業に限定されることになる。

　これまでの社会福祉事業，とくに第1種社会福祉事業の多くは，"措置制度"を前提としていた。措置制度は行政処分である。さらに措置という行政処分によって受給したサービスに対しては，サービス受給者の経済的な能力によって費用を負担するという"応能負担"が適用されていた。この応能負担の考え方は，資本主義的なサービスに対する対価としての利用料，つまり同一のサービスを受けた場合は同一の価格や利用料を支払うという応益負担という考えとは異なる原理によって成立している。その背景には，社会福祉事業の基本ともいえる非営利性，所得の再配分機能などが作用していた。

　だが，第1種社会福祉事業に該当する社会福祉事業においても，また第2種社会福祉事業に該当する事業においても，その事業の利用を希望しても量的な供給が少ないために，また措置制度による優先度や緊急度の判断によって，利用希望者が利用できない状況が長期間続いていた。

　1973年の「老人医療費公費負担制度」実施以降，高齢者の社会的入院が話題となった。その背景には福祉施設の不足，医療機関の急激な増加，高齢者の意識変化，家族意識の変化など複雑な要因が考えられる。しかし現実として病院

への高齢者の入院が増加した（2006年，入院期間6カ月超は60万人）。一方で在宅福祉サービスの重視がいわれるなかで，その要といえるホームヘルプサービスは，寝たきりや一人暮らし老人という利用対象の限定や所得制限により，利用し難い状況が続いた。そこで，社会福祉サービスとして存在するホームヘルプサービスとは別に，家政婦紹介事業による家政婦の派遣が，病院の付添婦の派遣として行なわれていた。また日常生活用具給付等事業の充実とともに，介護ベッドなどの寝具産業が福祉分野に参入した。

さらに，高齢者福祉施設の質量の課題を反映して，有料老人ホームが増加している。有料老人ホームは福祉産業として歴史のある分野であるが，一般には経済的にゆとりのある階層の人々が，老後をのんびりと過ごすための施設と考えられていた。しかし高齢者介護が社会問題化するなかで，介護を専門とする有料老人ホームが出現してくる。

一方，70年代後半からベビーホテルが増加し，子育て分野に企業が参入し始める。これは保育所数の不足と同時に，女性の就労形態の変化，家族のあり方などが変化した時代の要請に対応することなく行われていた保育行政の問題でもあった。夜間保育，延長保育，病児保育は今日でも不足している保育ニーズであり，行政は規制緩和策で多様な民間保育所を創設することで解決を図ろうとしている。

国や地方自治体が社会福祉分野の直営施設から手を引き始めたのは，事業の効率性が重視され始めたことがきっかけである。90年代に入り，国，地方自治体ともに財政事情が逼迫しており，職員人件費が嵩張る直営よりは社会福祉法人への委託，公設民営化方式（PFI）による社会福祉施設の経営が多くなっていった。また2003年の地方自治法の改定により，指定管理者制度が開始され，これまで公的に運営されていた社会福祉施設の多くは，社会福祉法人などに管理運営が移されるようになった。そこには，利用者にとって質のよいサービスを提供できるのは公立ではなく民間であるという発想が働いていた。しかしこの発想は，公務員と比較すると，労働条件も柔軟に変更できる民間人に仕事を任せることで，利用者満足を高めるというものである。なぜ公立では利用者が満足のいく充分なサービスが提供できなかったのかを検証することなく，公務

員では無理であるという前提のもとに推進された，公設民営方式による社会福祉施設の増設は，結果として公務員給与よりも低い給与（労働条件）で働かざる得ない多くの社会福祉労働者をつくっている。スウェーデンでは公務員によって福祉サービスは提供されており，質が悪いとはいわれていないことも，この点を考えるための参考に値する。

2. 福祉産業成立の契機

　福祉分野に多くの民間企業が参入し始めたのは，年金制度の成熟により経済的に豊かな高齢者層が出現したこととも関係する。また阪神・淡路大震災をきっかけにして成立した「特定非営利活動促進法（NPO法）」(1997年3月法律第7号)により，従来は住民参加型の福祉活動を展開していた地域グループなどが法人格を取得することが可能となったことも影響している。

　しかし他業種から福祉産業への参入増加は，介護保険制度の実施による。2000年4月に実施された介護保険では，民間事業者も一定の条件さえ満たせば介護保険制度下の介護保険事業者となることができ，介護保険の保険給付サービスによる活動をすることが可能となった。とくに従来から行政の委託を受けてホームヘルプサービス（訪問介護）を展開していたいくつかの事業は，介護保険制度の実施を事業展開の好機と捉えた。だが結果は事業の展開には問題が多数ある。それは，サービスの効率性と収益性からみると，企業としては利益を生みにくい分野であったためである。とくに在宅福祉サービスの要といわれているホームヘルプサービスの場合は，利用者宅が点在している過疎地域や高齢者人口の割合が低い地域での訪問は，採算がとれないことが原因であった。

　このように，従来，社会福祉法人中心に展開されていた社会福祉分野の多くは，民間企業が参入して利益を挙げやすい領域とはいえない。そこで，運営よりは経営を重視せざるを得ない社会福祉法人や医療法人の内部の業務を，アウトソーシングすることで効率を上げるという方法が一般的になるなか，アウトソーシング先として事業展開することで成功する企業が現れるようになった。利用者に提供する食事の社会福祉施設や医療機関への配達，リネン類の洗濯・

補充や清掃，夜間の保安・安全対策などを専門とする企業が出現し，社会福祉法人や医療法人はこれらの企業に業務を依頼することでコストダウンを図っていた。さらにここでのノウハウを活かして，住民を対象としたサービス展開をして成功している企業もある。

　いかなる業種の企業も，福祉分野を無視し得なくなっている現実は存在している。それは従来の福祉サービスを提供する場に直接参入するのではなく，福祉機器の開発や販売，「高齢者，障害者等が円滑に利用できる特定建築物の建築の促進に関する法律（ハートビル法）」（1993年6月法律第44号）や2003年に施行された同改正法，「高齢者，身体障害者等の公共交通機関を利用した移動の円滑化の促進に関する法律（交通バリアフリー法）」（2000年5月法律第68号）が制定されたことと関係する。建築分野や交通分野でも高齢者や障害者が利用しやすい工夫などが求められるために，新たな発想による対応が必要になっている。高齢者や障害者は，個々人の心身の状況により，必要とする建物設備や交通機関の利用しやすさは異なっている。そのため，ある障害をもつ人には便利な設備も他の障害をもつ人や高齢者には，危険で不便であるということがある。真の意味でのユニバーサル・デザインを考えていくためには，多様性をもつ高齢者や障害者の心身状態や，時間とともに変化する生活状況や環境が及ぼす影響などを理解して，設計をする必要がある。これらの分野は企業利益の規模としてはまだ小さいが，今後の発展が期待される分野であり，従来にない新たな発想の企業が延びる可能性を秘めている。

§4　1990年代以降の変化

1．福祉計画の作成

　1989年4月に消費税3％が導入された。この見返りとして高齢者対策の充実を約束していた政府は，同年12月に厚生・大蔵・自治の3省連名で「高齢者保健福祉推進十か年戦略（ゴールドプラン）」を策定し，99年度までの10年間に整備する具体的な数値を提示した。このゴールドプランを具体化させるために90年には老人福祉等の一部を改正する法律（社会福祉8法改正）により，福祉サービスを住民に身近な区市町村を中心に運営すること，全国の区市町村および都道府県で老人福祉計画と老人保健計画を一体のもの（老人保健福祉計画）として93年度までに作成することなどを規程した。

　本書巻末に収録した年表からもわかるように，1989年以降日本の社会保障は大きく変化する。**第1**はゴールドプラン以降，社会福祉分野での数値目標を示した行政計画が策定されたことである。**第2**は地域社会の相互扶助意識の醸成で，これはNPO法の制定や社会福祉基礎構造改革に盛り込まれた社会連帯という言葉に象徴される。**第3**は社会福祉分野での"契約関係"の明確化である。これは個の自立とともに自己選択・自己決定・自己責任を前提としている。

　第1の数値による目標設定をみていく。高齢者福祉分野はゴールドプラン以降，"老人保健福祉計画"の策定により，数値目標を上方修正した新ゴールドプランを1994年末に策定した。時を同じくして高齢者介護・自立支援システム研究会は「新たな高齢者介護のシステム構築を目指して」と題した報告書で，高齢者の自立支援を基本理念とした"社会保険方式"を基礎とするシステムの構築を提示した。この報告書は94年8月に高齢社会福祉ビジョン懇談会が行なっ

た閣議報告「21世紀福祉ビジョン」の影響を受けている。「21世紀福祉ビジョン」では，将来の福祉の方向性として，公と民との適切な組み合わせによる従来の社会福祉ではなく，規制緩和や地方分権などのなかで示された"応益負担"を前提とした内容が示された。その1つの結果が，97年の介護保険法制定である。介護保険法は2000年4月より実施された。

　高齢者福祉分野から始まった行政計画の策定は，1994年12月に文部・厚生・労働・建設の4省による「今後の子育て支援のための施策の基本的方向（エンゼルプラン）」，95年12月には厚生省による「障害者プラン－ノーマライゼーション7か年計画」の策定へと続く。そして新ゴールドプランの完成年度である99年度末を前にして，2000年4月から実施される介護保険制度との整合性をとって，99年12月に「今後5か年間の高齢者保健福祉施策の方向（ゴールドプラン21）」が策定された。

　ゴールドプラン21では，介護サービス基盤の整備目標に認知症高齢者支援対策の推進が加えられた。さらに，ゴールドプランおよび新ゴールドプラン策定時以降の社会情勢の変化を反映して，「元気高齢者づくり対策」「地域支援体制の整備」「利用者保護と信頼できる介護サービスの育成」では介護保険実施以降，企業による高齢者福祉サービスの提供が活発化し，"競争原理"と"利用者の選択による福祉サービスの質の向上"を期待した内容となっている。

　だが，介護保険法が施行されても実際には競争原理はほとんど働いてはいない。利用者がサービスを選択することができる程充分に福祉サービスは提供されていないのである。また介護保険による保険給付の範囲内（サービス単価，給付上限）で介護サービスを提供することは，民間企業にとっては楽なことではなかった。特に2006年の介護保険法の改定以降は，社会福祉法人のなかでも事業を縮小せざる得ない状況がみられるようになった。そのため，当初多くの

---

(2)　ゴールドプラン（高齢者保健福祉推進十か年戦略，1989年策定）を上方修正，サービス基盤整備の目標値の増額を行なった。①利用者本位・自立支援，②普通主義，③総合的サービスの提供，④地域主義の理念が示された。主な目標は，ホームヘルパー17万人（10万人），ショートステイ6万人分（5万床），訪問看護ステーション5,000カ所，高齢者福祉センター400カ所（400カ所）。特養ホーム29万人分（24万床），老人保健施設28万人分（28万床）。＊カッコ内はゴールドプランの数値。

企業が参入した福祉用具分野や訪問介護分野からの撤退が目立った。代わって企業が注目しているのは，認知症高齢者のグループホーム（認知症対応共同生活施設）やグループホーム的な小規模の有料老人ホームである。

2. 住民主体と消費者契約を重視した福祉政策

　第2の流れである地域社会の相互扶助意識の醸成は，1997年の阪神・淡路大震災の影が大きい。災害時に活躍したボランティアは，多くの人々に一人ひとりの活動意欲の大切さ，活動の成果の大きさなどを実感させ，NPO法の制定へと向かった。また従来は地域福祉の要でありながら活動内容が地域住民にはみえにくかった"社会福祉協議会"が，94年度以降は住民の福祉ニーズに基づいた公的な福祉サービスの積極的な受託と住民参加のサービスの開発など，具体的な福祉サービス提供事業の運営主体としての活動を開始した。だが，2000年の社会福祉法の制定により，社会福祉協議会は地域福祉の推進機関とされたことで，従来のサービス提供事業から撤退をよぎなくされた。

　この相互扶助意識は社会福祉基礎構造改革において社会連帯の重要性を強調することとなり，一部では公的責任の回避の危険が指摘されたりもした。ゴールドプラン21においても，健康状態の比較的よい「元気高齢者」は地域社会のなかで役割をみつけ，社会参加を促進する施策となっている。

　第3の契約を中心とした福祉サービスの提供と個の自立は，"福祉サービス利用者の権利擁護事業"の整備と連動して実施されている。従来，社会福祉の利用者は，法的な契約を結ぶ上で困難をもつ者とされてきた。そのため福祉サービスの制度内容の理解や多様な情報量の差などから，行政責任として措置により社会福祉サービスを提供し，福祉サービスの運営主体も社会福祉法人などに限定していた。しかし介護保険制度の実施に伴い，介護サービスは事業者と利用者との契約を前提とすることになった。

　そのために，契約を結ぶのに不安を感じる利用者や，障害をもっているなどにより契約を結ぶことができない利用者のために，2000年に"成年後見制度"が開始された。この制度は福祉的な視点を重視し，自己決定権やノーマライゼー

ション理念を尊重し，民法を改正した"法定後見制度"と"任意後見制度"からなっている。これにより，禁治産・準禁治産の制度はなくなった。だが，多くの高齢者や障害者は家族が利用者の代理人として，法的な手続きをとることなく利用者契約を結んでおり，個の尊重や自己決定からは遠い現実がある。また1999年10月から判断能力に不安を抱える人を対象として，福祉サービスの利用や日常的な金銭管理に関する援助を行なう，"地域福祉権利擁護事業"が都道府県社会福祉協議会で開始されている。この事業は2007年に"日常生活自立支援事業"と改称された。

　福祉サービスに限らず商品の購入契約などでは，契約者本人が自分自身の行為に責任をもてること，判断の能力があることなどを前提としている。しかし現実には，商品やサービスの情報量などは，契約者よりは商品生産者やサービス提供者の方が圧倒的に多い。そこで一般消費者に対しても1994年に製造物責任法（PL法・95年施行）が制定され，製品の安全や安心を担保するとともに，製造業者と消費者の双方に自己責任の考え方を強調している。さらに99年には「消費者保護基本法」が改正され，2000年に「消費者契約法」（2001年施行）が制定されるなど，消費者保護の重視と同時に消費者自身の自己責任も重視されるようになっている。

　しかし社会福祉サービスの利用者は，心身機能の低下などにより一般消費者以上に不利な立場に立つことが多い。この点を考えると，"成年後見制度"や"日常生活自立支援事業"では，福祉サービス利用者の権利を全て守れる状況にはないといえる。また2003年4月から身体障害者・知的障害者・障害児の福祉サービスの一部に導入された「支援費制度」も，自己選択・自己決定などを強調しているが，選択できるサービス量の不足などから，当初は従来，利用していた福祉サービスの継続利用となっていた。しかしその後は利用者の拡大が続き，支援費制度では"応能負担制度"を継続していることもあり，初年度から当初予算の増額の必要が生じていた。その結果，2006年4月からは「障害者自立支援法」が施行され，障害者福祉にも"応益負担"が導入された。

　介護保険制度が先鞭をつけた自己選択・自己決定・自己責任など，社会的な契約が可能な社会的人間としての行為を，福祉サービス利用における"契約"

として導入することは，今後とも続くと考えられる。実際に自己選択・自己決定・自己責任などは少子化対策や医療費抑制にも活用され，子育て・医療行動・健康対策の側面にまで及んでいる。2003年6月，厚生労働省老健局長の私的研究会である高齢者介護研究会報告書「2015年の高齢者介護」も自己選択・自己決定・自己責任などの方向性を継承している。

§5　今後の福祉産業

1.　多様化する福祉産業

　福祉産業は従来の高齢者福祉分野や保育分野に限らず，今後も発展していくことが予測される。それはバブル崩壊以降に明確化した，行政主導の福祉サービスから産業としての福祉サービスへの転換が，今後も進むと考えられるためである。企業の参入方法は多様であるので，それぞれの社会福祉事業の内容により異なる形となることは予測される。だが，自己選択・自己決定・自己責任などを重視する場合，それらが困難な社会福祉サービス利用者への適切な対応を忘れてはならない。社会保障制度での所得再分配が困難になりつつあると予測される21世紀において，自己選択・自己決定・自己責任などの強調は新たな格差を国民に生じさせる危険がある。教育や健康などの課題も含め，国民生活全般への全体的な展望が必要な時期になっている。

　それにも関わらず，福祉産業が発展するのは福祉が障害者・高齢者を含む国民生活全般に関わる内容をもつものであり，人が生まれる前から死亡するまでの各段階において，国民の全てが所得に関わらず必要となる政策のためである。さらに資産格差が生じるとその差に応じた多様なタイプの福祉サービスへの要求が生じ，公的なサービスでは個別のニーズに対応することは困難であるとの

見解が大勢を占めているためである。そこで，すでに利用者が多い分野や今後予想される福祉産業分野のいくつかをみてみよう。

日本の社会保障制度の見直しは，少子高齢化社会への不安を中心として主に年金制度で煽っている。しかし冷静に考えれば合計特殊出生率が2.0前後の数値を維持し続け，人口が増大し続けた場合には，人口増加という新たな課題が生じたはずである。年金保険は政策の失敗である。だが，国民の一人ひとりにとって，年金制度のあり方は老後の生活を左右する重大問題であることには変わりがない。そのために老後の資産管理・資産運営を含めて，よりよい老後生活を求める人々は個人年金などの金融商品を購入し，マンション経営などを考える。その結果，資金運用の専門的情報を提供するファイナンシャル・プランナー（FP）などの活躍の場も増えている。

一方，平均余命の延びと同時に，健康維持・増進願望は高まっている。テレビでは健康をテーマにした番組の視聴率が高い。医療保険制度が改訂されて自己負担率が高まることで，また老人保健法が高齢者医療の確保に関する法律と改定されたことで，2008年4月からは75歳以上者を対象として後期高齢者医療保険（長寿医療制度）が混乱の内に開始されたことで，医療費補助がついている保険商品や介護保険商品にも注目が集まる。さらにバブル崩壊により人気が低迷している健康機器，フィットネスも，対象を差別化することで復活の可能性は高い。介護保険制度のデイサービスでのリハビリテーションの人気をみても，高齢者の健康指向は強いといえる。これは健康食品や補助食品などを多くの人々が活用していることをみても明らかである。

2. 柔軟性を求められる福祉産業

高齢者の生活の基本である住環境での福祉産業の需要は高い。住居としての老人ホームという発想は，介護保険施設でも有料老人ホームやグループホームにおいても必要であろう。その場合は利用者の心身の状況により，一般住宅並みの居室から，2名や3名が一緒に暮らす居室までの幅が要求される。高齢者は1部屋の居室であればよいというのではなく，寝室が3つ以上という"住い"

もあり得るのではないだろうか。

同様に各種障害者の住宅への需要もある。多様な人々がともに生活をする集合住宅や共同住宅などは，子育て期の人々からの需要も考えられる。そこでは建物設備も大切であるが，その建物をどのように活用するかの運営管理・ソフト面での工夫が一番の課題となる。天井走行リフトにより端末器で家の中を移動できるなどの機器の活用も考えられる。

前に指摘したバリアフリーの促進を支援するために，建設業界においても福祉的な視点は要求される。たとえば各種の介助犬との共生や障害別の要求に対

Column

介護保険制度の光と影

　介護保険制度は，利用者の選択の自由を保障しているはずであった。また施設サービスよりは，在宅サービスを重視した施策を推進するとしていた。だが，実際に介護保険制度が始まって8年が経過したなかでみると，利用者の多くは在宅サービスよりは施設サービスの利用を希望していた。介護保険の施設は介護老人福祉施設，介護老人保健施設，介護療養型医療施設（2012年度末，縮小の見込み）の3種類である。そのなかでも介護老人福祉施設，つまり老人福祉法上の特別養護老人ホームへの入所希望者が高い。

　介護保険制度では，介護老人福祉施設への入所は申し込み順とされていた。しかしこれでは，緊急度の高い人が介護老人福祉施設に入所できない。そこで，2003年度から優先入所を実施することになった。その結果，申し込み順が早い人のなかに，入所の順番が後回しになってしまったという利用者が出てきた。これは途中で制度が変わったことの弊害である。

　優先入所を実施しても，施設数が不足しているため入所までには長期間の待機期間が必要である。また施設で優先入所を決めている地域もあるが，介護保険の保険者である行政が優先順位を決めて各施設に振り分けている例もある。これは"措置"の時代と同じといえる。介護保険創設前の措置制度の頃も，利用者が施設を選択することが一般に行なわれていた。

　介護保険制度の主旨を活かすためには，サービスの量を増やし，質を高め，本当の意味での利用者が選択できる環境を整備することが大切である。企業の参入について，量や質の問題だけの議論ではなく，施設を利用することの意味などについての議論も重ねて検討していく必要があろう。

応できる知識を備えた人材育成は，緊急課題でもある。日常的に多様な人々に接するサービス産業の従業員への教育だけでなく，警察・消防等の公務員，商店街の経営者などへも積極的に高齢者や障害者への理解促進のための教育を実施する必要がある。とくに認知症高齢者と精神障害者への偏見には根強いものがあり，偏見を取り除く教育プログラムの開発などは新しい福祉産業分野となるであろう。WHOも2007年10月から"高齢者にやさしい街"（Age-friendly cities）の視点で，全世界の都市を見直す活動を展開している。

このような分野が福祉社会を構築するために必要であると認められるためには，福祉教育を受けることが利益につながる，または業務を遂行する上で必要なことと位置づけられる必要がある。タクシー業界がホームヘルパー資格を運転手に取得させることで，介護保険制度による介護給付サービス（通院介助，墓参りなど）を提供することは，業界の生き残りと介護保険対象者の需要との関係により生まれたものである。

子ども，障害者，単親，高齢者などの生活を保障する社会福祉施策において，一般企業が福祉産業へ参入し，従来の社会福祉での常識を覆していくというプラスの側面とともに，所得格差，情報格差などによる不平等が拡大しないような対策も必要である。もてる者ともたざる者とで生活支援が必要な状況に陥った時点で，大きな格差が生じる社会は，市場競争原理からいえば当然であったとしても，国民の生命の安全と安心を育む豊かな社会としては問題であるといえる。

福祉産業の発展は21世紀には必要であり，1つの日本社会の進歩ともいえる。しかし国民の生活を守る公的責任を不明確にしたなかでの福祉産業への依存は，福祉産業自体の健全な発達を阻害する恐れもあると考える。効率性とともに循環型社会のなかでの人の動き，効率性のみでは計れない福祉の価値の問題などを議論するなかで，これまでの発想とは異なった新しい福祉社会が生まれるのではないだろうか。

〔主要参考文献〕
右田紀久恵・髙澤武司・古川孝順編〔2001〕『社会福祉の歴史　（新版）』有斐閣。

厚生労働省監修〔各年度〕『厚生労働白書』ぎょうせい。
WHO編（日本生活協同組合連合会医療部会　翻訳・編集）〔2007〕『WHO「アクティブ・エイジング」の提唱』萌文社。
日本弁護士連合会〔1996〕『高齢者の人権と福祉』こうち書房。
古川孝順・秋元美世・副田あけみ編〔2003〕『現在社会福祉の争点　（上・下）』中央法規。
丸尾直美〔1984〕『日本型福祉社会』日本放送出版協会。
八代尚宏編〔1997〕『高齢化社会の生活保障システム』東京大学出版会。

（岡本多喜子）

第6章

福祉産業の市場と特徴

―― <本章の要点> ――

❶ 福祉産業の市場規模を，開示データが少ない中で，年単位の金額ベースによる把握を試みている。市場把握のアプローチ方法は，次の3点である。
　○介護保険の対象か対象外か
　○サービス分野(無形)の市場か商品(有形)の市場か
　○施設介護か在宅介護か

❷ 市場の将来予測
　市場規模のピーク時における年と規模を見て，現時点と規模を比較して，それまでの期間年数と市場規模の倍率を見る。それにより市場発展速度を連想することが重要である。

❸ 市場の特徴
　市場の内訳を見ると，伸びる分野とあまり成長が期待できない分野がはっきりしている。産業界では常識となっているので，確認が必要である。

§1 はじめに

2000年に介護保険制度がスタートし，民間産業の参加を促したことにより大手企業から中小企業まであらゆる業種が進出した。その背景には対象となる高齢者が約2,200万人（65歳以上人口-2000年）～約3,300万人（高齢化ピークの2025年）もいて大きな潜在需要が見込まれること，その内には要介護者が250万人（2000年時）～500万人（高齢化ピークの2025年）が含まれ，これが既に顕在化した需要として存在することや政府のゴールドプランの提示等があった。しかしながら，2005年の介護保険制度改革で明らかになったことは，財源の逼迫を理由に給付の抑制，給付対象サービスへの民間産業の規制緩和は据え置き，障害者介護との1本化，介護予防へのインセンティブ，などである。その結果，スタート時からの大きな矛盾点は放置されたまま給付の削減や障害者介護との一体化で，介護保険制度への利用者の期待は縮小すると見られている。また，供給側も，介護給付対象市場への失望（過剰期待と過当競争・低給付額）から，介護保険対象外の物品やサービスで利用者ニーズに深く対応する傾向が見られる。以上の状況から市場規模の正確なデータ情報が渇望されている。

福祉産業の市場全容に関するデータは，まず介護保険対象市場についてのデータは厚生労働省で把握されているが（市単位で行なわれる上乗せや横出しサービスは含まず）[1]，介護関連サービスや商品（福祉用具や共用品・化粧品）は民間業者からのアンケート結果を集計する以外には集中的時系列的にデータが収集解析されていないのが実態である。さらに高齢者一般（介護を必要としない高齢者）を対象とするサービスや商品は各企業の多角化の一部として扱われているため，各企業自身でもデータの精度には問題点が多い。

以上のような状況から推計としての作業結果で，本章を進める点をおことわ

---

(1)「上乗せサービス」は，介護保険で制限されている以上の回数を市町村の予算で受けられるようにするもの。「横だしサービス」は，市町村の予算で給付するサービスである。
　　例えば，配食・移送・寝具乾燥などのサービスがある。

りしなくてはならない。このようなデータの不備は産業として業界的結集や横断的対応ができていないことを如実に示しており，その結果が過剰な期待と過剰競争を過去において生んできたとも理解される。

§2　福祉産業市場とは

福祉産業市場の規模を計算する方法論は業界としてまだ定着していないが，下記の区分を合算したものとする（図6-1参照）（①＋②＋③）。

図6-1　介護市場全体図（2000年時推計規模）

人的サービス 4.2兆円（2000年）		→公的保険給付対象市場
人的サービス（イ） ?	商品（ロ） 1.1兆円（2000年）	→介護関連市場
人的サービス（A） ?	商　品（B） 2.2兆円（2000年）	→高齢者一般対象市場

出所）　筆者作成。

① **介護保険給付対象市場**（公的保険でカバーされる人的行為によるサービス）（イ＋ロ）
　　○在宅介護サービス（イ）……下記で提供される人的行為によるサービス
　　　・訪問通所（訪問介護，訪問入浴，訪問看護，通所介護，通所リハビリ，福祉用具貸与）
　　　・ショートステイ（短期入所生活介護，短期入所療養介護）
　　　・その他（認知症対応型共同生活介護，特定施設入所者生活介護―有料老人ホーム・ケアハウス，居宅介護支援）
　　○施設介護サービス（ロ）……下記で提供される人的行為によるサービス

（介護老人福祉施設・介護老人保健施設・介護老人医療施設）

② **介護関連サービス・商品の市場（ハ＋ニ）**（政府の介護保険給付対象外のもの）

　　○人的行為サービス（ハ）……基幹型介護支援センター（社会福祉協議会），基準該当サービス（NPOなど），グループホーム，給配食，福祉入浴，各市で行われる上乗せや横出しの人的サービスの他に民間介護保険等を加えたもの

　　○商品など（ニ）………………福祉用具・介護用品，ケア付シニア住宅，各種介護施設の建設等（狭義）（次ページの表6-1参照）

③ **高齢者一般を対象とするサービス・商品市場**……健常者も利用する[2]共用品

これにプラスされるべき健康増進・介護予防，高齢者の生活を支える多様な商品，人権や資金の保全に関するサービス，生きがいに関するサービスが含まれる。

　　○人的行為サービス(A)

　　　かかりつけ医(医療法人等)，美容矯正変身プログラム(家政婦紹介所等)，まちかど相談薬局（薬局），出張理美容，健康増進サービス，スポーツ，生涯学習，車椅子旅行パック，高齢者向け旅行企画，高齢者就業支援，成年後見制度，居宅担保高齢者融資，リバースモーゲージ，確定拠出型年金，福祉タクシー，バス・タクシーのサービス

　　○商品など(B)……共用福祉用品＋「共用設計製品」＋「バリア解消製品」＋「ユースフル製品」（図6-2参照）

　　　共用品，化粧品，バリアフリー高齢者対応住宅，ユニバーサルデザイン，3世代住宅，コンビニエンスストア商品，通販商品，商店街対応商品，などを言う。

---

[2] 介護を必要とする人，および健常者の両方で使える商品を言う。

表6−1 介護市場の将来推計

(単位：億円)

			2000年	2010年	2020年	2030年	2040年	2050年
在宅	ヘルパー	寝たきり	12,000	21,400	38,100	39,900	41,700	40,500
		認知症	1,200	2,200	3,900	4,100	4,400	4,300
		虚　弱	17,200	30,800	55,000	56,700	58,400	56,700
	家族介護	寝たきり	7,400	－	－	－	－	－
		認知症	700	－	－	－	－	－
		虚　弱	10,700	－	－	－	－	－
	サービス		2,100	2,700	3,400	3,500	3,700	3,600
施設	老人保健施設	寝たきり	1,200	2,000	3,300	3,400	3,600	3,500
		認知症	900	1,500	2,400	2,500	2,700	2,600
		虚　弱	700	1,500	3,400	3,400	3,500	3,400
	特別養護老人ホーム	寝たきり	6,200	10,000	16,200	16,900	17,700	17,200
		認知症	1,500	2,400	3,900	4,100	4,300	4,200
		虚　弱	2,500	5,500	12,100	12,500	12,900	12,500
	有料老人ホーム	寝たきり	100	200	300	300	300	300
		認知症	300	500	800	800	900	900
		虚　弱	200	500	1,200	1,200	1,200	1,200
	療養型病床群	寝たきり	19,500	31,500	50,900	53,200	55,700	54,200
		認知症	－	－	－	－	－	－
		虚　弱	－	－	－	－	－	－
	在　宅　計		51,300	57,100	100,400	104,200	108,200	105,100
	施　設　計		33,100	55,600	94,500	98,300	102,800	100,000
	総　　　計		84,400	112,700	194,900	202,500	211,000	205,100

(出典)　「ニッセイ基礎研究所レポート」1998年5月号。
(注)　家族介護は2000年以降外部サービスを利用するとした。

図6-2 福祉用具，一般品，ユニバーサルデザイン対象品，の相関関係

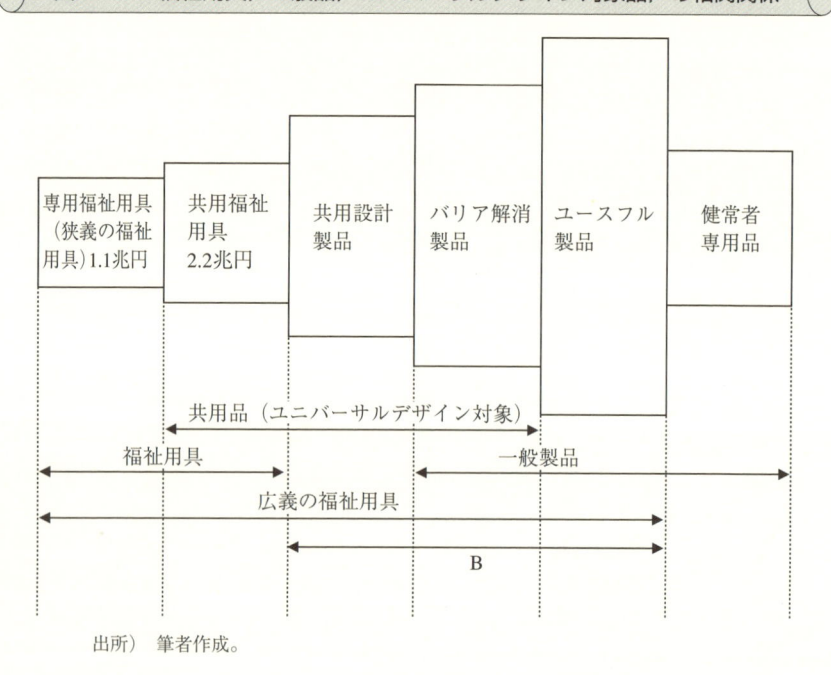

```
専用福祉用具 | 共用福祉 | 共用設計 | バリア解消 | ユースフル | 健常者
（狭義の福祉 | 用具    | 製品    | 製品      | 製品      | 専用品
用具）1.1兆円 | 2.2兆円 |         |           |           |
```

　　　　　　　　　　　共用品（ユニバーサルデザイン対象）
　　　　　　　　福祉用具　　　　　　　　　　　　一般製品
　　　　　　　　　　　広義の福祉用具
　　　　　　　　　　　　　　　　　　　B

出所）筆者作成。

§3　市場規模と将来予測

1. 市場規模（2000年の過去データから市場規模を推計）

　最初に2000年時点の福祉産業の市場規模を推計する。ニッセイ基礎研究所は，公的保険給付対象市場＋介護関連市場（イ）＋高齢者一般対象市場（A）の人的サービス市場の規模を，表6-1のように8.4兆円と推定している。ここで，不足している商品の介護関連市場（ロ）＋高齢者一般対象市場（B）を対象とした規模は，経済産業省のデータ（表6-2）から，1.2兆円＋2.2兆円と判明している。これらを合算すると，8.4＋1.2＋2.2＝11.8兆円と推計される。しかしながら，高齢者一般対象市場の商品（B）のデータでは，図6-2に示さ

表6－2　福祉用具市場動向

(単位：億円)

年　度	1995	1996	1997	1998	1999	2000	2001
福祉用具（狭義）	8,655	9,450	10,495	10,766	11,647	11,603	11,927
（成長比率%）	100	109.2	121.3	124.4	134.6	134.1	137.8
（構成比率%）	64.0	51.5	51.9	44.6	40.8	36.5	37.1
共用品	4,869	10,227	11,201	14,694	18,548	21,924	22,159
（成長比率%）	100	210.0	230.0	301.8	380.9	450.3	455.1
（構成比率%）	36.0	48.5	48.1	55.4	59.2	63.5	62.9
合　計	13,508	18,364	20,215	24,118	28,549	31,762	32,134
（成長比率%）	100	135.9	149.7	178.5	211.3	235.1	237.9
（構成比率%）	100	100	100	100	100	100	100

（出典）　経済産業省，新エネルギー・産業技術総合開発機構「2001年度における福祉用具市場規模推計値について」2003年6月16日。

れるような，「共用設計製品」＋「バリア解消製品」＋「ユースフル製品」に該当する「商品」をすべて把握できているわけではない。これは，これらを生産する製造業者においても兼業として生産しているため，出荷・販売データを区分けしていないこともあり，集計データが信頼できる機関に存在していない。そこで，近似値としての11.8兆円を一応福祉産業の市場規模として，現時点の2008年度を推計してみよう。

2．2008年（現時点）での市場規模推計

　2008年の人的サービス市場規模のデータはないが，ニッセイ基礎研究所の推計では，表6－1の2010年が最も近い数値といえる。すなわち，11.27兆円となるが，それに前節でも述べたごとく，（ロ）＋（B）部分の商品の市場規模を加え福祉産業全体の市場規模を推計する。商品の市場規模（（ロ）＋（B））は，いずれにしても正確には把握できないが，表6－2から福祉用具（狭義）と共用品については，両者とも成長比率が近年特に鈍化していることが分かる。こ

表6-3 介護給付対象市場

	2000年	2001年	2002年	2003年	2004年
給付費	4.2兆円	4.6兆円	5.2兆円	5.7兆円	6.2兆円
在宅%	33%	38%	42%	46%	48%
施設%	67%	62%	58%	54%	52%

(出典) 厚生労働省　情報統計

の原因は，商品が市場に一巡したため，オムツなどの消耗品以外今後大幅に増える要因がないことを意味している。そこで，ゼロ成長と仮定して合計を推計しても近似値は得られるとものと考え，11.3＋3.4（1.2＋2.2）＝14.9兆円が2008年の市場規模に近い値と推定した。ただし，公的保険の介護給付が2004年以降急増していることを考慮すると，人的サービスの市場規模だけで，17兆円に達することも考えられる。

3. 市場の将来予測

　ニッセイ基礎研究所の推計（93ページの表6-1）で，2020年以降の人的サービスの市場規模は，20兆円前後になると予測されている。前節での「商品」市場を補正すると，25兆円を超え，医療費の30兆円台に近くなることが予測される。医療費と介護費で60兆円を超える状況を予測すると，国家財政に与える負担，財源の確保など政府が真剣に検討せざるを得ないことは理解される。

§4　福祉産業市場の特徴

　福祉産業市場の特徴は，設備（建物・ベッド等）などや用具（オムツ等の消耗品以外）は，ある程度普及すればひと段落して成長が止まる傾向がある一方，介護給付サービスと福祉用具（狭義）は介護人口の増加と共に一定の傾向で増加する傾向がある。前者（設備および用具）の傾向については，福祉用具・共用品では表6-1が示すように，介護保険制度スタートの2000年までは1995年比で400％近い伸びを示したが，2000年以降ではカゲリが見られ，停滞期に入ったと推察される。また，前節で述べたように，在宅のサービス（介護給付及び対象外を含む）・商品（高齢者一般対象を含む）が今後成長することも特徴である。

　今後期待される高齢者一般対象を含む商品・サービスはその規模が予測できないが，表6-4において，その内訳を見ることによって将来性を予測していただきたい。

表6－4　シルバー・ビジネス

カテゴリー	明細
1．衣類，生活・身の回りの市場	オムツ関連，衣料・介護衣料，ファッション，カーペット・毛布・敷布・カバーなど，補聴器，老眼鏡，入れ歯関連（インプラント含む），デンタルケア商品，口臭ケア用品，カバン，靴（旅行・ハイキング用），杖，化粧品
2．食市場	健康食・シルバー食，ブレンダー食（介護食，咀嚼・嚥下困難対応食），ダイエット食品，食事・食材宅配
3．住居市場	コミュニティー型シニア・マンション，シニア住宅
4．バリアーフリーグッズ市場	車椅子の製造・販売・修理，シルバー自動車，シルバー家具，段差解消機，昇降いす，簡易トイレ，介護浴槽・シャワー，転倒防止設備（照明，すべり止め，段差表示カラー等）
5．予防・健康増進市場	健康相談・診断，筋トレ，フィットネス，バイタルサイン・モニタリング装置，有料リハビリ，サプリメント，温泉利用健康保持，スポーツトレーニング用具
6．安全・安心市場	証書・権利書等保管サービス，緊急・救急搬送，高齢者捜査・通報，防犯の器具・警備保障
7．生きがい・カルチャー市場	カルチャースクール，サークル，セミナー，交流サロン，生涯教育（社会人大学など），田舎暮らし
8．余暇・レジャー市場	観光旅行，国際スポーツ観戦，行楽，スポーツ，趣味（カメラ・ゴルフ），娯楽
9．雇用，労働市場	起業支援，就業促進，技能訓練・習得支援
10．情報・ソフト市場	パソコン，パソコン教室，各種ソフト，情報誌，相談，支援
11．財テク・金融・保険市場	介護サービス積立金，介護民間保険，リバースモーゲージ（全市町村制度化），成年後見制度
12．葬祭関連市場	生前予約，葬儀仲介フランチャイズ，遺影写真電送フランチャイズ，立体式納骨堂，霊園経営
13．社会システム市場	ボランティア，人材育成・活用，旅館・ホテル，各種商業施設（店舗・物流）

（出所）『シニア・シルバービジネス白書（1998年版）』をもとに作成。

第6章　福祉産業の市場と特徴

＜最近の注目すべき変化＞

ユニバーサルデザイン標準化の動向-ISO/IEC ガイド71

　ユニバーサルデザインは，1990年米国ノースカロライナ州立大学のメイス（Ronald L. Mace）によって提唱された概念である。その目的は，最初から高齢者・障害者を含む全ての人のニーズを包括的に配慮し，最大公約数のデザインを提供することにある。その点，「バリアフリー」が高齢者・障害者の円滑な生活を妨げる障碍（バリア）を除去することを目ざして限定的であるのとは異なる。ユニバーサルデザインは健常者でも高齢者・障害者でも利用できる汎用性，柔軟性が高いデザインという特性から，社会資本，建築物，生活製品などの長寿命化が可能であることから，バリアフリーに先行することが，追加的コストや労力・時間を省く点からも望まれていた。日本の取組み状況は以下の通りであった。

＜政府＞
　○バリアフリー関連法規（税制，補助金，財政投融資の支援制度あり）
　　・福祉用具法（福祉用具の研究開発及び普及促進に関する法律）
　　　　　　　　　　　　　　　　　　　　　　　　　　　　……1993年通商産業省
　　・ハートビル法（身体障害者等が円滑に利用できる特定建築物の建築の促進に関する法律）………………………………1994年建設省
　　・交通バリアフリー法（高齢者，身体障害者の公共交通機関を利用した移動の円滑化の促進に関する法律）………………2000年運輸省
　○ユニバーサルデザインを取り入れた政策
　　・「生活福祉空間づくり大綱」………1994年建設省
　　・「長寿社会対応住宅設計指針」……1995年建設省
　　・「福祉用具産業懇談会」…………1996年通産省
　　・「ユニバーサルデザイン大綱」……2005年国土交通省

＜地方自治体＞
　県単位で，ノンステップバス，使い易い自動販売機，エレベータ・エスカレータ，缶ビールの点字表示，シャンプー容器のギザギザ等の取り組みが増えている。
　　青森県・茨城県・埼玉県・静岡県・岐阜県・三重県・滋賀県・広島県・熊本県
　市単位でも，県と同様の取り組みが開始されている。
　　京都市・浜松市・泉南市・広島市・高知市

＜民間および協会＞
○「ユニバーサルデザイン・コーディネーター」資格が設定された
○各企業や協会で設計・開発への反映，調査・研究，普及・啓発，自主的ガイドラインの策定といった取組みを実施中。
　・国際ユニバーサルデザイン協会　設立
　・NPO法人カラーユニバーサルデザイン機構　設立
　・NPO法人ユニバーサルデザイン絵本センター　設立
　・本玩具協会（盲導犬マーク，うさぎマーク，の表示）
　・電製品協会（高齢者・障害者が使える製品一覧表の作成）
　・㈶共用品推進機構（共用品・共用サービスの普及に向け，調査・研究・標準化の展開）
　・積水ハウス（生涯住宅思想）　・旭化成（ロングライフ住宅）　・住友林業　・大和ハウス　・三井のリフォーム
　・富士通　・NEC　・カシオ　・松下電工　　・TOTO　・INAX
　・トヨタ　・東京ガス　　　・コクヨ（文具）
　・JR東日本（吊り手の高さ）　・講談社（大活字本の発行）
　・セブン＆アイ・ホールディングス（店舗のUD化）

メイスのユニバーサルデザインの7原則
1）公平な使用（だれでも公平に使用できる）
2）利用における柔軟性（使う上での自由度が高いこと）
3）単純で直観に訴える利用法（簡単で直感的にわかる使用方法となっていること）
4）認知できる情報（必要な情報がすぐ理解できること）
5）エラーに対する寛大さ（うっかりエラーや危険につながらないデザインであること）
6）少ない身体的努力（無理な姿勢や強い力なしに楽に使用できること）
7）接近や利用のためのサイズと空間（接近して使えるような寸法・空間となっていること）

　ユニバーサルデザインの標準化は，以上のような背景から時代のニーズであったが，2001年11月，ISO事務局より「ISO/IEC ガイド71」(Guidelines for standards developers to address the needs of older persons and persons with disabilities) が発行された。これは日本が議長国となって提案し，ISO（国際標準化機構）と IEC（国際電気標準会議）が作成作業を進めて完成された。これを受けてアジアでは，日本・中国・韓国の3カ国合同で国際的規格を作るため「日中韓アクセシブルデザイン委員会」が2004年よりスタートした。
　また，日本は経済産業省の指導で，「ISO/IEC ガイド71」を日本工業規格（JIS）

のJIS規格（Z8071）として2005年3月に制定した。

　これにより，福祉器具でも健常者と共通デザインで使用できる商品（共用品）がJISによる規格が定められ，利用者に対する品質保証が確立することになる。その時ISO/IECガイド71が示した，「表5-1」は「具体的配慮ポイント」として活用されるであろう。

〔参考文献〕
経済産業省，新エネルギー・産業技術総合開発機構〔2003〕「2001年度における福祉用具市場規模推計値について」。
ニッセイ基礎研究所〔2006〕「ニッセイ基礎研究所レポート」平成10年5月号　厚生労働省：「情報統計」。

（小島　理市）

第7章
患者・利用者の立場から見た福祉産業経営

―――＜本章の要点＞―――
❶ 年金制度の主体は公的年金で国民年金，被用者年金，企業年金の3階建ての制度となっており，企業年金は改革が先行し制度の選択肢が増加した。
❷ 年金以外の資金調達法には高齢者向け各種融資制度やリバースモーゲージ（在宅担保融資）がある。
❸ 福祉用具を購入し，また借りる場合は福祉用具専門相談員のアドバイスを受けるとともに，介護・福祉用具展示店で使い勝手を確認すると良い。
❹ 介護保険を利用しての住宅リフォーム等を行う場合は福祉住環境コーディネーターのアドバイスを受けることが必須で，福祉用具や介護用品の選択の相談にものってもらえる。
❺ 消費者保護の法規には「消費者基本法」，「消費者契約法」，「製造物責任（PL）法」の3法がある。
❻ 判断能力が不十分な高齢者や障害者をサポートするため成年後見人制度が制度化されている。

§1　高齢者の生活設計

1. 年金制度の概要

老後の生活を支える基本的な収入源は年金と退職金である。そのうち安定して定期的に一定額を受け取ることができる年金の果たす役割は大きい。なかでもほとんどの国民が加入する公的年金制度は重要な柱で，その体系は，図7-1のとおりである。全国民に共通した「国民年金（基礎年金）」，給与所得者に就業期間の報酬比例で国民年金に上乗せ支給される「被用者年金（厚生年金と共済年金）」，民間企業の従業員が多く加入する「企業年金」の3階建ての体系である。その他に，公的年金以外に個人が任意に加入する民間年金がある。

2. 公 的 年 金

(1) 国民年金（基礎年金）

全ての国民に加入する義務があり，加入者には共通に支給される終身年金（生きている限り支給される）である。高齢化社会を迎え世代によってはもらう年金総額が積み立てた額を下回るという，積立額と年金支給のミスマッチが問題化している。また最近では将来の支給に不安があるとして年金費用の未納者の増加が問題になっている。

(2) 被用者年金（厚生年金と共済年金）

給与所得者が加入を義務づけられている年金で，民間のサラリーマンが加入

図7－1　わが国の年金制度の体系

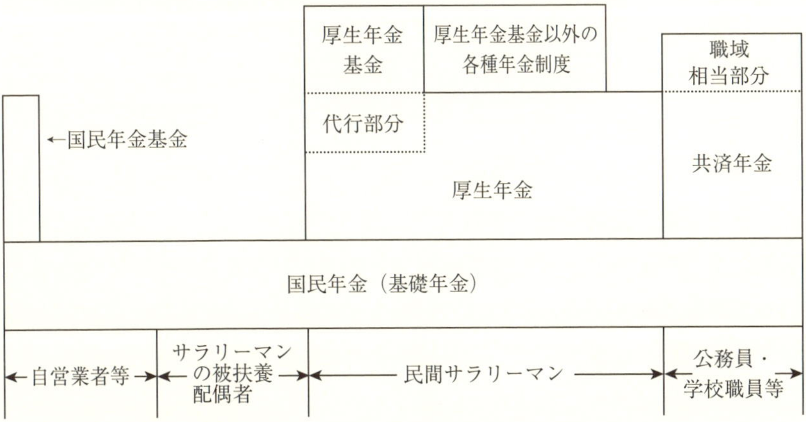

		厚生年金基金	厚生年金基金以外の各種年金制度	職域相当部分
	←国民年金基金	代行部分		共済年金
		厚生年金		
国民年金（基礎年金）				
←自営業者等→	←サラリーマンの被扶養配偶者→	←民間サラリーマン→		←公務員・学校職員等→

する厚生年金と公務員等が加入する共済年金とがある。厚生年金や共済年金は就業期間の報酬（給与）により年金額が異なる。また共済年金は職域（職種や自治体等）によっても支給額が異なる。被用者年金も終身年金である。

現在，厚生年金と共済年金の統合が具体化している。

(3) 企業年金

民間企業の従業員が加入する企業年金は退職金制度と一体で考える場合が多い。それは年金の一部または全部を，退職金として一時金で受けとれる制度を導入している企業が多いからである。従来主流であった厚生年金基金と適格年金は，運用実績の悪化と企業会計制度の変更（退職給付会計の導入）により企業経営の圧迫要因となり，その改革が急務となっている。

その一環として2002年度の年金制度改革により，企業は年金支給額が確定している確定給付年金として「規約型企業年金」「厚生年金基金」「基金型企業年金」が選択できるようになった。また，企業が従業員に支給する金額が決まっていて運用により年金額が異なる「確定拠出年金」（日本型401k）と，確定給付と確定拠出の中間に位置する「キャッシュバランスプラン」も制度的に確立された。ただし，確定拠出年金を導入する企業は多くなりつつあるが，他の年

金制度の補完的制度として導入するケースが多い。なお税制適格年金（各種年金制度の１つ）の制度は，2012年度までに廃止されることになった。

3. 民間年金

(1) 社会保険と民間保険の違い

公的年金の仕組みである社会保険と，民間年金の主流である民間保険の主な違いは次のようである。

① 社会保険は強制加入であるが民間保険は任意加入である。
② 社会保険は給付の確実性や物価スライドなど，実質価値の維持を保障しているが，民間保険は掛け金（保険料）と運用成績により年金額が決定する。
③ 社会保険は低所得者にも一定額の給付をしており，所得再配分機能をもっているが民間保険にはこの機能はない。

(2) 保険タイプ

生命保険会社，郵便局，農協などが，個人年金や夫婦年金などさまざまなタイプの年金を保険商品として販売している。そのなかにも年金額がほぼ確定しているものと，運用実績により支給額が変動する変額保険タイプのものがある。

Column

共済年金と厚生年金の統合

公務員を優遇する諸制度の改革を進める与党は，最後に残された共済年金を一般サラリーマン等が加入する厚生年金と統合することを検討している（政府は2010年を目途に法制化に取り組むことを閣議決定している）。その骨子は共済年金の優遇の最たるものである上乗せ加算（職域加算）を廃止し，保険料を厚生年金に合わせることを主眼に置いている。

(3) 財形年金

　給与所得者が対象となる財形貯蓄制度の1つで，個人が給与天引きを条件に，一定額を給与や賞与から銀行の定期預金などに積立て，定年後年金として受けとるものである。積立額の上限は平成20年4月時点で元利合計で550万円までとなっている。

§2　高齢者向け資金調達

1. 高齢者向け住宅の最近の潮流

　「一人になっても住み慣れた土地に住み続けたい」「安心して住めるところが欲しい」などに高齢者の住宅ニーズは集約できる。
　要介護の状況にならず健常者のまま長生きすることが理想で，そのために新しい住宅のあり方が提唱されている。それがコーポラティブ・ハウスやコレクティブ・ハウスである。
　コーポラティブ・ハウスは複数の住み手が共同で事業を計画し，土地の取得や建物の設計，工事の発注等を行ない，各自の生活設計に合う間取りや設備の住宅を取得し，居住していく方式である。さまざまな世代の住人が近所づきあいをしながら生活できるので高齢者も安心して生活できる利点がある。
　コレクティブ・ハウスは独立した居室をもちながら食堂，共用室などの共用スペースを有する共同生活型の住宅である。単身者の職場仲間の退職者が老後の棲み家として共同で計画する例がみられる。

2. 高齢者住宅融資制度

　高齢者専用居室を新築または増築する場合，風呂やトイレなどを高齢者向けに改造するなど，同居して世話をしている者を対象に融資する制度である。住宅金融公庫や都道府県が制度化している。その内容は低金利で融資する金利優遇や利子額に対して一定率を補助する利子補給などである。

3. リバースモーゲージ（Reverse Mortgage；住宅担保融資）

　都市圏の地方自治体が在宅福祉政策の一環として制度化したのが始まりである。現在所有している1戸建住宅を担保に，その所有者に対し自治体から紹介を受けた金融機関・福祉公社が，老後の生活資金などを融資する制度である。融資した資金は返済しない代わりに，所有する住宅は制度を運営する自治体に提供することになる。不動産価格で相当額例5,000万円以上の主に1戸建住宅が対象となり，「住宅担保年金」などと呼ばれることもある（本制度の運営上の問題は，第2章§4の3.「リバースモーゲージ」参照）。

　最近では金融機関が用途を限定せず，融資額も引き下げた商品を取り扱い開始している。

§3　適切な福祉用具の購入やリフォーム方法

1. 福祉用具購入の場合

　介護用のベット，トイレ，車イスなど福祉用具を使用する必要が生じた場合，介護保険を利用してレンタルするか，または購入しなければならない。レンタ

ルの場合は借り替えることは容易であるが購入する場合は数あるメーカーの中で利用者にあった用具を選定することは難しい。

このような時は近隣にある介護・福祉用具展示センターを探し，相談することが望ましい。介護・福祉用具展示センターには各社の様々な福祉用具が展示されていて実際に使い勝手を確認できるとともに，認定資格の福祉用具専門相談員の資格を持った職員等に相談することも可能である。なお，レンタル業者の場合は福祉用具専門相談員を2名以上置くことを義務付けられている。

2. 介護目的のリフォームの場合

介護の必要な高齢者や障害者が居り，住まいをバリアフリーなどにリフォームする場合は福祉住環境コーディネーターに相談すると良い。

福祉住環境コーディネーターの仕事は以下のようなものである。
① 介護保険利用で住宅改修する場合にケアマネージャーとの連携
② 福祉施策，福祉・保険サービスなどの情報提供
③ 福祉用具，介護用品などの選択と利用法のアドバイス
④ バリアフリー住宅への新築，立て替え，リフォームにおけるコーディネイト

なお，福祉住環境コーディネーターには1～3級まであり，検定試験にて資格取得できる。

§4 利用者保護制度

1. 利用者保護制度の全体像

利用者が医療・福祉機器や用具などを安心して利用するために整備されている主な法規には次の三つがある。

① 消費者の権利や国, 地方公共団体と事業者の責務など基本となる「消費者基本法」
② 総合的な消費者被害救済策の推進をする「消費者契約法」
③ 製品の欠陥によって損害を被った場合に損害賠償を求めることができる「製造物責任（PL）法」

この他, 品目の特性に応じた安全対策を定めた「食品衛生法」や「建築基準法」, 品目の特性に応じた消費者取引を定めた「訪問販売法」,「宅地建物取引業法」,「旅行業法」などがある。

2. 消費者保護3法の概要

(1) 消費者基本法

従来から消費者保護の法規には「消費者保護基本法」があったが平成16年6月に①規制緩和の進展, ②消費者トラブルの急増, ③企業不祥事の続発等を受けて消費者政策を充実, 強化するため改正し「消費者基本法」を制定した。

その基本理念には消費者の権利として①消費生活における基本的需要の保障, ②健全な生活環境の確保, ③消費者の安全の確保, ④商品, 役務での自主

的，合理的な選択の機会の確保，⑤必要な情報の提供，⑥教育の機会の提供，⑦消費者意見の反映，⑧適切，迅速な被害の救済がうたわれるとともに，消費者の自立支援として①事業者の適切な活動の確保，②消費者の年齢，特性への配慮が掲げられている。さらに国際的連携と環境保全への配慮も述べられている。

また責務として
① 事業者は消費者に対する情報提供や事業活動に関する自主行動基準の作成に努める
② 消費者は進んで情報・知識を習得するなど自主的，合理的な行動と環境保全，知的財産の適正な保護に配慮する
③ 消費者団体は情報収集，提供，意見表明，啓発，教育，被害防止など自主活動に努力する
④ 国は基本計画を策定，消費者教育の充実を促進し，さらに都道府県と協力，苦情処理，紛争解決が迅速に処理されるように努める

が書かれている。

(2) 消費者契約法
消費者契約法は，次の内容が定められている。
① 消費者が事業者と締結した契約（消費者契約）をすべて対象とする。
② 消費者契約の締結過程に係るトラブルの解決：消費者は，事業者の不適切な行為（1不実告知，断定的判断，故意の不告知，2不退去，監禁）により自由な意志決定が妨げられたこと（1誤認，2困惑）によって結んだ契約を取り消すことができる。
③ 消費者契約の契約条項に係るトラブルの解決：消費者は，結んだ契約において，消費者の利益を不当に害する一定の条項の全部または一部が無効になる。

(3) 製造物責任法（PL法）
製品の欠陥によって生命，身体又は財産に損害を被ったことを証明した場合

に，被害者は製造会社などに対して損害賠償を求める事ができる法律で，円滑かつ適切な被害救済に役立つ法律である。

3. 成年後見人制度

認知症の高齢者，知的障害者や精神障害者など判断能力が不十分な方の日常生活を法律的に保護する制度が成年後見人制度である。介護保険制度でサービスを受けるためには要介護者と介護サービス業者が直接契約を結ぶ必要がある。判断能力が不十分な場合，自分に不利益を被るような契約を結ぶ恐れがある。このような際，日常生活で不利益を受けないように法律的に本人の権利を守る仕組みが成年後見人制度である。

成年後見人制度には家庭裁判所が法律に従って，後見が必要とする人の判断能力の程度に応じて成年後見人を選任し，これに権限を与える法廷後見人制度と本人が契約によって任意後見人を選任し，これに権限を与える任意後見人の二つの制度がある。

〔主要参考文献〕

細川和男〔2001〕「病医院の人事・実務のポイント」TKC医療経営研究会編『知っておきたい医業経営のポイント』TKC出版，第3章，99-138頁。
渡辺孝雄〔2001〕『医療福祉サービスの経営戦略』じほう社。
厚生労働省ホームページ「公的年金制度の概要」
内閣府ホームページ「消費者の窓」
法務省ホームページ「成年後見制度」

(細川　和男)

第8章

ケア従事者と現場の問題点

――<**本章の要点**>――

❶ 福祉産業の問題点を現場で働く従事者，特にケアマネージャーを代表に対象を絞り，解明しようと試みている。解明しようとする側面は，次の点である。
　○雇用問題について
　○ケアプランの精度(質)の将来予測について
　○将来のケアマネージャーの資質について
　○ケアマネージャー希望者の減少する可能性について

❷ 福祉業務の魅力が低下するなか，将来の福祉業務の質が高度化，知的判断の要求される業務へと変質する可能性が高い。そのギャップを埋めることのできるのは使命感と自己実現意欲の高い人材となることが予測される。ケアマネージャーを中心とするケアギバーの身分・地位の保証が問題となろう。

§1 はじめに

　2000年から，社会福祉サービスは，一方的な行政措置で給付される時代から社会保険に基づいて運営する時代に入った。2000年に創設された介護保険制度は多くの問題を抱えながらとにかくスタートし，ようやく2005年に大幅な改訂がなされた。それまでの多くの矛盾が解消されると期待された改訂は，財政改善優先をベースにしたもので，現場における問題からの乖離は2005年以前よりさらに悪化することが予測されている。福祉産業は，市場競争原理のなかで生き残るために，介護保険対象のサービスから対象外サービスへとシフトせざるをえない状況にあり，介護保険対象サービス事業は崩壊寸前の変換点にあると考察される。
　以下の分析からは介護現場の絶望的な姿だけがクローズアップされるが，賃金・人材・マネジメント力の問題さえ解決されるならば，将来的には希望のある仕事である。今後は質の高いケアが求められている時代趨勢や法整備も充実してきているので，知的業務（インテリジェント・ワーク）が増え，使命感を持って自己実現できる職場の条件は整いつつあると見ることもできる。セイフティーネットのない危険な社会を作らないためにも，また現在奮闘しているケア従事者達のためにも，以下の分析を問題解決の方向と位置づけ，保険給付削減の見直しや経営層のマネジメント能力向上を期待すべきであると考察する。

§2 問題となる福祉産業のインフォーマル雇用

　市場の将来性は明るいことは，あらゆるデータが示しているが，ケア従事者の働く現場での問題点は深刻になっている。2000年に介護保険制度が実施された頃から，採算ベースでの追求が厳しくなったことから正社員雇用体制からパートを中心とする体制へのシフトがいたるところで起きている。

　1980年代以降，パート職は業界を問わず広がったが，先進国では皆同じ現象が起きていて，特に女性が多いのが特徴となっている。ILOは，臨時職・パートタイム，派遣や家内労働，下請け，露天商を含む雇用を「インフォーマル雇用」（非公式雇用）と定義づけ，労働法などの公式的適用範囲の外にあるか，範囲内でも法の適用を受けないか，法が執行されていないか観察していく方針である。

　日本では福祉の分野でインフォーマル雇用が多用されることは，雇用構造の二重的性格，格差社会の是認につながる問題となると予測される。実際，施設によっては職員の50％近くがパート職である場合があり，彼らは解雇が自由になされる身分であり，社会保障（年金・医療保険・雇用保険など）や交通費・健康診断が保障されず，もちろん年金や退職金は勤続年数に反映される仕組みは適応されない。場合によっては，早朝・夜・休日の出勤でも時給が同じ，賞与はないのに低賃金，昇給もなく，給与支給の遅れもあるといわれている。このような状況下が見過ごされているならばパート職すら求職者が急減するという状況が予測される。さらに業務上パートと同じ仕事をしている多くの正社員へのストレスや過重労働も避けがたく，結果として介護保険対象サービス事業は人的資源の確保の問題から瓦解する可能性があるといえる。このことは，従事者の高離職率にも垣間見ることができるが，サービス利用者達から，介護する担当者がパートゆえに頻繁に替わるため，相談もできず，各種ニーズに対応し

てもらえない苦情が高まっており，顧客である利用者からも見放されかねない状況にある。

§3 ケアプランの精度および信用の低下

　介護サービスを利用する者は申請して要介護認定の判定を受けねばならない。そのプロセスは，2005年の改訂により，市町村への申請→コンピュータによる1次判定→介護認定審査会（市町村長任命の医療・保健・福祉の専門家5人程度）による2次判定，と改訂された。この要介護認定が市町村の主導下で，スピーディーかつ正確に実施されるかは疑問視されるが，その実質的情報を握るのはケアマネージャー（介護支援専門員）であると予想される。そして，何より利用者の介護計画書（ケアプラン）は実質ケアマネージャーが作成することになる（個人で作成し提出は可能である）。すなわち，介護現場でのキーパーソンはケアマネージャーであることに変わりはない。しかし，ケアマネージャーの役割と実際の隔たりがあれば，それが大きいほど介護現場では逆に大きな問題を生む可能性が拡大する。それはケアプランと利用者のニーズの隔たりとなって現れるからであり，利用者の信頼を失うからである。
　下記1)～3)の項目は，不満足なケアプランが作られる原因と考えられる。

1) ケアマネージャー（介護支援専門員）はリーダーシップが取れない
① 施設職員の被雇用者の立場にあるケアマネージャー
　　ケアマネージャーは中立的立場を確保しなければならないことが介護保険法では定められているが，実際はその立場にはまったくないといえよう（中立性を保つ努力をしているケアマネージャーは多くいるが）。その理由の最大のものは，ケアマネージャーはいずれかの介護支援事業施設の被雇用者に所属していることである。制度上からして独立して報酬が得られる保障

がないことが理由である。実際，所属介護事業者に有利なサービス計画を立てたり，介護事業者の営業マンになってしまう場合が出ている。利用者がよいケアマネージャーを口コミでさがすという現象はこれを裏づけるものと判断される。

② **チームワークは同一職場にあるもの同士で成立するもの**

　本来チームワークは同一職場にいる者同士で行われるが，そこでもリーダーシップというものは難しい課題である。他者により作成された要介護認定作業でどの程度の情報が伝達されるか不明な状況下で，介護関係者の意見と利用者意見などを参考に，スピーディーに利用者ニーズに適したケアプランをまとめ上げるのは至難の技である。関連するケア提供者がケアマネージャーに協力する義務もない状況では，リーダーシップで解決できる範囲はごくわずかしかない。しかも利用者に認知症をもつ人が増え，短時間に実情を十分把握して「生きたケアプラン」を作成するには各専門家のプロとしての献身的努力とのハーモニーが不可欠である。2005年改訂で要介護認定作業での市町村の役割が大きくなった分，現場スタッフとの調整機能をケアマネージャーに委嘱しなければ，介護は知識の少ない利用者を混乱させることになろう。ケアマネージャーに医師をはじめとするプロ集団の成果を厳しく問うことができる法規や社会的仕組みの強化をして，年齢的にも社会的地位でも対等な立場でコラボレーションできる体制をのぞみたい。

2）介護予防の導入でケアマネージャーの資質にバラツキが起きる

　2005年の介護保険法改正で介護保険対象者の半数以上（約200万人）を占める「要支援」「要介護1」に認定される利用者は，維持・悪化防止を主旨に転倒予防運動，ストレッチ，筋力トレーニングを取り入れた自立ケアを受けることになった。また，介護予防ケアプランは原則として地域包括支援センターが行うことになった。しかしながら，地域包括支援センターがない市町村は，ケアマネージャーに完成まで委託することになると予想されている。

さらに障害者自立支援法により障害者も介護保険の対象となり，これらの利用者のケアプランも作成しなくてはならなくなる。いずれも，ケアマネージャーにはこれまで以上に高度の資質が求められる状況となった。しかし，これまでにもケアマネージャーに臨床ケアの経験が少ない者が多いという能力のバラツキがあったが，今後はさらにケアマネージャーの能力格差が大きくなると予測される。

3）ケアマネージャーの教育だけで解決しない問題の深刻さ

　福祉産業従事者はケアマネージャーを含め，業界としての結束や政府と交渉する機関が不在であり，身分保証する手立てがない。労働市場の需給バランスで左右される立場に置かれている。さらに高度な資質が求められることを背景に，ケアマネージャーの資格は「5年ごとの更新制度」，「定期的研修の受講」が義務化された。しかしながら，ある地区のアンケート調査によれば，利用者50人以上を担当し，月1回以上の訪問（1回未満は介護報酬30％減額）と3カ月に1回のモニタリング，ケアプランの書類で説明し，文書による利用者の同意をうるという業務内容は多忙といわざるをえない。この多忙さはケアプランと実状との調整を目的とする「サービス担当者会議」を開催して意見を聴取することになっているが，電話確認のケースがほとんどという状況になって現れている。このような多忙な状況下では，ケアマネージャーは研修に参加できないし，研修費用も自費負担となり，ますますケアマネージャー就業者が減少すると予想される。

§4　介護従事者の職業としての魅力

　介護報酬の改定による介護給付の低下は将来にわたり恒常化することが決まっている。

介護給付の制限・抑制は，福祉産業経営にさらなるコスト削減を求め，結果として介護従事者の内，特にサービス提供の主役であるヘルパーのパート・派遣化がさらに進むと推察される。この全体的に賃金が低い状況が職業としての魅力を下げることはいうまでもない。その上，政府はホームヘルパーに介護福祉士の資格取得を義務づける方針を発表し，一方では，政府は介護分野にフィリピンの労働者を当てることも決めている。これは日本のパート・派遣希望者の減ることを予測しての，代替案を考えているとも理解される。これらのことが，介護従事者の正社員に，外国人労働者の管理を含め，介護予防の指導スキルアップなどさらなる負荷をかけることと予測される。

すなわち，保険給付対象の福祉産業は人的資源の供給面で大きな行き詰まりを予測させるのである。

§5　福祉産業の知的業務の増加

介護従事者の職業としての魅力は，低下傾向にある。その理由は，下記の法整備の充実と利用者ニーズの高度化から職員の能力アップ（知識・スキルを含むコンピテンシー），知的業務（インテリジェント・ワーク）が求められつつある一方で，各事業所では職員の研修体制が非常に乏しく，賃金を含む労働条件も良くないという反比例の現状があるからである。この職務の高質化・職務の知的労働化と労働条件とのギャップの拡大は，介護保険対象サービスのミニマム化に拍車をかけると推察される。

(1) **法整備の充実**
① **障害者自立支援法（2006年4月施行）**
身体障害・知的障害・精神障害障害など障害の種類に関わらず市町村の審査により認定されたものを対象に自立支援の雇用から医療サービスを提供すると

いうものである。介護保険制度との一体化で給付の枠が広がることで総論では賛成されつつも，従来の障害者（難病・小児慢性特定疾患など）からは自己負担が増え，生活苦からとても耐えられないという声が上がっている。資産状態までの厳しい審査を受けても給付がニーズと合わない，先天性心臓疾患は対象から外れる，食費負担は介護と同列に扱うべきではない等，厳しい反対意見もある。問題は，ケアマネージャーが認定の担当となる点である。身体・知的・精神の障害に認定ができる能力（体力的及びスキル）が多忙で「サービス担当者会議」も満足に開催できないケアマネージャーにあるであろうか。政府は身体障害者ケアマネージャーを新設しているのは，スキルの上で現状のケアマネージャーに兼務させることは無理であることを理解していたようであるが，その身体障害者ケアマネージャーは現行のケアマネージャーが「6日の講習」で認定される。そのような身体障害者ケアマネージャーになる人が多くいるか，それで障害者ニーズに適したケアプランが作成できるかなど疑問点が多い。

② **高齢者虐待防止法（2005年11月成立，2006年4月施行）**

これまで高齢者に対する虐待（身体的・性的・心理的・金銭物質的虐待と放任・放置など）は利用者が家族や施設に気がねをして我慢したり，ケア提供者や家族が隠蔽するなどして顕在化しないことが多かった。高齢者虐待法は，明らかに虐待のあることを認め，高齢者の人権保護に乗り出した点において一歩前進した。その規定は，国や地方公共団体の義務を定めるに止まらず，早期発見・通報・高齢者の保護・立ち入り検査・警察への援助要請・面会制限・罰則と詳細に及んでいる。

このことにより，従来訴訟となるケースは稀であったが，団塊の世代が高齢化することで意識構造も変わり，損害賠償訴訟も増加すると予測される。介護従事者も損害賠償に備えた保険への加入や日常業務においても誤解のない行動マニュアルを含む対応策を事前準備しなくてはならない。ケアマネージャーも虐待の第1発見者となる可能性が高く，市町村への通報を心がけねばならない等，法律を熟知し，行動できるスキルと業務上の注意が要求される。

(2) サービス・ニーズの高度化

① 介護保険に期待しない利用者

1970年代以降日本は，豊かな国のメンバーに参加するほどに経済発展を遂げた。それに伴い住民の意識構造も明日の生活の糧を心配する必要が少なくなったことから，より快適さを求める「満足の文化」が定着した。介護を受ける者の意識構造も最低限度のケアを受けることで満足しない時代，ニーズの多様化の時代を迎えている。その意味では，介護保険対象サービスに対するニーズが縮小するのは時代の趨勢ともいえる。裕福層がより高質のサービスを求める傾向は静かに拡大している。福祉産業がそちらに雪崩を打って傾斜したら保険制度はどうなるかということを真剣に検討すべきである。

② 介護事故対策と従事者の危機管理対策

虐待だけでなく，介護における事故で訴訟となるケースが増えている。特に従事者の誤操作による事故は作業の標準化や訓練による防止である程度予防できる。しかし，予期せぬ場所での転倒での事故で大腿骨骨折〜歩行困難〜寝たきり〜死亡というケースが高齢者に多いことから，危機管理対策と注意はこれまで以上に要求される。

〔参考文献〕

小林篤子　『高齢者虐待』中公新書，2004年。
副田あけみ編著『介護保険下の在宅介護支援センター』中央法規出版，2004年。
厚生労働省　『障害者自立支援法』　ホームページ＜http://www.mhlw.go.jp/topics/2005/02/tp0214-1.html＞。
ILO駐日事務所『世界雇用報告2001年版』新聞発表資料，2006年
　＜http://www.ILO.org/public/japanese/region/asro/tokyo/new/2001_03.htm＞。

（小島　理市）

第9章

共助・NPOに期待されるもの

───＜本章の要点＞───

❶ NGO（非政府組織）とNPO（非営利組織）は，ともに民間非営利組織であり，政府からの統制を受けない自立的な点で共通している。しかし，活動する場所が海外（NGO）と国内（NPO）に分かれている。

❷ 第二次世界大戦後，先進各国で一般化した福祉国家論は，1980年代後半から批判対象とされてきた。今日，福祉社会論がこれにとって代わった。その中軸概念には「市民民主主義」という協同主義が不動のものとなっている。

❸ NGO，NPOは地域福祉活動においてどのような取り組みをしているのか。地域福祉は「相互扶助」の精神を基本としており，NGO，NPO（協同組合を含む）は最適なシステムである。それぞれの実態をレポートする。

❹ 理想的な福祉サービスの供給は，利用者・供給者の一体となった「共同生産」が，その質を高める。親が参加する，スウェーデンの保育協同組合の実例を検討する。エコマネーは，コミュニティ全体の善意に基づく「共同生産」であり，その理念をみる。

❺ 欧州では，協同組合・共済組織・アソシエーション（NPO）を民間非営利の「社会的経済セクター」として分類している。経済学は，過去，これをどのような視点から分析してきたのかをみる。さらに，最近のNPM（New Public Management）やPPP（Private Public Partner）の視点から，公共部門と民間部門の協働について論じる。これにより公と民が連携して，公平性と効率性の調和を実現しようとしている「政策連携」が理解できる。

§1　NGO・NPOの仕組みと役割

1．NGO（非政府組織）

　NGO（non-governmental organization）は本来，国連の経済社会理事会が定めた民間の国際諮問機関を指す用語である。国連憲章第71条では，「その権限内にある事項に関係のある民間団体と協議するために，適当な取り決めを行なうことができる」と規定している。これにより国連との協議資格を与えられた組織が，経済社会理事会NGOとして認定されてきた。営利を目的とする組織や政党は除外される。

　現在では，国連NGO以外に国際協力活動を行なう民間非営利組織も，一般にNGOと呼ばれている。日本の「特定非営利活動促進法」（通称，NPO法）では，NGOが，NPOの一分野である「国際協力の活動」を行なうと規定されている。NGOは，NPO法に包含されており，「NGOはNPOより格が上」というのは俗説である。

2．NPO法[1]

　NPO法は，1998年12月から施行され，2006年10月末で30,772団体が全国で認証されている。最近では，毎月平均して300団体余の増加である。NPO法では，「公益の増進に寄与する」（第1条）ことを目的にしている。設立に当たっては10人以上の「社員」（会員）を必要とする（第12条）ほか，「役員」は理事3人以上，「監事」1人以上を置かなければならない（第15条）。そして，役員

---

[1]　NPOはnonprofit organizationの略で，非営利組織を意味する。

のうち報酬を受けるものの数は，役員総数の3分の1以下（第2条）と規定されている。つまり，役員総数の3分の2以上は無報酬である。これは，NPOが「営利を目的としない」（第2条）と規定されている通り，非営利性（利益の非配分原則）とボランティア（無報酬）の側面を有している結果，これを法的に裏づけるためにつけられた要件である。専任スタッフ（事務局職員）は，報酬を受け取れる。

3. NPOの活動分野

日本のNPO法人は，「宗教・政治の活動を禁止」（第2条）されているが，その活動分野は2003年5月に当初の12から17分野へ拡大された。その内容は，次の通りである。

①保健・医療・福祉，②社会教育，③まちづくり，④学術・文化・スポーツ，⑤環境，⑥災害，⑦地域，⑧人権・平和，⑨国際協力，⑩男女共同参画，⑪子ども，⑫情報化社会，⑬科学技術，⑭経済活動の活性化，⑮職業能力開発・雇用機会拡充，⑯消費者保護，⑰前各号の活動を行なう団体の支援。

これら17分野のうちで，もっとも多くのNPO法人を数えるのはどの分野か。2006年9月末時点の内閣府調査（複数回答を含む）によると，保健・医療・福祉関係が57.8％である。2位は社会教育の46.5％，3位はNPO法人への支援で44.9％である。保健・医療・福祉の分野が首位であるのは，2000年度から介護保険制度が発足して財源手当ができたこともある。さらに，NPOという地域密着でしかも非営利性という事業形態によって，利用者からの信頼を得やすかったことも大きな要因であろう。

4. 社会的経済セクター

EU（欧州連合）は政府部門，企業部門とは別に，非営利民間組織として「社会的経済セクター」（サード・セクターともいう）を支援する政策をとっている。これは1989年に，当時のEC（欧州共同体）委員会が，第23総局の第4部局と

して「社会的経済部局」を設置したことに始まる。その主旨は，EU の経済統合によって引き起こされるであろう社会問題を解決するには，域内共通の社会政策が必要になるという認識に基づくものである。

「社会的経済セクター」には，協同組合，共済組織，アソシエーション（NPO に当たる）を包括している。ヨーロッパでは，協同組合のウェイトが大きく，アソシエーションの規模は小さい。この「社会的経済セクター」は，社会的目的をもった自律組織であり，会員の連帯と1人1票制を基礎とする会員参加を基本的な原則としている。これを要約すると，①開放性（自発性に基づく加入・脱退の自由），②自律性（自治組織），③民主性（1人1票制），④非営利性（投機的利益排除と資本に対する人間の優位性）（富沢〔1997〕）である。①と②は組織原理，③と④は運営原則とされている。

5. アメリカの NPO

日本の NPO 法の先行モデルになっているアメリカの NPO は，サラモン（Salamon, L. M.）によって，次のように6つの固有な特徴が挙げられている。つまり，①公式に設立されたもの，②民間（非政府機関），③利益配分をしない，④自主管理，⑤有志（ボランティア）によるもの，⑥公益のためのものとされている。ここで問題になるのは，ヨーロッパの「社会的経済セクター」が協同組合の会員に利益配分（利用者への剰余金割戻し）を認めているのに対し，アメリカ NPO はこれを認めないことである。アメリカ流に解釈すれば，協同組合は非営利組織でなくなる。

この矛盾は，アメリカ NPO が内国歳入庁によって，利益配分するものは NPO と認められず，税法上の特典を与えられないことにある。一方，ヨーロッパの協同組合は，1844年に設立されたイギリスのロッチデール公正開拓者協同組合以来，組合員（加入・脱退は自由）の利益を守ることを原則として，協同組合組織をヨーロッパのみならず世界中に拡大してきた歴史的背景がある。

---

(2) Salamon〔1992〕訳書，22頁。

ヨーロッパ的感覚からいえば，前の「社会的経済セクター」の基本原則でみたように，非営利性は運営原則であって，組織原則ではない。「社会的経済セクター」の組織原則は，開放性と自律性にあった。つまり，組織についての判断では，その基本原則が優先される。それを受ける形の運営原則に関しては，組織そのものの判断において価値序列が下がるとみられる。ここで吟味すべきなのは，非営利性の解釈に2通りあることである。1つは，事業目的のそれであり，もう1つは，構成員への利益非配分である。事業目的としての非営利性は，「not-for-profit（利益追求を目的としない）」である。その点では，協同組合もアメリカNPOもまったく同じであるから問題を生じない。そうなると，協同組合構成員への利益配分は，事業目的そのものが非営利性原則に立つので，余剰である果実は極めて小さくならざるを得ない。したがって，協同組合員への利益配分も問題視するに及ばないのである。

そうなるとなぜ，アメリカ内国歳入庁がNPOの利益配分にこだわり，これに目を光らせているのかである。もちろん，税法上の特典を与えているためもあろうが，内国歳入庁は利益非配分を法的に担保して，NPOのステイクホルダー（関係者）に経営面での「安心」をもたらそうという，意図せざる側面も否定しがたい。しかし現実には，非営利組織の利益配分の方法は25通りもある（Pestoff〔1998〕）という。利益配分問題については，規定の有無が問題ではなく，会員によるチェックの有無こそが重要である。

§2 福祉国家から福祉社会へ

1. 福祉社会への模索

第二次世界大戦後，イギリスを筆頭に先進各国は，「揺りかごから墓場まで」の福祉国家建設に転換した。それまでの社会政策は主として非公式部門（家族）

や民間非営利部門（ボランタリー・セクター）が担ってきた。それらの足らざるところを公的部門（政府）が補う意味で，「残余的」なものにすぎなかった。こうした社会政策のあり方は，「残余モデル」と呼ばれてきた。

福祉国家は，この「残余モデル」を「制度モデル」に転換して，社会政策の前面に押しあげた。つまり，公的部門が社会政策の主体となり，非公式部門や非営利部門は後退した。これを可能にしたのは，ケインズの『一般理論』〔1936〕の登場とともに，戦後各国で，経済成長政策が採用されて，福祉国家の運営に必要な財源確保に成功したからである。だが，1970年代の2度にわたる石油危機の発生は，それまでの高い経済成長率を屈折させ，国家財政を赤字に転落させた。同時に，高い経済成長が地球環境破壊をもたらしたので，福祉国家批判への声を一層大きいものにした。福祉国家の維持は困難になった。

高い経済成長率の達成による所得水準の上昇は，先進各国の国民意識を変化させた。価値観の多様化であり，国家による全国一律の福祉サービス供給に対して，国民が拒絶反応を示すに至った。ここに1980年代後半から，財政的，環境的，文化的な諸要因によって福祉国家の維持は困難になり，改めて，福祉社会への模索が始まった。もともと，福祉国家は福祉社会，つまり，個々人の自立と共同性に基づく「市民社会」をベースにして，その上に成立したという歴史的経緯がある。それは，かつての福祉社会への単純な回帰ではなく，新しい価値観，それは「市民民主主義」の定着・発展である。

2. 市民民主主義

福祉社会では，§1で指摘したように「社会的経済セクター」が福祉サービス供給の主体になる。その財源は政府支出になるが，その点では福祉国家と変わらない。だが，福祉サービスの多様化やコスト削減を実現し，さらに従来，福祉サービスの「利用者」と「供給者」は別々の存在であったが，今後，一体化した福祉サービスの共同生産システムを構築するようになる。つまり，「市民民主主義」が福祉社会の中枢概念となるが，それは次のような内容である。「市民民主主義は民主主義の波であり，市民的諸制度と対人社会サービス（福

祉サービス)の民主化に基盤を与える」(3)と意義づけている。市民民主主義は，市民の社会参加や連帯などの公共的倫理を維持していくために不可欠で，これらの定着・発展が硬直化した福祉国家を若返らせるとみている。

3. 21世紀の福祉サービス供給

　21世紀の福祉サービス供給は，「市民民主主義」の立場から，非営利の社会的経済サービスによって行なわれるのがよりよいことだとされている。社会サービスの供給者も利用者も一体となった，「支え・支えられる」という関係性が組織として定着すれば，「市民民主主義」が実現する。福祉サービスの特徴を挙げると，次のようになる。①人間的相互信頼性，②社会的専門性，③地域生活性，④基本的生活インフラ性（藤田〔1999〕）。詳論すれば，①は福祉サービスの性格上細やかさが求められる。それには，供給者・利用者の双方に厚い人間的信頼性が必要になる。②は利他的で社会的な性格の強い特有の専門性が求められる。③はサービスが日常的に行なわれるので，地域独特の生活性が存在する。④は人間の養育期と老齢期に不可欠な，もっとも基本的生活上のインフラである。

　福祉サービスの内容は，家事，介護サービス，デイサービス，移動サービス，食事サービス，施設入居者支援サービス，子育て支援サービス等に分類されている。いずれも，日常生活の延長に位置しており，日常の生活技術がそのまま適用できる分野でもある。したがって，前記4つの特質のうち②の社会的専門性を除けば，いずれも日常の生活技術の範囲内である。②を意味する専門的スタッフを補足する利用側としてのボランティアによって，福祉サービスの供給，つまり，福祉サービスの共同生産が可能になる。

---

(3) Pestoff〔1998〕訳書，29頁．

§3　NGO・NPOと福祉活動

1. 海外での保健・医療活動

　NGOの福祉活動の1つは，保健・医療活動である。発展途上国にしっかりと腰を落ち着けて現地の人々と信頼関係を築き，地域の風土病の撲滅に努力している。この結果，最先端の医療技術よりも，現地の事情にあった医療の提供が主目的である。公衆衛生の観点からは，生活インフラの整備が求められ，飲料水・トイレ改善などにも力点が置かれている。パキスタンの北西辺境で「地域医療」と「保健衛生」のNGO活動を長年行なっている1人が，中村哲医師（ペシャワール会所属）である。2002年のアフガニスタン戦争時には，その活動ぶりがマスメディアで紹介され，お茶の間で多くの日本人がそれを目の当たりにした。2003年には，同医師がアフガニスタンで簡易水道工事を自ら行なって，「保健衛生」活動に汗を流す姿も紹介されている。これがNGO活動の原点ともいえる。「利害にとらわれずに活動を続けるには，慎重を期さねばならず時間がかかる。しかしここで初めて，現地のニーズにかなった医療活動ができる」のである。

2. ウェイトを高める介護活動

　国内におけるNPOの福祉活動は，2000年度からの介護保険法の発足に伴ない順調に推移している。介護保険スタート時には社会福祉事務所系が強みを発揮していた。その後は，NPOの介護活動が着実にそのウェイトを高めている。その理由は，福祉サービスに心を通わせているという，ごく当たり前のことにつきるようである。在宅介護サービスは30分，1時間単位の作業である。

NPOの場合，規定時間を若干オーバーしてもサービスを切りあげず，区切りのつくまで作業を継続して利用者の信頼を得ている。ただ，「サービス残業」になる懸念はあるが，多少のオーバータイムは「ボランティア精神」で処理しているようである。NPOの福祉関係者は，「訪問介護事業の3割程度のシェアをとれれば，ほかの福祉事業者にも大きな影響を与えられ，介護サービス全体の質の向上につながる」としている。

3. 民間による地域福祉活動

日本のNPO法人は2006年末には3万を超えたが，その活動は次第に地域に根をおろしはじめた。ただ，それらのケースに共通しているものは，地方自治体とNPOなど民間とのコラボレーション（協働）である。そのなかから一，二の例を上げておこう。以下の二例は，日本経済新聞の報道による。

香川県詫間町（人口約1万5千人）では，町のスポーツ施設「たくまシーマックス」を民間に経営委託したが，入場者が開業6年余で2百万人を超えて盛況である。町の人口から見ても，この入場者数は驚異的であり，「民」の経営能力がいかんなく発揮されている。経営を民間委託した理由は，「町民の運動が生活習慣病などを予防して，それが医療や介護費用を抑制する効果の他，一般会計から施設運営費を補助しなくても成り立つ自立経営を目指した」としている。公共施設の自立経営と町民の健康増進という狙いは，見事に成功したといえる。

手厚い福祉サービスと民間委託で知られているのは，愛知県高浜市（人口約4万2000人）である。ここでは，市をあげてNPO法人の育成強化に取り組んでいる。目的は，「NPOをたくさん作り，市民の自立意識を高めて地域を支え合いながら暮らす仕組みを取りもどす」ことにあった。その地域単位は小学校区であり，夜間パトロールや，市立公園の管理代行などを行っている。これら市の取り組みを実現させるべく，すでに市では「まちづくりパートナーズ基金」を創設している。毎年，個人市民税の1％と民間からの寄付金を積み立て，NPOの設立支援や人材育成などに当てている。2005年度までにこの基金で3

つのNPO設立を実現させた。

§4 地域福祉サービスと「共同生産」

1. スウェーデンの保育協同組合

　21世紀型の福祉サービスは，サービスの供給者と利用者による共同で，サービス生産に当たるのが理想であることをすでに指摘した。その具体例を，スウェーデンの保育協同組合の例においてみておこう。スウェーデンの保育協同組合は，親を組合員とする「利用者（消費者）協同組合」と，保育者を組合員とする「職員（労働者）協同組合」がある。多数を占めるのは前者である。保育協同組合が急増した理由は，1980年代の出生率の急上昇と，労働需要の増加による共稼ぎ世帯の増加が原因で，政府による保育所建設計画が追いつかない事態になったことによる。こうして自然発生的に，保育協同組合の新設になった。同保育所の規模は小さく，3〜4人の保母に15〜18人の子どもという規模が大半である。運営上の特徴は，父母の保育への積極的参加であり，週1回の保育参加を義務づけているところもあるほどである。財源は，経常費の8割が自治体の助成金，2割が親の私費負担である。保育内容については，父母の積極的参加に裏づけられて，満足度が高いものになっている。
　こうした「共同生産」である保育協同組合の場合，利用者の協同組合参加が，保母の労働環境の改善に大きく寄与しているというデータがある。「大多数の女性が，地方自治体の保育サービス施設よりも，社会的企業（保育協同組合）で働きたいと考えているのは明らかである。自主性・自己裁量性が大きくなり，仕事の中の人間関係が良好になることを示唆したものである。

2. エコマネーと地域福祉

　福祉サービスの共同生産という視点からみて，「エコマネー」（あるいは「地域通貨」など呼称は多種多様。アメリカでは，「タイム・ダラー」「LETS：local exchange and trading system」等と呼ばれている）も重要な役割を果たす。この「エコマネー」が法定貨幣と異なるのは，流通範囲の限定もあるが，根本的に違うのは貨幣の機能に関してである。法定貨幣の機能は一般的に，①交換手段，②価値尺度，③価値貯蔵手段である。エコマネーは，このうち，③の機能を欠いており，ため込んでも利息はつかない。

　このエコマネーが，なぜ地域福祉と関わりがあるのか。市民民主主義である市民参加と連帯を象徴する「社会的資本」（経済学で用いられている社会的共通資本の意味でなく，相互信頼，市民道徳など，社会学的な意味に使っている）を基盤にして，地域福祉を振興させるからである。「あらゆる人の時間が，同じ価値を持つことになる革命的な世界」によって，人間の善意はみな同じ価値であることを示している。非市場経済である贈与社会における人間の価値（人間としての本来の価値）を，市場経済における経済的価値から引き離そうとする思想に基づく。換言すれば，高い報酬を稼ぐ弁護士の1時間も，稼ぎがはるかに少ない市井人の1時間も，善意では同じ1時間の価値である。人々の無償の善意がコミュニティを1つにし，心も経済も活性化させる。

　これによって，人間の眠れる非経済的な潜在能力が活性化される。エコマネーの根底には，人間は誰でも他人のために役に立てる，という意識が存在している。エコマネーを媒介にして，地域における「助け・助けられる」関係性をつくり出し，本当の意味での「コミュニティ」（feel at home と welfare の両面を備えている）が生まれる。

3. PFI/PPP による医療サービス供給

　すでに指摘したように福祉国家は破綻して，福祉社会に移行している。福祉

社会においても福祉に必要な財源は政府が支出するが、そのサービス提供を民間に任せて、国家はそのサービスを「購入する」形態をとるものである。福祉国家時代はサービスの「提供」も「購入」もすべて国家が行った結果、非効率、官僚化といわれる問題を生みだして慢性的な赤字経営に陥った。その解決方法として、PFI（Private Finance Initiative）方式により、民間資金によるサービス生産を国家が購入するというシステムに切り替えて、非効率と官僚化の弊害を解決しようとした。これが現在は発展して、PFI/PPP（Private Public Partner）方式に拡大している。

これに先鞭をつけたのがイギリスである。まず、1979年にサッチャー保守党政権は国営事業全般を見直して「民営化」を図った。この民営化とは、国有事業を民間に売却するものである。この民営化が一段落した後、サッチャー政権を受け継いだメジャー保守党政権は1992年、PFIの採用によって、民間資金を国営事業に取り込むシステムを作りだした。これは、公的な枠組みの下で民間資金によるサービス生産を公的部門が購入するもので、主導権は公的部門が握っている。

1997年、保守党政権に取って代わったブレア労働党政権は、PFIを継承しつつもさらに、PPP、つまり官民協働による提携を加味して、PFI/PPP方式へと発展させた。保守党政権時代のPFI方式が第一段階（公共事業型）とすれば、PFI/PPP方式は人的要素であるサービスを中心に据えたPFIの第二段階（医療・福祉・教育型）へと進化させたものである。イギリスが生んだ官民協働の「ビジネス・モデル」である。このPFI/PPP方式はＥＵ（欧州連合）全体に拡がっている。こうして完全に福祉国家は姿を消し、福祉社会へと転換したといえる。

§5 経済学における協同組合論の系譜

1. スミスの描く人間像

イギリス産業革命期（1760～1830）の初期に登場した「経済学の父」，アダム・スミス（1723～90）が描いた人間像は何であったのか。アダム・スミスは『道徳情操論』〔1759〕と『国富論』〔1776〕によって人間の経済行為は単純な利潤追求ではなく，人々の「同感・共感」(sympathy) という感情に支えられているとした。つまり，自分の行為を反省し，相手の立場を是認したり，否認したりすることによって，利己心の暴走を抑制できると考えていた。スミスはこういっている。「人間社会のすべての成員はお互いに助力を必要とする。同様に，お互いに危害を加えられる危機にさらされている。必要欠くべからざる助力を，相互に愛情・友情・尊敬などに基づいて支えあう社会は，繁栄し幸福である」。スミスは，「同感」に支えられた私益追求は，結果的に公益になるとしたが，彼の思想には，倫理に裏づけられた自由競争と，今日でいう「協同主義」がかたく結びついていた。

2. 協同組合運動の始まり

産業革命がその全貌を現した1830年代に，ロバート・オウエン（1771～1858）は綿紡績業での輝かしい成功を足がかりに，幅広い社会改革運動に乗り出していた。オウエンは後に，「協同組合運動の父」とか「イギリス社会主義の父」等と称せられたが，晩年は極めて不遇であった。スミスが幸福な一生を送ったのとは対照的に，オウエンはすべての既存の宗教批判をしたことにより，支配者階級から強い拒絶にあった。しかし，労働者階級によって彼の所説と実

践活動が受け入れられ，多くの信奉者が彼の信念を支持した。世界最初の協同組合であるロッチデール公正開拓者協同組合（1844年）もその1つである。世界に協同組合を普及させる雛形になった。

　オウエンが，かつて綿紡績工場を経営していたとき，経済的にも悲惨な労働者の生活をみて，その改善には良質で，まがい物の混じらない製品を，市価より安く販売することが先決であると判断した。これが，協同組合精神として今日も，世界で連綿として引き継がれている。彼を，「協同組合運動の父」と呼ぶのは当然である。もう1つ，現在にまで生きているオウエンの思想を挙げると，エコマネーの原型である「労働銀行券」がある。正式には，「労働交換所」（1832年）といわれている。その設立主旨は，生産者も労働者も，中間商人に搾取されないようにするためには，生産物の交換の標準として労働時間を基準にする。その新しい労働価値の標章には，労働時間を表す紙幣を用いればよい，とした。アイデアはよかったがその2年後，人間労働が各人様々にその質を異にしており，それを労働時間のみで一律化したため，「労働交換所」は姿を消した。しかし，労働者が搾取されないために今日，その試みは，ワーカーズ・コーポラティブ（労働者協同組合）として成功している。その典型例は，第2次世界大戦後に起業したスペインのモン・ドラゴン協同組合である。労働者が，資本を支配するというオウエンの夢が実現した。

3. 非営利組織の課題

　ロバート・オウエンと同時代人であるジョン・スチュアート・ミル（1806～1873）は，オウエンの講演を直接，聞いている。オウエンの主張が，ミルの経済学に反映された。ミルの『経済学原理』〔1848〕は，古典派経済学の統合者としての地位を与えられているが，第4編第7章は「労働者階級の将来の見通しについて」である。そこでミルは，強い人間的敬愛と，利害を度外視した献身とに満ちた社会形態の中には，自然的に魅力を感じさせる何ものかが存在するとした。さらに，近い将来，協同組合の原理によって1つの社会変革にたどりつく。社会変革の途とは，個人の自由と独立と集団的（協同的）生産の道徳

的，知的，経済的な利益を兼ね備え，民主的精神がいだく最善の抱負を現実化する途である。ミルは，協同組合主義に社会変革の役割を期待した。

アルフレッド・マーシャル（1842～1924）は新古典派経済学の創始者とされるが，『経済学原理』〔1890〕で協同組合への評価を述べている。また，イギリス協同組合協議会の会長を務めており，実践活動にも関心を寄せていた。マーシャルが協同組合に期待した理由は，大規模株式会社や国営企業において，経営リスクの負担者である株主や納税者が，諸々の情報を十分に把握していないことを指摘している。協同組合企業は従業員が同時に企業の所有者であり，絶えず経営チェックが可能である。経営執行部の公正，有能さについても，内部からの批判が可能であるとした。そして，「今後，協同主義の真の原理についての知識が普及し一般の教育も進んでいくにつれ，協同組合員が日一日と数多く事業経営という複雑な課題にとりくむのにふさわしいものになっていくことを期待したい」と述べている。これは，非営利組織の課題であろう。

4.「政策連携」の経済学へ

アルフレッド・マーシャルは前述のように，大規模株式会社や国営企業の経営上の問題点を指摘した。これを「矯正」するものと期待した協同組合企業にも経営能力に問題あり，とした。

ここでは国営企業の非効率性を是正するには，民間の効率経営手法を導入する手段として，NPM（New Public Management）が注目されるに至った。PFIやPFI/PPPがそれである。NPMの具体的内容は「政策連携」（上山信一氏の造語）ともいえるが，次のような内容である。「政策連携」は，近代官僚制と議会制民主主義のもたらした硬直性に対する一つの答えであり，国家の事業をこれら硬直性の桎梏から開放させて，再編成することを意味する。これまで政府の同一部門として扱われてきた，政策立案部門や執行部門をそれぞれ分離させて，後者をエージェンシー制（独立行政法人）として独立させる。すなわち後者は，執行原理と目標管理の手法で律するものである。

ここで重要なのは，執行原理と目標管理という純民間経営手法が採用されて

いることである。エージェンシー制は，公的な社会問題の被害者を課題解決の最大の当事者に転換させることでもあり，民間部門（執行部門）の視点から公的部門（政策立案部門）とリンクさせ，資金の流れ方（税金と寄付金）をこれにそって変えることが必要になる。近代官僚制と議会制民主主義のもとで決定されてきた資金の流れ（歳入と歳出の一本化）から，税金と寄付金を噛み合わせた複線にした資金の流れが不可欠である。「政策連携」とは，社会問題の解決を図るために，公的枠組みを維持しつつ，民間部門に効率的なサービス生産を委ねることである。

　ミルやマーシャルの強調した協同組合論は，NPM論として新たな展開を見せ始めている。つまり，公的枠組みを守りつつ，民間の創意工夫を生かした効率的経営によって，公的経営に革新を持ち込んだからである。

〔主要参考文献〕
川口清史〔1999〕『ヨーロッパの福祉ミックスと非営利・協同組織』大月書店。
富沢賢治〔1997〕「新しい社会経済システムを求めて」富沢賢治・川口清史編『非営利・協同セクターの理論と現実』日本経済評論社。
藤田暁男〔1999〕「福祉の非営利組織における利用者とスタッフの組織問題」川口清史・富沢賢治編〔1999〕『福祉社会と非営利・協同セクター』日本経済評論社。
宮瀬睦夫〔1962〕『ロバート・オウエン』誠信書房。
上山信一〔2002〕『「政策連携」の時代』日本評論社。
Pestoff, V. A.〔1998〕*Beyond the Market and State*（藤田暁男ほか訳〔2000〕『福祉社会と市民民主主義』日本経済評論社）.
Salamon, L. M.〔1992〕*America's Nonprofit Sector*（入山映訳〔1994〕『米国の「非営利セクター」入門』ダイヤモンド社）.

（勝又　壽良）

第10章
経営理念・戦略の重要性と外部ネットワーク

──＜本章の要点＞──

❶ 福祉産業では経営理念・経営戦略をもたない場合が多い。原因は，非営利の福祉事業の歴史が長いこと，公的保険による支払制度への依存，市場が若く競争が激しくないこと，などがある。

❷ 今後競争の激化が予想され，高度なマネジメント・スキルが要求される。
　今後拡大する市場は競争激化と多様性を増す。それに対応するには，明確な「経営理念」に基づく「経営戦略」とさらに具体化された「経営計画」の下に，PDC（Plan－計画，Do－実施，Check－反省・検討），あるいは，方針－システム－教育，という思考サイクルによりマネジメントがルーティン化されねばならなくなるであろう。

❸ 優れたサービスの供給は経営戦略上重要となる。ネットワークはサービスの質向上に必要とされる。

§1　経営理念と経営戦略

　経営理念は，将来のポリシーや価値判断基準となるフィロソフィー（哲学）およびビジョンが示され，全組織・職員の活動方向を決める。また，社会環境の激変するときや競争激化のときには，職員の行動基準を明確にし，さらに利用者にも理解を得るという重要な機能を果たす。なお，経営理念の内容は下記表の項目が盛り込まれる必要がある。

経営理念──「経営哲学」………事業所の運営，地域活動，サービスについての考え方
「行動基準」………職員に期待される行動パターン
「社会的役割」……事業所が所属する地域社会貢献等の「使命」を表現する
「活動領域」………経営目標や事業分野を特徴づける

　経営戦略は経営理念をさらに具体化した表現をとる。具体化とは数値化された目標（ベンチマーク）や組織別課題の設定や，全組織に横断的な課題とされるプロジェクト等に落とすことである。ここでは，経営戦略を具体的に述べることはできないので，経営戦略に反映される経営理念を述べることとする。
　福祉産業の経営理念には，「社会福祉の基本理念の3要素」（例1参照）は欠かせない。①自立の促進と社会的参加，②生活の質（Quality of Life；QOL）の向上，は社会福祉の基本理念の1つである「ノーマライゼーション」の理念を分解したものである。
　①　自立の促進と社会的参加は，たとえば「リハビリテーションをあらゆる場面に導入する」と戦略を表現した場合には，経営理念の表現要素である「活動領域」（Domain）や「行動基準」（Norms Values）を同時に盛り込めることになる。ある程度の自立計画を事前に提示し，介護目標を契約内容に盛り込むこ

とは「差別化戦略」となる。利用者のあらゆる生活行動の局面でリハビリ訓練が盛り込まれるケア・サービスは，近い将来，普遍化するであろう。

② 利用者のQOLの向上は，事故防止対策から競争下における高品質サービスによる差別化戦略にまで展開できる。一般産業における商品の品質と価格はバラエティが非常に豊富である。福祉産業における機器・用具およびサービスの提供は，社会福祉法3，5条の理念に基づき，質の向上は利用者の選択の幅を広げ，利用者満足度に応えるものである。福祉産業の今後は，ますます利用者のQOL向上に応えて，サービスの質の向上をしていくものとなろう。介護保険給付対象外であっても利用者のニーズに合う商品・サービスは求められていくと考えられる。また，③ネットワークによる社会的使命を果たすことは，福祉が地域における医療との連携，ほかの諸福祉施設との連携等による「ケアの継続性」を外部に向かって主張でき，また，他産業との連携で高度なサービスを供給すること等は，福祉産業の性格から信頼性を高めることとなり，最低限の必須事項とも考えられる。そして，経営理念の要件である「社会的役割」(Commitment) をも満たすことになる。

　上記以外に経営理念を挙げるとすれば，「職員の満足度（ES：Employee Satisfaction）」や「経営効率」はぜひ検討していただきたい。「職員の満足度」は福祉サービス産業では，利用者への「無視」「放置」などの「虐待」防止にも大きく貢献できるばかりか，「口コミ」による評判を高め，入所希望者を増やすこととなり，将来に向けての事業拡張への影響や職員のモラール向上にもシナジー効果をもたらす。また，「奉仕の精神や安らぎのある態度で接する」など，独自の経営理念を追加することはその事業所の特色となろう（例2参照）。また，福祉産業は地域密着型の産業であるので，「地域に貢献する」ことは，当然の「使命」（ミッション）となる。したがって，地域の医療機関や福祉資源におけるケア提供者とネットワークで連携すること，地域との「コミュニケーション」も経営理念に織り込まれなければならない。

　経営理念と経営戦略の関連で注意すべきことがもう1つある。それは，経営環境が激変するときには，経営理念と経営戦略との乖離が起きうることである。この乖離が放置されていると，長期的停滞から致命的ダメージの原因に至る。

<例1>
<福祉産業における経営理念の3要素>
①社会的自立の促進と社会的参加。
②生活の質（QOL）の向上を図る。
③ネットワークによる社会的使命を果たす。

<例2>
<その他追加する経営理念>
○やりがいのある職場の創造と幸福な生活を願う。
○効率的な仕事の改善を追及し高い生産性を達成する。
○奉仕の精神と安らぎのある態度で接する。

乖離の原因は，環境の変化に自社の対応ができていないことによるが，下記項目のように組織が機能していないことも挙げられる。
① 経営理念の策定にトップが参加していない。
　「日本型おみこし経営」から脱皮していない事業所や創業者の強いリーダーシップの下で，2世以降の経営者が継承する場合に多くみられる。また，福祉産業への参加動機が経営母体の多角化や高齢者対策である場合には，経営理念が不明確であることがある。
② 経営トップが，経営理念と経営戦略の重要性を認識していない。
　このケースは存外に多い。経営戦略が経営計画に落ちているかチェックがなされていない経営がある。戦術に格別こだわるあまり，抽象的表現の経営理念に意義を見出せないトップも多い。
③ 経営会議体の議題として，定例的（年1回）に乖離状況を検討していない。
　役員が経営会議において，乖離の状況について把握・報告しない場合や，正確さが欠けている場合は，その役員を不適格者とする厳しさが必要である。スピードの時代に年1回程度の検討は最低必要である。トップは定例（月次）の会議のなかでも，格別の注意と情熱を注ぎ，この問題に対するリーダーシップを発揮しなくてはならない。

経営理念と経営戦略の乖離を防止する方法は，環境分析（外部要因）と自社分析（内部要因）がもとになる。戦略における環境の重要性は，アンゾフ（Ansoff, H. I.）の『企業戦略論』〔1965〕，ポーター（Porter, M.）の『競争の戦略』〔1980〕

においてであった。以来，さまざまな手法が開発されているが，よく用いられるのは「SWOT（強み－弱み）分析」と「ポートフォリオ分析」（介護サービスの種類・組み合わせ）である（詳細は第12章参照）。

§2　経営戦略と経営計画

　経営戦略が経営計画に具現化されなければ組織は動かない。また，経営計画は予算の裏づけがなくしては，活動ができない。それらがすべて部門別組織に分解されており，しかも中期計画（3～5年）と年次計画とに「整合性」（congruence）がとられ，予算制度に位置づけされて，差異分析とその対応策が月次決算ベースで検討されることが必要である（図10－1参照）。

　近年，バランスト・スコアカード（BSC：Balanced Scorecard）という経営技法が開発され注目されている。1991年米国のR・キャプランとD・ノートンが開発したもので，「戦略をシステム化」したものといえる。1）戦略推進の柱を，①財務の視点，②顧客の視点，③内部プロセスの視点，④学習と成長の視点，の4つに限定したこと，2）目標を具体化して具体的アクション・プランを作ること―すなわち目標管理のシステム化，3）主要な業績評価指標の事前設定と達成期限の設定，などが骨子である。

　以下に述べる，経営戦略の計画化はBSCによる展開が職員にまで経営理念との関係が図示される点でもボトムアップの体質作りに直結しやすい。福祉産業の事業体は規模が小さいので，小集団活動（チーム）によるBSCの取組みで効果を挙げやすく推奨できる。（章末資料参照）

1. 中期計画

　経営戦略との「整合性」および「乖離」が，定期的（年1回）にチェックさ

図10－1　経営計画策定の手順

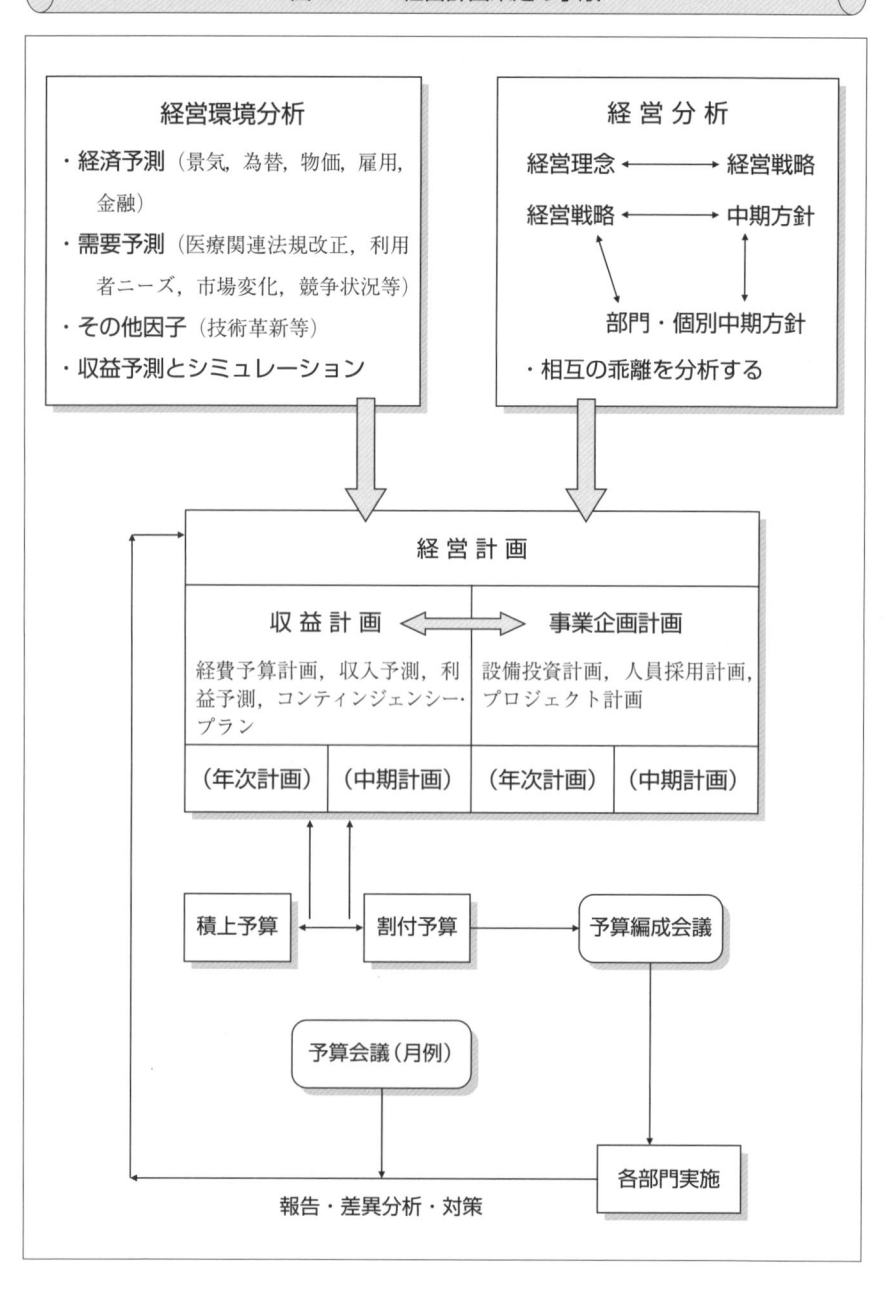

経営環境分析
- 経済予測（景気，為替，物価，雇用，金融）
- 需要予測（医療関連法規改正，利用者ニーズ，市場変化，競争状況等）
- その他因子（技術革新等）
- 収益予測とシミュレーション

経営分析
経営理念 ⟷ 経営戦略
経営戦略 ⟷ 中期方針
　　　↕
部門・個別中期方針
- 相互の乖離を分析する

経営計画

収益計画 ⟷	事業企画計画
経費予算計画，収入予測，利益予測，コンティンジェンシー・プラン	設備投資計画，人員採用計画，プロジェクト計画
（年次計画）（中期計画）	（年次計画）（中期計画）

積上予算 ⟷ 割付予算 → 予算編成会議

予算会議（月例）

各部門実施

報告・差異分析・対策

れねばならない。

　また，事業所全体の経営戦略と部門別経営戦略の「整合性」がとれており，全体の経営計画と矛盾した個別計画は修正されねばならず，また，全体計画で個別計画に反映されない部分があってはならない。内容は収益計画（ABC予算案－A予算・B予算・C予算等幅のある予算を用意）に，設備投資計画，人員採用・育成計画，技術開発計画，不良債権・未収金限度計画等が部門から計量化・集計されて合算される。また，部門別や全体で行なうプロジェクト（合併，多角化，販路拡大，支店開設，役員人数の増減，増資，創立30周年記念事業等）も多面的に将来を展望して詳細に設計されなければならない。そして，これらも「予想貸借対照表（B/S）」「予想損益計算書（P/L）」にシミュレーションされ，経営判断として修正後，承認される。このとき，市場予測，労働環境，技術革新などすべてのファクターが周到に検討されることが重要な点であり，トップ層のマネジメント能力が如実に反映される。数回の会議を経なければまとまらない場合もあるが，訓練により1～2回で決定するように統治されねばならない。

2. 年次計画

　年次計画は経営戦略との関連では，相互の確認はされても「整合性」はとれない。中期計画との「整合性」に集約されるからである。中期計画との「整合性」は，テーマ別達成速度のバランス調整や優先順位である。そのとき，中期計画では漠然としている経済予測が，年次計画では具体的ファクターとして加味できる。福祉産業の場合は，介護保険制度・医療保険制度の改定の諸項目の収益への影響度を計数的に予測できたり，物価・雇用条件・金融（金利・融資状況）の状況も加味することができたり，地域での競合状況などを加えたりすることで，需要予測も中期計画よりさらに精度の高い具体的数値で検討ができる。その後決定された年次計画は年次予算（月次に詳細設定される）に編成されて，設備投資計画も稟議決裁され，通常の予算枠のなかで部門別に実施・展開されていくことになる。

3. 予算制度

　年次計画は年次予算となり，中期計画よりさらに正確な ABC 予算（第2節1.参照）の準備をもって決定され（外部発表として位置づける），月例の「予算会議」（月初より10日以内に開催）において部門ごとに中間報告が逐次なされ，予算と実績との差異が収益・経費・純利益のすべてにわたり分析され，原因究明と対策が検討されねばならない（「予実管理」と称す）。とくに，損益予算での乖離の確認により，早期に対策がとれ，場合によっては期中にコンティンジェンシー・プラン（緊急対策）を発動することもできる。

　予算会議の議長は事業場のトップであり，この会議を通じて，経営全般の情報が把握される。会議において経理部門は月次の B/S, P/L を作成し，月次決算を提示するので，資金繰りの確認から，部門の情報などの進捗状況を把握でき，正確な経営が可能となる。経営者はこれらの情報をもとに，債権者（銀行・株主）や従業員に信頼を得る説明が可能となる（アカウンタビリティの発揮）。したがって，予算会議は役員会と併設することが望まれる。また，各部門の予算は「責任予算」として認識され，毎年のローリング（見直し作業）を通して季節変動の確認やゼロベース予算となる交際費の目的が明確化され，コスト・コンシャス（経費意識）が醸成されていく。このように重要な経営情報を集約し部門のコストコンシャスが育成されるので，予算会議を実施することをぜひ提案したい。

　設備投資などの予算化には，稟議制度を確立しなければならないが，文書によって企画・設計する習慣を職員に定着させることと，事業所の歴史が蓄積されることも将来，組織運営の力として認識されるものである。また，さらに老朽化・陳腐化した機器等を資産台帳から除却もできるので，事業所が複数になる場合の除却洩れ防止もできる。

4. 目標管理

　目標管理（MBO）の詳細は，第13章に委ねる。目標管理の利点は，経営理念・戦略を具体的に各部門に目標として割り付ける面もあるが，究極のところ職員の自発的能力（自己実現）を引き出すことにある。そのことにより一過性の業績ではなく長期の継続的業績，未来志向の経営を目指すことが重要である。したがって，成果主義（イデオロギーとしての）に踊らされることなく，評価制度から導入するのではなく，実質的効果を上げることを期待したい。できれば個人単位よりチーム単位（小集団活動で）から取り組み，成功体験を積んでから個人目標に移行する段階的取組みを奨めたい。

5. トップのリーダーシップ

　経営理念から経営戦略，経営戦略から中期計画・年次計画・予算会議までの一連の作業はトップの重要課題である。このプロセスに細心の注意と情熱をいかに注げるかが経営トップの手腕である。このプロセスへのこだわり方がトップの日常の行動となり，全職員から評価を受け，組織風土となって，事業所の活力となって如実に表れる。

§3　経営戦略と意思決定システム

1. 経営戦略と組織

　福祉産業は若い産業であることを考慮すると，組織戦略も重要な課題となる。

組織を効果的，能率的に運営するためには一定のルールというものがある。それは，①1人の人間がすべてをやることはできない。また，②組織もメンバーが全員同じことをやるわけにもいかない。この役割分担を「分化・差別化」(differentiation) とローレンス／ローシュ (Lawrence, P. R. & J. W. Lorsh) は，呼んでいる。また，③分化した組織を体系化する「調整」(coordination) の役割を果たす者が必要であり，このプロセスを「統合化」(integration) と呼んでいる。リッカート (Likert, R.) によれば，「調整」は中間管理職の役割であり，マネジメントの「連結ピン」（リンキング・ピン）でもある。そこで福祉産業では最低限度，下記3部門の「分化」が必要である。

○ 業務部門……直接収益を挙げる部門

　一般企業では営業とか製造部門であり，福祉産業のサービス業務ではケアに携わる人達を束ねた組織ということになる。

○ 業務支援部門……業務部門が収益を挙げることをサポートする部門

　一般企業ではシステムや購買・調達とか施設・保全の部門である。福祉産業では，機器・用具の購入・教育・地域連携の業務を行う組織ということになる。

○ 管理部門……内部統制・内部牽制，リスクマネジメント，資産管理，資金管理，人事管理（人材，賃金，福利），その他「調整」（コーディネーション）をつかさどる部門

　一般企業では総務・人事・経理の部門の組織をいう。福祉産業ではひとまとめにして事務部門とされている場合が多い。

事業所が大きくなれば，それぞれを細分化する必要が生まれるが，福祉産業の事業所の場合は，上記3部門で対応が可能で，細分化はむしろコミュニケーションを阻害し，機能性を悪化させるので慎重に編成する必要がある。支店の数が多くなれば，本社機能をつくり，管理部門と業務支援部門を集結した方が効率的となる。

以上のように組織の役割が決まれば，部門長には裁量権を与え，してはならないことなどのルール化も必要となる。これらを記載したものが「諸規程」（就業規則，人事規則；職務分掌・権限規程等）である。諸規程の整備で組織はは

じめて生きたものとなるが，伝統を重ねるに従い陳腐化し，制度疲労することがあるので更新が必要である。また，諸規定に連なる「実施要領」「マニュアル」が整うにつれ，組織が硬直化・官僚化し，事業所の環境適用能力が低下することにも注意が必要である。

2. 経営戦略と「会議体」

　組織は分化された同質の集団が，通常定められた業務をルールに基づき着実に実行するため，極めて強力に機能する。しかしながら，不測の事態には逆に対応できず，極めて弱い面をもつ集団である。そして，事業における不測の事態は刻々と変わる環境の変化により，多発するものである。これらに臨機応変に対応するには，情報収集・分析・判断を通常業務とは分けて検討することが，各部門でも経営全体でも必要となる。それが「会議体」であり，「意思決定機構」と称される。

　通常，経営会議（取締役会 or 常務会等）を上部として，「予算会議」のほか，各種委員会がその下に置かれる。会議体は最低限の数が常設され，委員会は例年見直しされ，再編成されている。トップは組織と会議体を組み合わせて，事業所を環境に適合させ，成果を挙げていくものである。

§4　経営戦略とネットワーク

　今世紀になって日本の企業は，業界を越えて競争状態（メガ・コンペティション）となる時代に突入し，盛んにネットワーク化が叫ばれるようになった。福祉産業も例外ではなく，大手企業が参入している。ネットワークの方向性は2つの方法がある。
　① 利用者・顧客の利便性を高めるため，自社の力でネットワークがつくれ

ない事業所は同業者との提携で水平的ネットワークの拡大を選択する。
② サービスの質や商品の品質を高めるために，異業種との垂直的ネットワークを選択する。

1. 地域医療との連携

(1) 地域病院と介護保険施設との連携

以前から医療分野では，高齢者の社会的入院が問題視されてきている。2003年9月に医療法が改定され，急性期病床と慢性期病床の峻別が実施された。それにより一般病院は，介護療養型病床群への移行，療養病棟の増設に加え，緩和病棟・リハビリ病棟・老人保健施設（中間施設数）の経営へと領域の拡大が図られている。その結果，全体的にこれら中間施設数が増え，医療費抑制の観点から，中間施設での入院・入所の期間短縮化も要請されるであろう。結果として，介護保険施設へ経営の座標軸をシフトする中間施設（併設型を含む）も多くなり，介護保険施設は利用者の入所待ちから利用者獲得競争状態になると予想される。その前に中間施設と介護保険施設の連携で，利用者の介護保険施設へのシフトも起こるであろう。また，逆に利用者の身体状況の悪化により介護保険施設から中間施設へ移動が起こる場合もある。

以上のような予測から地域医療と介護保険施設の連携は，さらに進むと考えられる。したがって，介護保険施設は今後中間施設のパートナーを探し，ネットワークをつくらねばならない。パートナー探しの行動開始は早い方がよい。

(2) 介護保険施設と在宅医療・介護との連携

急性期病院が平均在院日数の短縮を求められていることから，早期退院や末期患者の在宅への誘導は急速に進み，在宅ケアがすでに活発化している。

一方，中間施設もまたそれなりに在所期間の短縮化がいずれ求められるであろう。その結果はすべて「在宅」ケアへ移行する。在宅医療の診療報酬（医療保険）が増額されてきていることはその証左である。要介護高齢者は介護と同

時に医療も必要な場合が多く,突然医療が必要になる場合も起こる。現状では,「かかりつけ医」「訪問看護ステーション」が受け皿となるべきであるが,急性期病院には「地域医療連携室」の設置が義務づけられたものの,急性期病院と「かかりつけ医」への連携や,「かかりつけ医」と「訪問看護ステーション」の連携は円滑とはいえない状況にある。「かかりつけ医」の候補者が不足していることや,能力認定等多くの問題があり,政府の方針だけではどうにも進展しない問題が深く横たわっている。当面期待されるのは,医療と介護を同時に提供できる「訪問看護ステーション」である。福祉・介護施設は,在所日数の短縮を迫られる前に,「在宅」における「医療」と「介護」の一貫体制をとることや,もしくは連携で受けてくれるパートナーを必要としている。地域における施設の役割を具体的に描いて,在宅医療と介護との連携を計画的に進めたいものである。

2. 介護施設と在宅介護サービスとの連携 (水平的ネットワーク)

ここでは,介護における施設間,施設と在宅医療・介護サービスの連携を考えてみたい。現状では,特養老人ホーム,デイサービス,デイケア,ショートステイの相互の連携は十分ではない。その原因としては,同一経営母体がこれら施設を一貫して経営しているにもかかわらず,他施設との連携が少ないことが,考えられる。

今後はグループホーム (認知症対応型) も増えることから,グループホームの経営にも乗り出す施設が増えるであろうが,グループホームがさらに小規模で地域密着を目指していることから,横の連携の方が活発となると予測される。この連携は利用者の介護保険施設への信頼性を高めることから,それを視野に入れた検討が重要である。

また,在宅における医療と介護の連携は,ケアマネジャーの手腕にかかっている。ケアマネジャーの調整 (コーディネート) 能力が問題視されているが,とくに医療の理解とコーディネートが,在宅の介護の質に大きな影響を与えることから,ケア・マネジャーの医学知識の修得などが課題である。ケア・マネジャーのスキル・アップは加速度的に問題となろう。社会的入院の解消,およ

び平均在院日数短宿のシワヨセの解消は，すべて在宅の医療と介護の連携にかかっていると言える。そしてその重要な結接点にケアマネジャーがいる。

3. NPO・ボランティアとの連携

　福祉・介護は，もともと欧米においてボランティア活動から出発した歴史がある。欧米では政府にすべてを依存しない，市民社会文化が豊かに存在する。日本はボランティアを醸成する政策が，歴史的に不足している。政府指導型で介護保険制度がスタートしたところに，日本の福祉・介護の弱点がある。

　今後は，ボランティア活動の活性化を促すため，NPO（非営利法人）を活用することが予想される。NPOは雇用促進効果もあり期待されるところが大きいが，行政の対応も含め未知数の部分も多々ある。しかしながら，福祉・介護の生産性をも考慮するならば，ボランティアとしてのNPOの活用を戦略的に展開すべきである。介護施設の「優先的入所権」や「介護技術研修・ヘルパー資格取得」が，ボランティア活動に参加している人々に与えられることは，インセンティブとなる。また，在宅介護でも生活家事介護などをボランティアに委任することで，生産性をも改善されるであろう。

4. 流通ネットワーク

　福祉機器・用具・材料，保健食品の製造業者は，既存の流通経路に乗らないことから新しい流通経路を求めている。既存の流通経路では介護施設に定時納入する流通業者が少ない。一方，在宅療養の利用者および家族は，薬局・コンビニ等へ行くしかない。いずれも，需要が少量多品種であることや，信頼できる相談やアドバイスが必要であることから，どの業者も効率の上から忌避するケースが多い。したがって，製造業者は小売業者（電気屋や米屋など）との連携を模索し，通信販売なども行なっている。介護老人福祉・介護保険施設でも需要の比較的大きな購入福祉用品・資材でも，業者の訪問頻度が少ない。地元業者と連携して，高い頻度で訪問できる業者を流通業者として育成することも，

第10章　経営理念・戦略の重要性と外部ネットワーク　153

図10-1　特別養護老人ホームのバランスト・スコアカード（BSC）（モデル参照例）

戦略	戦略マップ	戦略的目標	重要成功要因	業績評価指標	H19年実績	H20年目標	アクションプラン
顧客の視点	在存意義の確保	地域存在意義の確保	中期経営計画策定	計画策定	―	H20・3	部門別計画→全体計画→部門別計画
	福祉水準の向上	地域福祉水準の向上	年次計画策定	年次計画策定	―	H20・1	部門別計画→全体計画→部門別計画
	地域信頼度の向上	地域信頼度の向上	情報公開	広報誌1000部発行	―	H20・4	ヒヤリ・ハット報告と対応
			相談会の開催	予算・担当・サポート計画			住民との懇談・質疑応答　地域病院・介護施設との懇談
	利用者のQOL向上	利用者のQOL向上	入所待ち改善	新規入所者数（人）	10人	15人	対象者へのトレーニング計画
			自立リハビリ強化			5人	
			利用者満足度向上	家族訪問を増やす	平均1回・3ヶ月	1回・2ヶ月	希望訪問時間帯・時間の把握
				家族へのアンケート		2回	利用者の苦情、ケア者への不満
財務の視点	利益確保で職員の安心確保	健全経営の確立	経常利益の確保	経常収支比率（%）	前年比98.5%	105%	懇談会・監査部門での苦情受付・管理職教育
			職員定着率向上	パート・新人・ベテラン	○○%	○○%以下	担当者別課題設定・チーム別課題発表会実施
内部プロセスの視点	業務の効率化　ケアの質向上	介護の質の向上	TQMの実施　サービス目標の管理	行動改革運動の実践	3項目 80%達成	4項目 60%達成	「ほほ笑み」「チームワーク力」を讃える風土づくりを目標
		業務の効率化	業務の標準化	職務分析の実施	―	H20・4	ムリ・ムダ作業の抽出
			技能向上で生産性向上	職務充実の実施	―	H20・5	同一業務2年以上の職務見直し
				作業標準時間の割り出し・目標設定			主要業務5項目の標準時間計測・目標設定・訓練プログラム作成
学習と成長の視点	組織風土の活性化　人材育成・確保	人材育成・確保	人的資源活用計画作成	プロとしての自己課題設定	―	H20・6	職務分析を通じて目目標の設定　キャリア・ラダーの導入
		組織風土の活性化	全社行動改革	「ほほ笑み」の励行　管理職のコーチングを評価項目	―	H20・4	同僚評価の導入　職員による評価の導入

（出所）筆者作成。

検討視野に入れて運営しなければならない。また「調剤薬局」がケアマネジャーや理学療法士などの資格をとり,「かかりつけ薬局」として,相談に乗り,介護用品を販売することが社会システム完成への至近距離にある。このような用品・用具の供給側とのネットワークは,重要なものとして評価されるようになるであろう。

〔主要参考文献〕

田中勝司〔1992〕『経営計画とトップの革新』ぱる出版。
横内正利〔2001〕『「顧客」としての高齢者ケア』日本放送出版協会。
経営書院編〔1995〕『職務権限規程とつくり方』経営書院。
Likert, R.〔1961〕*Human Organization*(三隅二不二訳〔1968〕『組織の行動科学』ダイヤモンド社).
Lawrence, P. R. and Lorsh, J. W.〔1967〕*Enterprise and Organization*(吉田 博訳〔1977〕『組織の条件適応理論』産能大出版部).

(小島　理市)

第11章

効率・品質保証の重要性

――<本章の要点>――

❶ 効率経営はコスト合理化を目標，一方，質の向上はコストアップ要因と考えられる。この2つのテーマは，矛盾すると考えられるが，福祉産業では合致する部分がとくに多い。

❷ 効率経営は「労働生産性」と「相対的コスト削減」を損益分岐点図表で把握することが重要である。

❸ 品質保証は，「事故防止」から「顧客満足（CS）」までを目指す。したがって，経営戦略の主要な柱に位置づけ，全組織をあげて取り組まねばならない。

§1　効率経営と品質保証の相関関係

1. 効率経営とは

　効率経営とは，ヒト・モノ・カネ・情報・技術などの資源をインプットし，成果（アウトカム）を挙げるまでのプロセスが効率的であることをいう。簡潔に表現すれば，ムリ・ムダ・ムラのない経営である。その分析および診断は貸借対照表（B/L）と損益計算書（P/L）をもとに，さまざまな経営分析指数で解析されるが，ここではもっとも基本的な分析を行なう。

(1) 労働生産性を分析する

　労働生産性とは，年間の総付加価値を職員の数で除したものである。一般産業では，1000万円以上であるが，病院の場合，平均828.0万円（2000年6月，全国公私病院連盟『病院経営実態調査報告』）と低いことがわかる。福祉産業はデータが少ないが，事業所別のバラツキがかなり大きいと推察される。福祉・介護サービスでは，医療と比べケア提供に高度な専門技術を必要としない分，病院より生産性が低い。また，人件費率は，表11－1のようにバラツキがあるが，

表11－1　福祉産業の人件費率

（単位：％）

施設 年度	老人福祉施設	老人保健施設	療養施設	訪問介護	訪問看護ST	訪問入浴	通所介護	通所リハビリ
平成11年3月	69.0	49.3	50.0	－	－	－	－	－
平成14年3月	55.5	47.8	57.0	86.5	69.0	82.1	63.2	51.7

（出所）厚生労働省統計「平成14年介護事業経営実態調査結果」より作成。

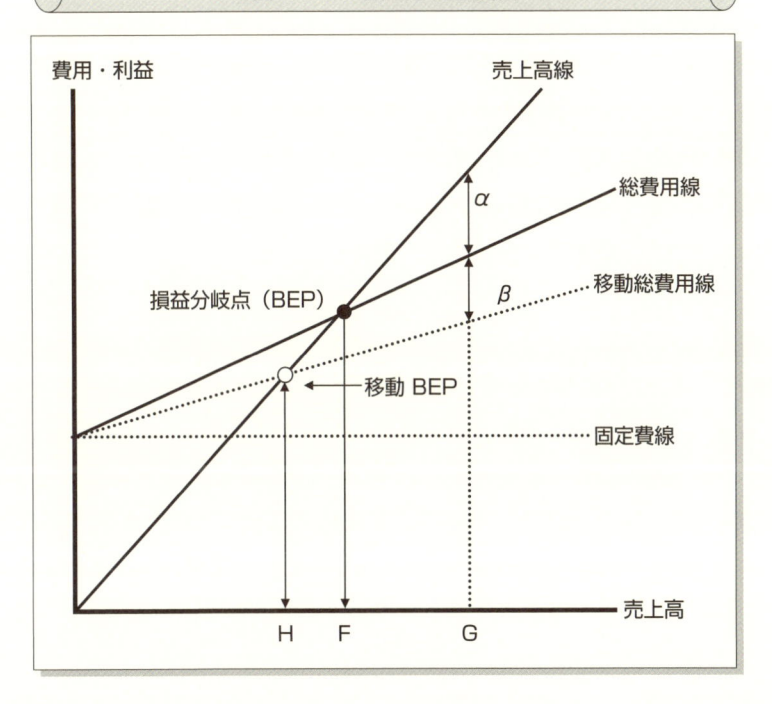

第11章　効率・品質保証の重要性　157

図11－1　損益分岐点図表

（グラフ：縦軸「費用・利益」、横軸「売上高」。売上高線、総費用線、移動総費用線、固定費線が描かれ、売上高線と総費用線の交点が損益分岐点（BEP）、売上高線と移動総費用線の交点が移動BEP。α、βの矢印。横軸にH、F、Gの目盛。）

施設系が60％以下であるのに通所・訪問系は60〜80％台と，病院と同様に高いのが特徴である。労働生産性の向上を図ること，人件費率を下げることがまず課題である。

(2)　固定費・変動費・売上のバランスで分析する

　上記3項目を図表で理解する方法が，図11－1の損益分岐点図表である。費用は売上に比例して増加する。また，費用は，人件費の固定部分，減価償却費・賃借料・保険料など収益に関係なく出費する固定費と，変動費，すなわち売上向上で稼働率とともにあがる費用——人件費でも残業代・パート賃金・外部購入品費・電力・通信——に区分できる。総費用と収益が合致する点が，損益分岐点（BEP：Break Even Point）である。固定費か変動費が下がればBEPも下がり利益が大きくなり，かつ利益発生は効果的となる（Gの売上高の時，βの

利益が生まれる)。固定費を下げるのがリストラクチャリング（Restructuring）であり，変動費を下げるのがリエンジニアリング（Reengineering）である。ここからマネジメントは，リストラクチャリングとリエンジニアリングが，常に経営課題となることが導き出される（損益分岐の売上高はFからHへ移動する)。

この損益分岐点図表からは，固定費・変動費を削減した場合の少ない売上で利益を達成できることが読みとれる。福祉産業は収入対人件費比率が高いので，これらのバランス経営がとくに重要である。

2. 品質保証とは

一般産業，とくに製造業においては商品の品質は，競争下では非常に高い価値をもつ。しかしながら，競争がエスカレートし，安かろう悪かろうという業者が後を絶たないことから，1994年に製造物責任法（PL法）が制定された。さらに，TQM（Total Quality Management；総合的品質経営）の運動を全職員参加で展開したが十分な成果を得られず，現在では第三者評価機構の評価（本章の§3参照）を受けるよう行政指導がなされている。商品に比してサービスの品質保証は難しいが，欧米のヘルスケア産業は年数をかけて，サービスの品質向上とその保証体制QA（Quality Assurance；品質保証）を模索して，評価基準・評価方法・評価実施者を決めてきた実績があり，日本より進歩している（表11-2参照)。

日本では95年にJCQHC（日本医療評価機構）がスタートし，着実に認定を取得する病院が増えている。また福祉においても第三者評価機構もでき，グループホームが義務づけられている。さらに近年，ISO（International Organization for Standardization；国際標準規格）9000シリーズの品質マネジメントの審査認定を自発的に受ける福祉サービス事業所が出始めている。また，厚生労働省は2003年8月，すべての介護保険サービス事業者に外部の第三者評価を義務づける方針を決め，2004年度より7つの施設サービス事業を対象に実施されている。第三者評価機構はNPOを規定しているが，準備期間中は都道府県が行なうこととなった。

表11－2　アメリカの品質保証の歴史と主な種類

ヒル・バートン法（1940年代）
製造物責任法（Product Liability Act；PL法）（1963年）
インフォームド・コンセント指針（1973年）
PRO（Peer Review Organization；医師同僚監査機構）の立入査察・評定（1978年）
JACAHO（The Joint Commission on Accreditation of Healthcare Organization；ヘルスケア施設評価合同委員会）の施設内立入査察・評定（1979・80年）
NCQA（国家品質保証委員会）のマネジド・ケアの全般を審査（1991年）
HMO（Health Maintenance Organization；民間健康保険機構）が，それぞれ独自のチェックリストで過剰・高額医薬品を抑制，診療ガイドラインでサービス内容を審査。医療費の効率化と抑制（1973年）
HCFA（Health Care Financial Agency；政府の保健財政庁）が公的保険の効果性，サービスの質を監査・指導（1989年）

　医療・福祉のサービスの特徴は，品質がモノではなく人が提供する技術・行動であるため，過失や未熟な技術が事故につながる場合があるということである。また，体制不備も施設感染事故（MRSA；メチシリン耐性黄色ぶどう球菌，インフルエンザ，食中毒，肝炎）となる。日本においても訴訟は年々増えている。サービスの品質保証は，究極的には「利用者の『満足度（CS）』向上」に向かわねばならず，そのためには，事故撲滅から良質サービスへと一貫した体制をつくり，全職員参加で達成する必要がある。品質保証は，福祉産業においては最重要課題であり，経営戦略の最大の柱としなければならない。
　その場合，福祉産業は供給側として情報をもっているが，利用者は情報が極端に少ない。したがって供給側から利用者へ情報開示や啓蒙をすることで，「情報の透明性を高める」と共に「情報の非対称性」を改善し，住民の意識向上を啓蒙し，問題を共有する経営姿勢が長期的には大きな成果を生むことになる。

3. 効率経営と品質保証との関係

　品質保証は経費の増加要因，効率経営は経費の削減要因であり，表面的には矛盾するテーマである。しかし，品質保証をCSの向上として追求するならば，利用者の満足で高い評価が獲得でき，その結果，収益拡大とつながる。CSの追求は，事故防止から良質サービスの提供まで行ない，社会的信頼の獲得に至る活動で，コスト問題を超えた経営の根幹にかかわる課題であることがわかる。一方，サービスにおける品質保証は，職員の実質的な正味ケアの実働率向上なくして達成されず，それには同時に間接業務の合理化が必要となる。その結果，経費削減，生産性向上にも結果的につながっていく。さらに，ケア提供者の行動(スキル・能力)の変化・向上は，作業時間内の作業方法・作業手順・ケアチーム編成を変化させることにより達成されるので，コストにはほとんど影響しない。福祉産業では，「プロセス」を変化させることで品質保証にもなり，かつ効率経営ともなる点が特徴である。

§2　効 率 経 営

　効率経営の方向性は労働生産性，損益分岐点図により把握できることを，前章で述べた。ここではさらに，福祉産業における効率経営を具体的に論ずる。

1. 人材の活用による生産性向上

(1) 経営感覚豊かなマネジャーの育成

　福祉産業の経営は，地域密着型となるため職員数は小規模になり，経営の成

否・生産性はマネジャーのリーダーシップに大きく影響される。しかし，目に届く範囲に職員が全員いるため，リーダーシップは発揮しやすいが，感覚的になりやすい。また，職員の突然の休暇は全体の作業量にも直ぐに大きく影響する。したがって，リーダー自らがプレーヤーの補充業務をし，率先垂範で教育するケースも多い。

　リッカートの『リーダーシップ原理』によると，業績のよい集団は，①上司と部下，部下同士の人間関係が協力的であり，集団維持活動への配慮があること，②業績向上のため，集団の目標をつくり，自発的に達成する意欲と，達成のための作業方法や技術の指導があることの2つが挙げられる。リーダーは集団の維持と業績達成の2つのバランスが求められるが，福祉産業の場合，①の集団維持型のリーダーとなりやすく，業績達成への志向が弱くなる点が注意点である。

　また，リーダーの指示は部下の能力（習熟度）に対応して行動を変化させねばならないことが理論的に解明されているが，福祉産業の職員の能力差はかなり大きい。パートタイマーの初級クラスではスキルの指導と，明確な指示が必要である。パートタイマーでも中級以上のクラスでは集団への維持活動も期待でき，職務も命令より説明が求められる。さらに定型業務の事務社員は課題の説明は多くなくてよく，集団維持活動には協力を要請したい。企画業務あるいは看護師・PT（Physical Therapist；理学療法士）・OT（Occupational Therapist；作業療法士）等の専門家には命令は抑え，委任範囲をもたせ，集団維持も自発性を評価するだけでよい。このように職員に習熟度の差がある集団を統率するには，高度なマネジメント・スキルが必要である。

　また，マネジャーは常に多くの意思決定を求められるが，図11-2のごとく，戦略的意思決定が多くなるのは当然であるが，福祉産業では中間管理職の管理的意思決定も多く行わざるを得ず，計数的把握とそれによる企画・意思決定も含み，領域が広い。したがって，自己啓発によるマネジメント学習も必要であり，後継者の育成では資質の選択から教育までと，時間と情熱が必要とされる。それ故にこそ，リーダー育成は事業所の存続および発展の最大の要となる。

図11－2　意思決定の階層と内容

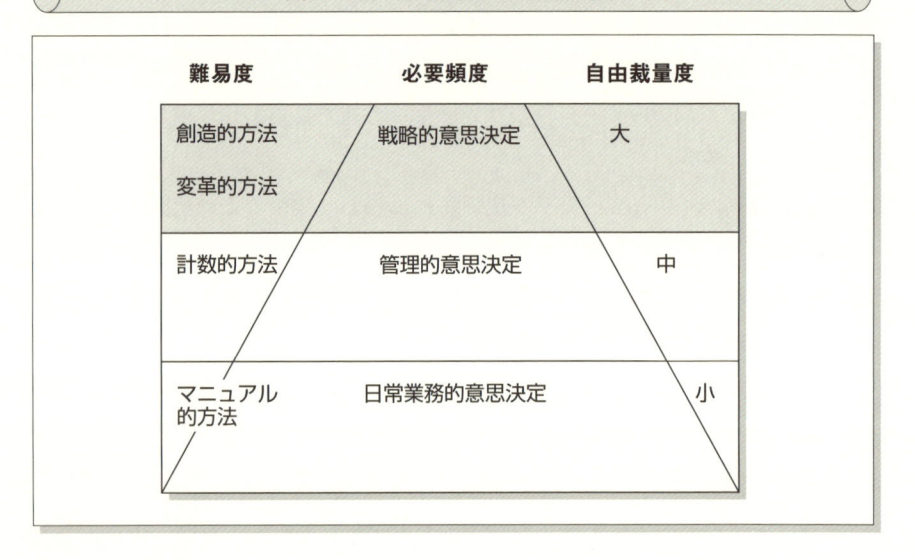

難易度	必要頻度	自由裁量度
創造的方法 変革的方法	戦略的意思決定	大
計数的方法	管理的意思決定	中
マニュアル的方法	日常業務的意思決定	小

(2) **職務充実化**

　ハーツバーグ（Hertzberg, F.）は，仕事の上でモチベーションに影響を与えるのは，仕事そのものをひたすら変革することにあるという。「職務充実」(job enrichment)はモチベーションそのものであり，職務の変革に参加させ，熱中（インボルブ）させることにある。これは表現を変えれば，マズロー（Maslow, A. H.）の自己実現意欲に基づく職務の遂行ということにもなる。

　「職務充実」は職員の定着率に影響することは確かであり，福祉産業の場合，定着率が低く，技能の蓄積ができず事故が発生する等コスト高および生産性低下に大きく影響している。なぜなら，事業所の職員数の規模との比較では，新しい人員の採用・研修に要する経費の割合や欠員を補う他職員の労務負担度も高くなるからである。したがって，職務充実は福祉産業の重要な課題である。職務充実化の方法は，職務拡大（Job Enlargement）と権限委譲（Empowerment）である。すなわち，職員の職務調査・分析をして，能力との相関関係をチェックし，職務設計をすることである。福祉産業の場合，職員がみえるところにいるため，すべて理解できているという錯覚とKKD経営（「経験」「勘」「度胸」）

になりやすいのが注意点である。特に，下記の点（参考例）を計画的に運営すべきである。

> ・稼働時間のムラ（空き時間の活用）…各自に職務充実化ができていれば，空き時間は生産的に活用される。また指示が必要な人には課題を事前に用意・明示しておく。
> ・機会損失の防止…管理者の不在による決裁の遅れ，長い朝礼・会議，職員の無断欠勤，業者との面談，利用者家族の不意の訪問。

(3) "やる気"を起こす評価制度の構築

　職員の士気（モラール）向上は，職員の業績・仕事の結果が適正に評価され，次の目標に向かって動機づけられることである。その意味では，理念と業務を関連づける目標管理制度（MBO：management by objective）は，優れた技法である。また，業務をさらに秀逸な行動特性に結びつけ，その行動特性を全員に拡大すべく，「コンピテンシー（能力・実力）評価制度」で，職員に品質向上を目標とした成果主義志向を徹底することができる。ところが実際の目標管理制度は，職員の不満の原因となり，システムが空転しているケースが多い。この原因は考課者が部下の業務を熟知せず，ただ目標を設定する作業に終始し，組織の課題や職務開発と連携せず，評価も独善的で，十分なフィードバックすらできていないことによる。

　コンピテンシー評価制度は具体的行動にまで評価項目を落とし，360度評価と目標管理制度との組み合わせで，さらにより効果的な評価制度となる。優秀な人材の行動を分析し，モデル化を能力ランク別に作成し，達成度に応じて将来の昇格と関連づけ，全体のレベルアップと関連させることがコンピテンシー評価制度の大きな特長である。

　これら，2つの評価制度の有効活用でリーダーシップが発揮され，職員のモラールアップに加え，サービスの品質が格段に向上する。

2. コスト削減

　コスト削減は経営における永遠のテーマである。経営者の資格要件は，まずコスト管理・削減のスペシャリストであることである。本章の§1において，コストダウンは，収益拡大と経費削減の相対的なコスト削減であることを把握したが，ここでは，費用の絶対額をいかに削減するかという観点からみていく。その場合，短期的・一過性のコストダウンは長期的には大きな機会損失となって将来に悪い結果となる。たとえば，トップがコストダウンを経営課題として主張すると職員が短期的成果を挙げるという短絡的行動に走るのは，日本型経営風土でもある。コストダウンは時間をかけ，職員の英知を結集する方法をとるべきである。それには日頃からコスト削減運動を展開しておくことである。

(1) リストラクチャリング

　リストラクチャリング（Restructuring）は，固定費低減を，過剰・不要なヒト・モノ・カネの削減や有効活用で達成することである。労働生産性をあげるために単純に人員を削減するケースでは（通称，リストラと称している），数字上の生産性は向上するが，ほかの職員の労働強化（過労の原因），仕事・サービスの質の低下，顧客の信用失墜を招くこともある。事業構造を組み替えることにより，積極的に経営のあり方を変革させていくことが本来の意味である。

　イ）　人件費比率の低下…施設系で50％以下，訪問系で60％以下を目標

　福祉産業の人件費比率の高さは突出している。したがって人件費削減＝人員削減，という機械的な方程式になりやすいが，前述のごとく問題が多いので慎重を要する。人員削減の前に人件費を削減する方法はいくつもあり，最初に実施されるべきである。たとえば，不要な業務の削減・必要最低減の業務に縮小・適正人員配置・不採部門の切り離し or 強化・アウトソーシングの活用・パートタイマー・ワークシェアの活用，ボランティアの活用等がある。

　ロ）　過剰設備投資の中止・余剰設備の撤収

　経営会議において，過剰設備投資の中止・余剰設備の撤収（表11-3参照）は，

表11－3　過剰設備投資の中止・余剰設備の撤収

a）事業所（拠点）網の再検討
b）稼働率の低い建物・設備福利厚生施設の整理
c）高額の機器・福祉車両・汎用大型コンピュータ等購入の制限・抑制，削減（リース・レンタルの活用）
d）電気・水道料・油・水道・電話・業務用携帯電話の無管理稼動および利用節約
e）空きスペースの縮小・閉鎖および有効活用－会議室（結論の少ない会議の廃止），書庫・棚（保管書類の整理・電子化）

責任問題へ発展しやすく，提案や指摘はしにくい。あえて進言する者が少ない事情をトップは心得て，その役割をナンバー２か管理部門長に，エンパワーメント（権限委譲）しておかねばならない。

　ハ）　資金の運営

資金管理はトップと経理部門との専門管理事項になっていないだろうか。余剰資金の運営や資金不足の予測も，早めの報告がリスクマネジメントとしても重要である。予算制度を確立し，予算会議においてすべての情報を結集させるべきである。借入銀行の数や手形発行銀行の数なども経理部門長に一任せず，稟議制度で決定され，経理部門長の専横を許さないシステムを設けることが必要である。

　ニ）　情報のスムーズな流れ・技術開発

伝達されるべき情報，開発されねばならない技術というものは，充分な評価と報奨の制度が用意される前向き志向の経営が風土に浸透していないと，活性化されないものである。福祉産業では，ケア・サービスの技術開発について，書類提出など形にこだわらない運営で成果をあげたい。

(2)　リエンジニアリング

1990年頃アメリカで開発された技法で，日本でも製造，物流，販売等の分野から導入されてきた。リエンジニアリング（Reengineering）とは，「業務の仕

組みややり方を根本的に見直し，仕事のプロセス自体を組み換える」ことで経営効率を高める方法である。業務の流れごとに組織の横断的な効率化，高性能化を図ることである。効率化により，結果として変動費が下がり，限界利益率が高くなる。

イ) IT化によるリエンジニアリング

医療では電子カルテや遠隔医療の普及が予測されているが，福祉産業でも，在宅独り暮らしの高齢者のバイタルサイン感知による保障システム（警備保障産業），携帯電話・モバイル・コンピュータの活用による効率訪問，痴呆高齢者の所在確認システム（カーナビ・システムの応用）等の話題は多くなっている。また，IT化の推進でコミュニケーションと業務遂行速度が変わり，組織・職務配分の見直しができるようになった。IT化の活用を再三検討し，リーンな（筋肉質）体質をつくりあげるべきである。

ロ) VA（Value Analysis）によるリエンジニアリング

1947年，アメリカのジェネラル・エレクトリック（GE）社において提唱されたコストダウンの技法である。製品の価値を損なわず，コストを削減するには製造部門だけでなく，設計からの変更も必要ということで，部門を超えてプロセスの変更に取り組んだ。

福祉産業における「サービス」は，製造業での商品に当たり，ケアの提供方法（プロセス）を変えることにより，利用者の満足度を高めながら効率もあげることができる。たとえば，近年リハビリテーションは報酬上優遇されたが，報酬化される以前から採用してきたデイサービスがある。そこでは，利用者の技術への信頼度と事業所への信頼度は高く，今でも盛業が継続されている。今後は，音楽療法，園芸療法，アロマテラピー，リフレクソロジーなどを利用し，あらゆる利用者の行動にリハビリ要素を設定したケアが開発されるべきである。

ハ) IE（Industrial Engineering）によるリエンジニアリング

アメリカのテイラーがつくった「科学的管理法」である。標準作業量の設定と作業者の適正配置を科学的分析に基づき行うことが主旨である。1つは，パート（PERT : Program Evaluation and Review Techniques）という日程管理の手法

であり，医療では応用して「クリティカルパス」（クリニカルパス）を導入し，在所・在院日数短縮や質の向上等の多くの成果をあげている。福祉産業においても，自立や社会復帰の早さを競う時代が来ることを想定した，「ケア・パス」の作成・技法が広く活用されるべきであろう。また，もう１つ，パック（PAC：Performance Analysis and Control）という，担当者の作業効率を利用者別ケア標準時間で計算する手法がある。これも導入事例をあまり聞かないが検討課題である。

業務を標準化(Standardization)，専門化(Specialization)，簡素化(Simplification)の点から効率化を図る。

§3　品質保証

品質保証の総論は前章で行なったので，ここでは各論について述べる。

1．利用者の権利保護と訴訟

利用者の権利保護は，日本国憲法第25条で保証されている。医療は1981年の世界医師会総会で「患者の権利に関するリスボン宣言」が採択され，日本でもインフォームド・コンセントが義務化され，セカンドオピニオンの権利も患者に付された。現実には医療訴訟で患者側が証拠を提示できなく敗訴するケースが多い。NPOによるオンブズパースンもあるが，欧米の患者側の支援体制とは量・質ともに比較にならない。

福祉では，1988年に業界が自発的に社団法人シルバーマーク振興会をつくり，良質なサービス提供に取り組んできた。また，98年頃から「身体拘束」のない

---

(1) 詳細は渡辺〔1998〕103-4頁参照。

ケアを目指す，利用者保護の動きも始まった。2003年にはハートビル法が改正され，高齢者および身体障害者のための，バリアフリーを盛り込んだ特定建造物の建築基準が定められた。

そして，高齢者の権利保護を支援するため，従来からあった「成年後見制度」を改定して，軽度痴呆高齢者のための「補助」・準禁治産を「補佐」・禁治産を「後見」の3区分とし，高齢者の人権尊重・財産保護に適用できる体制となった。さらに，終末期医療に対する本人の希望を事前に書類にする方法も整いつつある。

一方，介護をめぐる訴訟では，「風呂場における転倒で大腿骨骨折－短期間での死亡」の事故で施設側が「善良なる管理者の注意義務違反」(民法644条)で，敗訴した。このような訴訟は，福祉の場合はカルテがないことや密室性により利用者側からの立証は困難であるが，施設側の敗訴になることがある。

この間の事情を考慮して，厚生労働省は2003年8月，福祉サービスの第三者評価を受けることを義務づけ，2004年より段階的に実施を決めた。

事故防止は，ケア技法の向上をIEで改善することで達成される。これは訴訟費用の削減のみならず，品質向上活動から間接業務削減となり，結果コスト削減にもつながることであるので，ケア・サービスの技法改善に創意工夫を凝らしていただきたい。

2. リスクマネジメントと第三者評価

経営上のリスクは，災害（地震・火災・洪水など）や停電・断水等により，予測不可能なこともある。しかしながら，資金不足やケア事故は事前の想定や防止策の研究，さらに設備投資等によるリスク防止あるいは極小化が可能である。トップは国際標準化機構（ISO）の認定（毎年審査，向上の証が必要）や第三者評価機構（表11-4を参照）の認定を受けることを契機とし，TQMで事故防止とサービスの品質向上を図ることをポリシーとすることを推奨したい。医療でのTQM「全職員による総合的品質経営」は，①入院治療計画，②ICD[2]による診療録管理，③EBM[3]による診療，が求められている。福祉産業でも，

表11－4　福祉における第三者評価と内容

＜厚生労働省の動き＞
・福祉サービスの第三者評価基準を公表 ……………………………… 2000年
　　7項目を中心に，それらを95の細目に区分
・第三者評価事業実施要項を通知 ……………………………………… 2001年
　　認定機関の設定，評価事業の要件，認定機関と評価事業相互の関連性
・すべての介護保険サービス事業者に第三者評価を受けることを義務化する方
　　針発表 ……………………………………………………… 2003年（8月）
・訪問介護・訪問入浴・福祉用具貸与・有料老人ホーム・特別養護老人ホー
　　ム・老人保健施設の7事業を対象に実施 ………… 2004年度（予定）
・上記以外の福祉サービスに展開 …………………………… 2005年度（予定）

ケア計画やケア・パス，ケア記録，リハビリと成果の因果関係等，介護のEBM, が求められると考えられる。

3．利用者サービスの向上と品質保証

　第三者評価機構の認定を受けても，利用者側からみれば一定以上のサービスの質を保証する証左として確認はできても，利用者満足度の高いケアが提供される保証はない。

　職員の満足度（ES）を理念として外部に表明し，全職員が業務のプロセスを改善するTQMに挑戦し，目標管理・コンピテンシーなどの評価制度とあいまって，品質向上にとりくまねばならない。とくに日本の場合，今後「全人的ケア」に取り組むべきである。そのアプローチは，マッサージやカイロプラクティック，ホメオパシーなど代替医療を含んで各種あり，欧米では多用されている。たとえば，寝たきり高齢者の「床ずれ」は医薬品による治療の前に，1日1回以上のマッサージの励行，清掃，皮膚の乾燥防止，ビタミンEや亜鉛の豊かな食材補給で予防ができる。また，高齢者の多くは生活習慣病や機能低下

---

(2) ICD（International Classification of Disease；国際疾病分類）
(3) EBM（Evidence Based Medicine；科学的根拠に基づく医療）

表11－5　生活習慣病に有効なさまざまな抗酸化物質

認知症・耳鳴………………ギンゴ・ビロバ（銀杏），ビタミンE
視力低下……………………ブルーベリー，野生ブルーベリー
うつ…………………………セントジョーンズワート（弟切草）
脂肪肝・肝炎………………ミルクシスル（おおアザミ），ウコン等
糖尿病………………………亜鉛・セレン・クロム
心臓血管病…………………ビタミンE
癌の予防……………………カロチノイド，ビタミンC・E，アガリクス
夜間頻尿の改善，痛風・リュウマチ・頚椎ヘルニアなどの痛み………抗酸化物質

（出所）　川喜田〔1999〕より。

による廃用性症候群（筋萎縮・骨そしょう症・腰背痛・末梢神経障害・静脈血栓症等）を抱えている。これらに対し抗酸化物質は有効であり，老化防止に役立つことが判明してきている（表11-5参照）。臨床医学は予防を対象にしていないが，ようやく日本にも厚生労働省により「健康日本21」[4]がまとめられ「健康増進法」[5]の施行により（2003年8月）予防に目が向けられ始めたが，効果の高い「栄養療法」，とくに「抗酸化物質」についての認識はまだ低いといえる。

4．ISO9000S（品質マネジメントシステムの標準）

　ISOといっても産業廃棄物や温暖化に関連する環境マネジメントシステム「ISO14000S」は福祉産業の場合は関係する事業は少ない。関係するのは「サービス」の品質に関するマネジメント「ISO9000S」である。これは，顧客の立場から供給者に対して要求する，品質マネジメントシステムが備えるべき必要事項を23項目にまとめている。その要求事項をさらに要約すれば，次の6項目

---

[4]　日本の保険政策は，健康増進策を提唱してきたが，実質を伴わなかった。アメリカの「ヘルスピープル2000」で，医療費抑制に歯止めがかかったことを参考にまとめられた，健康増進策の総決算ともいえる内容のものである。

[5]　「健康日本21」を実質的に前進させるため，従来の「栄養改善法」を変更して，関係機関の義務化を定めた。たばこの規制が前進したのは，これによるもの。

である。
① 企業業の品質についての方針を定める。
② 品質に関する各人の責任と権限を明確にする。
③ 品質実現のプロセスを「品質マニュアル」に文書化する。
④ 現場が「品質マニュアル」通りに実行する。
⑤ その実行状況を記録して証明する。
⑥ 顧客の要求する品質の確保されていることを，いつでも開示できるようにする。

5. ISOとTQMは車の両輪

　業務の改善というものは，職員の一人ひとりが問題意識をもち，自己の能力を十分発揮し，積極的に参加する姿勢なくして達成できない。このボトムアップの改善運動をカバーする技法がTQMである。TQMは小集団で展開する技法である点で福祉産業には格別適している。ところがTQMでせっかく目覚しい成果を挙げても，そのプロセスを明文化しておかなければ，担当者が世代交代などでいなくなった途端，改善の方法，技術が消滅してしまうことになる。ISO9000Sは，改善のプロセスを標準化，文書化してTQMのプロセスの風化を防止するのである。
　すなわちTQMが車の前輪なら，ISOは車の後輪であり，両者は互いに補完しあう，なくてはならない存在である。

〔主要参考文献〕
大島　侑〔1999〕『高齢者福祉論』ミネルヴァ書房。
川喜多昭雄〔1999〕『栄養補助食品ガイドブック』健康産業新聞社。
渡辺孝雄〔1998〕『在宅ケアの基礎と実践』エルゼビア・サイエンス。
Carper, J.〔1997〕*Miracle Cures*, Raphael Sagalym, Inc.
Hertzberg, F.〔1966〕*Work and the Nature of Man*（北野利信訳〔1968〕『仕事と人間性』東洋経済新報社）.

（小島　理市）

第12章

患者・利用者に選ばれる福祉産業経営

―― <本章の要点> ――

❶ 介護保険制度では利用者に良質で効率のよいサービスを提供するため,事業者の競争を促すねらいで,在宅介護サービスや特定施設に市場原理を導入している。

❷ それらの事業では,利用者に支持を得るためのマーケティング戦略立案が必要となる。

❸ 福祉産業におけるマーケティング戦略立案では,行政の政策へのタイムリーな対応,立地の選択,サービス内容の差別化等が重要な要素となる。

❹ また顧客満足を得るには,外部機関による対象事業の認証取得や利用者の生の声に耳を傾け,地道な改善活動を行なうことも忘れてはならない。

§1　マーケティング戦略

1.　福祉産業におけるマーケティングの必要性

　介護保険制度では，介護報酬の範囲内で，利用者に良質で効率のよい介護サービスを提供することが求められている。そのため，介護保険制度は従来から地域の在宅介護事業を担ってきた社会福祉協議会（事業型社協）に加えて，株式会社の介護事業参入を認めるとともに，届け出れば介護報酬の値引きも可能といった市場原理を導入している。その結果，利用者にサービス内容を認知し，自社のサービスを選択してもらうため，在宅介護事業者や有料老人ホーム開設業者のなかには，テレビCMや新聞広告といった宣伝活動を行っていることは広く知られている。このような活動は，マーケティングの一部である。福祉業界におけるマーケティング戦略立案の意義を挙げると，次のようである。
　①　利用者のニーズを把握し顧客満足度向上に活かす。
　②　自施設の存在やよい点を顧客やその家族等に告知し，サービス利用率を向上させる。
　③　利用者の状況や市場の状況を分析し，事業拡大や新規参入など経営戦略立案に活かす。
　④　競合施設との関係等を多方面から分析整理し，自施設の競争優位を実現する。

2.　福祉業界におけるマーケティングの特長

　マーケティングでは商品（Product），価格（Price），場所（Place），販促

(Promotion) をマーケティングの4Pといっている。

　福祉分野における商品（Product）は，提供するサービスの品揃えである。価格（Price）は介護保険導入後では介護報酬という形で決められており，所与の条件の色合いが濃い。場所（Place）はサービスを提供する地域である。施設介護の介護老人福祉施設（特養）や介護老人保健施設（老健）は『地域福祉計画』でその入所者数が決められており，自由に施設をつくることはできない。販促（Promotion）は，在宅介護業者のように全国展開している業者がいたり，有料老人ホームではテレビCMなど消費財と同じような販促活動を行っていたりするが，多くはパンフレットの作成配付や関連機関などへの個別訪問，イベントへの地域住民の招待などに限られている。

　このように，株式会社が参入できる有料老人ホームや在宅介護分野以外は，商品（Product）すなわち，提供するサービス内容の質をいかに充実できるかが差別化のポイントとなる。

3．マーケティング計画立案の流れ

　福祉におけるマーケティング戦略立案の流れは，一般の電機製品やシャンプーといった消費材のマーケティング戦略と基本的に変わるところはない。
　その流れは次ページの，図12-1の通りである。
　まず，第1ステップとして福祉をとりまく外部環境の分析と経営主体となる組織内部の分析を行い現状把握をする。次に第1ステップからの問題点を整理し，課題を抽出しマーケティング戦略を立案するところが第2ステップとなる。第3ステップで戦略を実施に移すことになる。第4ステップで実施した戦略をやりっぱなしにせず，評価して次に活かすことが大切である。

4．経営ビジョン確立の重要性

　個々のマーケティングの戦略や施策を立案する前提として，社会福祉法人であろうが，医療法人であろうが，株式会社であろうが，経営主体として経営の

図12－1　マーケティングの流れ

```
現状分析の実施
  ┌─────────────┐
  │ 福祉環境の分析 │
  └─────────────┘
    （外部環境の把握）
         ↓
  ┌─────────────┐
  │経営主体の能力分析│
  └─────────────┘
    （内部環境の把握）

         ↓

マーケティング戦略の策定
  ┌─────────────┐
  │ 問題点・課題の整理 │
  └─────────────┘
         ↓
  ┌─────────────┐
  │マーケティング戦略の作成│
  └─────────────┘

         ↓

  マーケティング戦略の実践

         ↓

  マーケティング戦略の評価
```

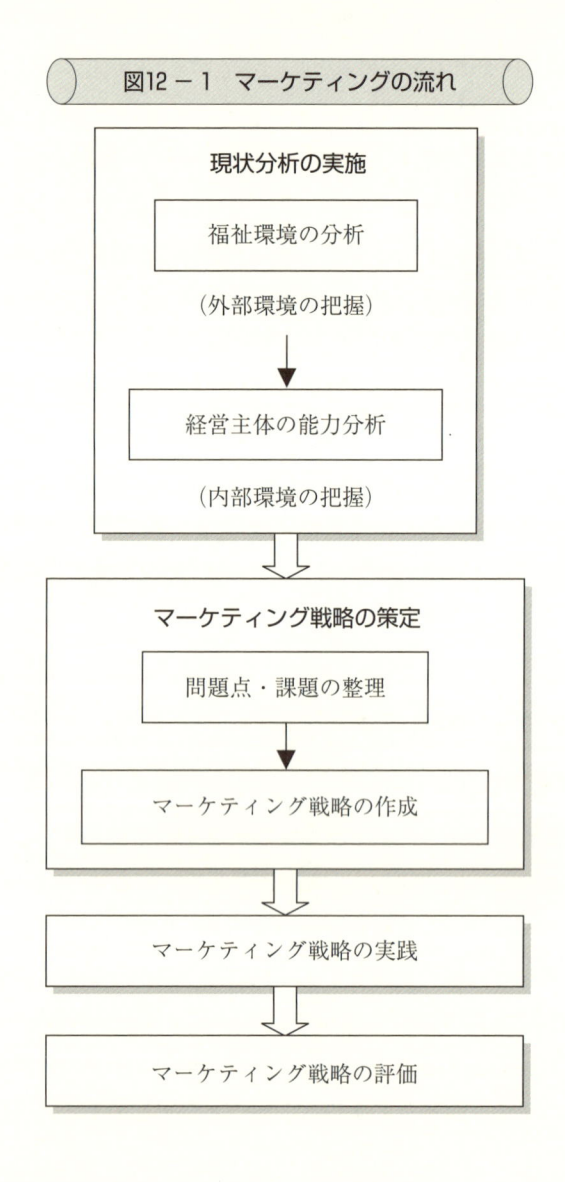

ビジョンや理念が明確になっていることが重要である。

　たとえば「急性期医療に特化する」という経営理念をもった医療機関ならば，介護保険対象の事業分野への参入はあり得ないであろうし，「地域医療に貢献する」という経営理念をもった医療機関ならば，急性期から療養病床，介護老

人保健施設・訪問看護までを事業の対象とすることも可能である。

§2　現状分析の方法

1. 情報収集の方法

マーケティングの戦略や施策を立案するための分析を行なう方法は，主に以下の3つである。
① 自施設の経営資料や外部機関の資料を分析する。
② 利用者アンケートを実施する。
③ 関係者に直接ヒアリングを行なう。

2. 福祉環境の把握（外部環境の分析）

(1) 分析項目

表12-1（次ページ）に，福祉におけるマーケティング戦略構築に必要となる外部環境分析項目を挙げてみた。全部を網羅的に分析するというより，必要に応じてメリハリをつけて分析することが肝心である。

(2) 分析のポイント

① マクロ環境項目

マクロ環境項目については，日頃から新聞記事や専門誌などに注意を払っていて，切り抜きやコピーなど資料を収集しておくことが有効である。

表12-1 環境要因の分析内容

環境領域		環境要因	適用
マクロ環境	経済	①経済成長率 ②産業構造の変化 ③消費構造の変化 ④物　価 ⑤民間設備投資	
	社会・文化	①人口動態 ②生活者の価値観 ③所得水準・家計支出	出生率，性別，年齢別，職業別，収入 ライフスタイル（環境への関心，健康食品の消費）
	技術	①技術革新の進展 ②医療技術研究情報	介護機器，介護ロボット，情報通信技術，診断機器 新薬，治療法
	政治	①自治体政策 ②財政投融資・金利政策 ③法令の改廃	市町村合併 金利動向 医療法，健康保険法，介護保険法，診療報酬，介護報酬，高齢者医療保険，安楽死
ミクロ環境	競争	①主要競合施設の動向 ②新規参入動向 ③連携状況の把握	入所者数，デイケア数，デイサービス数，介護の質，イメージ，市場シェア，ロイヤルティー 急性期病院，療養型病院
	市場	①市場環境 ②市場規模・構造 ③利用者ニーズ	死亡率，受療率，要介護高齢者発生率，地域保健医療計画，地域福祉計画，在宅要介護高齢者，施設入所要介護高齢者，市町村別種類別医療保険対象施設数，市町村別種類別介護保険対象施設数 嗜好変化，潜在ニーズ
	資源	①人的資源	看護師数，理学療法士（PT），作業療法士（OT），言語聴覚士（ST）介護担当者数，介護支援専門員（ケアマネジャー）数など

　福祉においても従来の特別養護老人ホームの入所者決定ルールであった「入所措置」に代表される，市町村や福祉事務所長の関与から脱して，ホテルコスト型個室介護老人福祉施設のように，入所者へのサービスに対する応分の負担を求めるのが潮流としてある。そして同種の施設間の競争を促すのみでなく，

有料老人ホームなど異業種との競合も視野に入れた政策へと変化してきている。福祉に適者生存の市場原理を導入して，サービスの向上，質の向上を目指していると考えられる。このような政策の流れをつかむことが重要である。

② ミクロ環境項目

全国発売をしている食品の場合，たとえばカップ麺では同じブランドであっても地域ごとに，味や麺のかたさなどを変えている場合が多い。それはエリア（地域）ごとに住民の味や食感に対する好みが異なるからである。このようにエリアごとに顧客ニーズの違いに柔軟に対応することを，エリア・マーケティングという。

福祉においては，地域ごとに競争関係が異なるとともにサービスの利用対象がかなり正確に把握でき，市場規模も正確に算出できるので，エリア・マーケティングの実践が重要となる。

その中で市場シェアの把握が，ポイントの一つである。

施設介護の場合，平成18年4月の診療報酬の改定で療養病床38万床を15万床に削減する方針が打ち出された。特に介護保険適用の療養病床に入院している患者がどのように他の施設や在宅に移動していくのかは地域の中で重要で，自施設のシェアを把握しつつシェア拡大を図ることが考えられる。その場合は市町村など一定の地域を基準とし，有料老人ホーム，介護老人福祉施設，介護老人保健施設，グループホームなど入所施設の総定員を把握した上で自施設のシェアを算定する。デイケア，デイサービス利用者も同様にできる。

在宅の場合は市町村など一定の地域の介護基準認定者の総数を把握し，施設入所者やデイケア，デイサービス利用者を除外した上で自施設の利用者の比率を算出することによりおおよそのシェアの算出ができる。

一方，ロイヤルティーは自施設の継続利用者の比率を算出しサービスの質を判断する材料とする。特に在宅介護業者やデイケア，デイサービス提供者の場合，重要である。

市町村合併が予定されているような場合は，現在の状況把握ばかりでなく，合併後の予測まで行なう必要がある。合併前後で介護保険料が変化するからである。

また，住民票の移転が必要な介護保険施設の新設をする際，行政側に了承を得られない場合がある。介護保険の負担が増加するからである。

(3) 整理の仕方

環境分析で分析した結果は，経営主体にとって成長の「機会」になるか，または「脅威」になるかで整理するとよい。

3．経営主体の能力分析（内部環境の把握）

(1) 能力分析項目

内部環境の分析とは，経営主体としての社会福祉法人，医療法人，株式会社について，表12-2のような項目などの弱み強みを把握することである。数値資料は，過去3～5年分をトレンドで分析したいものである。

(2) 能力分析のポイント

能力分析で注意するポイントは，経営主体の「弱み」（弱点）だけでなく，「強み」からもマーケティング上の問題点・課題が出てくるので，「弱み」と「強み」を満遍なく分析することである。

能力分析のまとめ方としては，「弱み」と「強み」に分けて整理することが必要である。

表12－2 マーケティング能力分析チェックリスト

大項目	中項目	小項目
1．介 護	(1) 施 設	① 建 物 ② 介護設備
	(2) 介 護	① 介護基準
	(3) アメニティ	① 食事内容 ② 部屋の割合（1床，2床，4床） ③ レクリエーション ④ 1人当たり利用面積
	(4) QA（品質保証）	① 介護事故 ② クレーム分析 ③ 施設内感染
2．利用者	(1) 利用データ	① 利用者数推移（入所者，デイサービス等） ② 利用者年齢推移（入所者，デイサービス等） ③ 利用者介護度推移（入所者，デイサービス等） ④ 入所者平均在所日数 ⑤ ベッド稼働率 ⑥ 利用者の居住地域
	(2) パブリシティ活動	① 利用者向け（入所者，デイサービス等） ② 関連機関向け（医師，ケースワーカーなど） ③ 公共機関向け（医師会，市町村，社会福祉協議会） ④ 施設の部外者への開放 ⑤ 印刷物

§3 マーケティング戦略の策定

1. 戦略策定のツール

(1) SWOT分析

現状分析で整理した福祉をとりまく環境の「機会」と「脅威」,経営主体の「強み」と「弱み」を組み合わせて分析し,経営のビジョンやマーケティング戦略を案出する手法としてSWOT分析が有効である。

SWOT分析はStrength（強み），Weakness（弱み），Opportunity（機会），Threat（脅威）の頭文字を順に並べたものである。そのやり方は,表12－3のように表にして書き込むことになる。

表12－3　SWOT分析による戦略案出例
－特養を経営している社会福祉法人の場合－

		環境分析	
		機会（Opportunity） ・高齢化の進展 ・在宅介護への政策誘導	脅威（Threat） ・施設介護の競争激化 ・施設介護の介護報酬低下
能力分析	強み（Strength） ・介護での実績 ・介護の質	積極的戦略 ・有料老人ホームへの進出	差別化戦略 ・ホテルコスト型への建替え
能力分析	弱み（Weakness） ・財務体質の脆弱さ ・施設の老朽化	段階的施策 ・在宅介護事業への進出	撤退または現状維持施策 ・デイサービスの強化

(2) ポートフォリオ分析（portfolio analysis）

　事業の多角化を目指す法人や企業にとって，新規事業への進出や事業への資源配分の考え方を整理する手法として，ポートフォリオ分析が用いられる。

　ポートフォリオ分析では，市場の成長性と自法人の競争力から各事業を以下の４つに分類する（表12－4参照）。
① 基本的に現状維持を図り収益を確保する事業（事例では施設介護事業）
② 積極的に伸ばし将来の収益の柱とする事業（事例では在宅介護事業）
③ 長期的に育成または新規に参入する事業（事例では訪問看護ステーション）
④ 現状維持や撤退を考える事業（事例では急性期医療）

表12－4　ポートフォリオ分析の事例

		競争力	
		強い	弱い
成長性	高い	在宅介護ステーション	訪問看護ステーション
	低い	施設介護事業	急性期医療

2．代表的戦略

(1) プル戦略

　一般的に消費材では，積極的に広告宣伝活動を実施して商品名やその優秀性を消費者に認知してもらい，購入に結びつけることをプル戦略という。この逆で商店などに有利な条件を提示して，店頭に商品を陳列してもらい，購入に結びつけることを，プッシュ戦略といっている。

　福祉業界では，一部介護機器などの販売にプッシュ戦略もとれるが，自施設が提供するサービスを利用者に自発的に選択してもらうプル戦略が主流である。

　一部の在宅介護サービス提供業者や有料老人ホーム経営業者は，テレビCMや新聞などマスコミ媒体を利用し，プル戦略を実施している。

しかしながら医療や福祉の主な経営主体である医療法人や社会福祉法人では，活動地域が一般的に狭いため効率も悪く，このようなマスコミ媒体を利用した戦略はとれない。

それに変わるものとしてインターネットを活用したマーケティング活動がある。その活用には以下のような事例がある。

① ホームページ開設によるサービス提供内容の紹介，施設の所在地周辺とのアクセス方法，イベントなどのトピックスの紹介，介護相談受付，職員募集など
② 自治体や地域ネットワークとの連携，ヤフーやグーグルなど各種検索エンジンとの連係

(2) 差別化戦略

差別化戦略とは，競合する他施設や業者と異なるサービスを提供して，利用率を向上する戦略である。競争関係が激しい場合や，医療・福祉業界のように提供するサービスの種類や価格に差をつけることが難しい場合に，とくに有効となる。

可愛がっているペットと余生を過ごせる終身介護つきの有料老人ホーム，「介護に境界なし」と介護老人福祉施設（特養）と有料老人ホームを合築し，食堂も共用にし，メニューも同じにしている社会福祉法人などは差別化戦略の面白い事例である。

また，介護事情の差別化戦略の一つとして夜間休日におけるサービス提供が考えられる。もともと入所者に対しては24時間，365日サービスを提供しておりそれを在宅事業にも適用しようとする試みである。施設稼働率も向上し経営的にも有効である。

サービスの内容としては都市部などでデイケアの上乗せサービスとしてナイトケアを実施している事業者がある。またデイサービスも年中無休で休日に実施している事業者もある。

夜間休日サービスの円滑な実施は利用者のニーズ把握と介護職員の確保と労務管理がポイントとなる。

(3) ランチェスター戦略

ランチェスターの法則によると、ある地域に在宅介護サービス業者が5社あり、そのなかで特定の在宅介護サービス業者がシェア（市場占有率）を40％以上獲得したとすると、2位以下の業者は逆転不可能となり、さらに差が拡大することになる。

すなわち、シェア1位の業者（強者）でも2位とあまり差がない状況の場合、さらに差を拡大する戦略を立てる必要があり、2位以下の業者（弱者）は1位の業者とあまり差が拡大しないうちに逆転できるような戦略を立てることが重要となる。

§4　顧客満足度向上

1.　顧客不満足への対応

顧客満足度（CS：customer satisfaction）向上のためには、現状の利用者の満足度レベルがどれくらいに位置するのかを測定する必要がある。その方法のうち、直接利用者から情報収集する方法としては、①利用者アンケート（食事内容、職員の応対、レクリエーションや施設・設備に関することなど）、②苦情や要望などの投書箱の設置、③利用者聴き取り調査（ヒアリング）などである。

その測定結果に対して地道に改善活動することが、結果として顧客満足度向上へつながる。

2. 利用者安心感の醸成

(1) 品質保証・認証の取得

利用者が介護サービス事業者を選択する際，目安となるのが外部の客観的評価を受けて認証を受けているかどうかである。ISO（国際標準化機構）もその1つといえるが，それ以外に介護の分野で役立つ認証制度もあり，次項でとりあげる。

(2) 第三者評価による格付け

東京都では介護保険サービス事業者を対象に「福祉サービス第三者評価」を制度化している。認定を受けた評価機関が評価を実施し，総合評価は良い，やや良い，普通，やや劣る，劣るの5段階で示される。評価結果はインターネット上でも公開されている。現状では評価を受けるかどうかは介護保健サービス事業者の意思に任されている。

同じような介護保険サービス事業者を対象にした第三者評価は山形県，三重県，京都府，大阪府，北九州市などでも制度化されている。

(3) シルバーマーク制度

シルバーマーク制度は，シルバーサービス業界が自主的な評価制度としてサービスの種類ごとに基準を設け，その基準を満たした事業者に対してシルバーマークを交付するものだ。対象は目下のところ，訪問介護，訪問入浴介護，福祉用具貸与，福祉用具販売，在宅配食サービスである。

(4) プライバシーマーク制度

個人情報の取り扱いについて，適切な保護措置を講ずる体制を整備している民間業者等に対し，その旨を示すプライバシーマークを付与し，事業活動にプライバシーマークの使用を容認する制度である。本来は企業情報処理を行なう

コンピュータ業界のために創設されたが，最近では病院や介護事業者も，患者や利用者の間で個人情報の保護に対する要望が強くなっているため，プライバシーマークの取得が増加しつつある。

3. 情報公開

(1) 情報公開の重要性
　どんなに外部の認証や内部的改善活動を実施しても，介護サービス利用者の支持を得るため忘れてはならないことは，事業者や施設の情報公開である。株式会社や医療法人が行なう介護事業では，社会福祉法人並みの財務状況など経営内容の開示が望まれる。また介護過誤や事故，それに伴なう紛争などの情報公開は全事業者に望まれる。
　情報公開の度合いは，利用者にやさしい事業者かどうかの重要な判断基準になる。

(2) 地域密着対策と広報
　経営情報の情報公開と並んで自施設の良さを積極的に地域にアピールし、利用者や入所者増を目指す広報活動も欠かせない。いわゆる口コミは、マスコミ媒体による広告宣伝活動を凌駕する場合もある。
　身近な広報手段としての事例としては，以下のようなものがある。
　① 　広報誌の定期刊行
　② 　地域のミニコミ紙などへのイベント情報提供や掲載
　③ 　自治会や自治体の掲示板へのバザーや盆踊りなどのポスターの掲示
　④ 　ホームページ上でのトピックスの掲載

〔主要参考文献〕

Porter, M.〔1980〕*Competitive Strategy,* Free Press（土岐坤ほか訳〔1982〕『競争の戦略』ダイヤモンド社）.

Kotler, P.〔1980〕*Marketing Management,* Prentice-Hall, Inc（小坂恕ほか訳〔1983〕『マーケティング　マネジメント』プレジデント社）.

渡辺孝雄〔2001〕『医療福祉サービスの経営戦略』じほう.

渡辺孝雄・小島理市〔2006〕『競走に勝ち抜く医療マーケティング』ぱる出版.

医療経営財務協会編〔1994〕『病院経営の危機いま病院は変わる』社会保険研究所.

（細川　和男）

第13章

経営の要は人材確保と活用

―――＜本章の要点＞―――

❶ 人的資源管理においては，「人的資源確保地域」「人的資源育成領域」「人的資源活用領域」「人的資源評価・処遇領域」の枠組み運用に基づいて展開する。あらゆる組織にとって，人材管理が組織活力の成否にかかわっている。

❷ 福祉産業分野に従事し仕事を遂行する職員各人は，使命感とともに活動貢献度についての信念を保持する特性をもっている。活動貢献度に対する実感が，モチベーションをさらに高めていく要因になっていく。

❸ コンピテンシーが優れた効果を発揮する場面は，「評価の納得性向上」「適材適所の実現」「職員（社員）の能力向上」「組織（事業所）の価値観認識」にあるとされる。組織サイドと職員サイドの積極的な働きかけを通じて，効果を発揮する土壌がつくられる。

❹ キャリア開発は，組織に属する各人に共通して期待される能力進展である。今日の組織社会における各人の位置と将来への展望は，多様化している。したがって，キャリア開発の運用意図は，概して5つの形態に要約される。a）複線型長期人材育成，b）不測事態対応型キャリア・パス，c）多様な教育機会と選択履修制，d）個人の希望尊重とチャレンジ制の重視，e）個別キャリア・プランの継続的フォローと見直し

❺ 職員サイドからの自己啓発の側面が想定される。組織との側面はOJTが最も重視される育成・指導手法である。職員自ら取り組む自己啓発は，近年，極めて重要なレベルアップの方法である。

　それぞれの職業生涯のなかで，おおよそ5つの期間を通じて，長期的かつ体系的なキャリア開発の運用が進められる。職員各人の向上意思と連動させていくことによってメリットを得る。

§1 仕事と能力の不適応状態への点検・修正

　福祉産業経営における人的資源管理，さらに担当する職員（社員）各人のキャリア開発の運用に当たっては，従来方式を修正すべき時期に入ったと認識する必要がある。福祉産業の成長拡大路線から内容充実路線に重点を移行させつつあるといえよう。そのなかで，いかにして内容充実を確認し，社会的要請や個別の期待にこたえることができるかを問わなければならない。福祉産業をめぐる経営環境は，明らかに変化を見せている。その動向は，人的資源管理との関係に表出している。

　まず，福祉産業分野の人的確保（採用面）では，難しい状態が続いている。採用から退職への期間が短縮されてきている。つまり，福祉分野での従業員定着が期待できない段階にある。離職率が高くなってきた背景には，業務の量が多く，かなりの身体的負荷をともなうこと，業務内容の範囲が大きくなり合理的な縮小方法が望めないことなどが推察される。さらに，従業員の業務能力と期待される仕事レベルの間に，不適応部分が存在することも挙げられる。

　仕事と能力の不適応状態は，早急にチェックし修正しなければならない。日常の業務の繁忙に追われて，当面の仕事—能力の関係について問いかける，見直す機会は，ほとんどないというのが実態といえる。

　育成領域では，育成計画で取り上げたOJT，OFF・JT活動も大きな進展とはいえない。内部育成型の時間的制約よりも，「欲しい人を欲しいとき」に外部採用に重点を置いている法人，企業もある。育成領域から活用領域への連携はどうだろうか。

　活用の場は，広がりをもっている。どのように能力発揮による業務成果を上げることができるのか。特に能力と仕事の不適応関係の継続は，できるだけ早く停止して，補強策を講じる必要がある。

福祉産業分野において，職員（社員）の能力の発揮・活用面で注目しなければならない点として，製造業とは異なる特性として，従業員当事者の仕事に対しての意志・意欲がどのような状態にあるかが問われることである。福祉活動への協働，支援従事することの充足感のありようが能力活用度に大きく影響することになる。職務行動における基礎となる意志・意欲の安定した取り組みが能力活用に成果を挙げることにつながっている。こうした福祉業務によって得た心理面の報酬（＝内的報酬）における充足感，達成感，承認を得ることなどの場面をつくり，実践していくことがいっそう配慮されるべき人的資源問題といえる。

　福祉産業分野においても，内的報酬は，業務遂行をめぐる部下＝従業員と上司＝管理者との間で具体的な形をとることになる。管理者は，担当業務の統括進行とともに，部下に対する一人ひとりへの育成的関心を維持し，職務行動において，部下の遂行ぶりを的確に把握し，成果やプラス面をタイムリーに評価（承認すること）がきわめて重要である。

§2　人的資源管理領域とコンピテンシー

　一般的に組織を構成する形態は，さまざまである。民間企業，各種機関などの特性を保有しながら，それぞれの経営方針，組織戦略に即応させて，目標成果の向上を目指すわけである。その際，組織サイドの課題となるのは，当該組織にふさわしい職員をいかに確保し，育成して活用していくか。活用における職務遂行を評価し，処遇に連係して適正に運用することにある。いわゆる人的資源管理（HRM：Human Resource Management）の推進は「人的資源確保領域」→「人的資源育成領域」→「人的資源活用領域」→「人的資源評価・処遇領域」となって展開していく（図13-1参照）。

　福祉産業分野においても，人材力が組織の優劣を決める主要なバロメーター

図13－1　福祉産業分野の人的資源管理における領域対応課題

人的資源確保領域	人的資源育成領域	人的資源活用領域	人的資源評価・処遇領域
○人材の採用活動 ・人材戦略に基づく人事計画 ・求人活動 ・定期採用 ・不定期必要事採用 ・派遣社員採用 ・パートタイマー採用 ○人材の量調整 ・契約満了時の更新，解除 ・出向，転籍の手続と実施 ・正職員・非正職員の比率の検討調整 ○専門能力職員の確保 ○就業形態の多様化に伴なう就業管理 ○国際活動担当者の採用 etc.	○OJTによる個別育成の推進 ○OFF・JTの運用 ・層別・部門別教育訓練 ・外部機関への参加研修 ・海外・国内留学研修 ○自己啓発支援制度の実施 ○管理職キャリア・アップ研修 ○CDPによる計画的長期育成 ○即戦力化の教育研修 ○エンプロイアビリティ（再就職能力）研修によるライフ設計支援 ○職員意識・マインド刷新への働きかけ ○従業員満足（ES）への配慮と対応 etc.	○配置による能力発揮と活用 ○異動による適応能力の発見と活用 ○昇格による能力向上と活用 ○昇進によるリーダーシップ向上と活用 ○権限委譲による能力活用の機会設定 ○自己申告制度との連結に基づく能力活用 ○目標管理との連動による成果達成意欲の醸成 ○出向・派遣による適応能力の拡大 ○職務拡大・職務充実施策と現有能力の組み合わせ ○高年齢層，女性能力の戦力化活用への促進態勢 etc.	○人事評価制度の運用 ・評価要素と要素比率の独自性 ・評価結果の導入 ・上司評価の自己評価の検討理解 ・成果・貢献度の評価比率の拡大 ○必要人的資源と現状人的資源の対比分析 ○目標管理による実施成果の分析と点検 ○組織成員能力と職場能力の相関度検討 ○能力発揮度と成果・貢献度の符合度分析 ○職能給・職務給賃金制度の運用 ○成果・業績対応の報酬方式 ○人件費コストの計画化と現状分析 etc.

（出所）服部・谷内編〔2000〕6頁より作成。

となっている。ここでいう人材力とは，職務遂行面で優れた成果を発揮することはもとより，同時にそれぞれの担当業務の遂行にあたって，仕事への使命感と責任感のある人を指す。民間企業の場合との相違点は，職員各人がいかに高い使命感をもち，福祉活動の充実に業務を通じて寄与できるか，という信念的行動であるといえよう。

そこで，職員各人の能力をベースとした人材管理において注目されているのがコンピテンシー（competency）の運用である。コンピテンシーは一般的に「高業績者の行動特性」と捉えられており，能力像は「ある仕事において成果を挙げている人材（高業績者）によって実証された，有効な行動パターンを生み出すための総合的な能力（行動特性）」である。それぞれの組織が直面する人事課題に対して，コンピテンシーが優れた効果を発揮するのは，次の場面とされる。

○評価の納得性向上
○適材適所の実現（採用・配置・活用の有効運用）
○職員（社員）の能力向上
○組織（事業所）の価値観認識（成果重視）

福祉産業におけるコミュニケーションのコンピテンシー・ディクショナリーでは，2つの面が重要である。
1. 態　度
・目線をあわせる　・利用者の意思を理解しているという態度を表明する
・思いやりのある態度で接する
・尊敬の態度で接する　・純真・誠実な態度で接する
・自己の感情をコントロールするように努める

2. 接　遇
・傾聴する態度　・承認する態度
・質問をする　・要約する
・フィードバックする

（出所）渡辺〔1998〕より作成。

1. 「人」と「仕事」をめぐる適応関係

21世紀の福祉産業分野での人材管理は,「人」と「仕事」の関係をめぐってさらに進化させていくことが期待されている。この視点から, 3つの観点について検討してみよう。

(1) 業務の標準化の設定

現行業務の内容, レベルについて見直しと修正に取り組まなければならない。福祉産業業務について, 現状を点検して業務内容の望ましい形態など業務標準化が必要である。

(2) 「人」と「仕事」の関係適応化

コンピテンシーのもつ適材適所の側面を活用して, 改めて職員各人の能力・適性・意思と現在の担当業務の適応度をチェックすることが上長(直属管理者)・本人の両面から必要である。それは職場能力・職員能力の進展と育成に役立つことになる。

(3) 能力成果・業績と処遇の有効な連結化

職員各人の業務遂行による成果・業績は, 適正な人事評価により処遇として賃金, 昇格, 昇進などに連結させていく。その働きが本人のモチベーションを高めることになり, そのような体系的な制度運用が人材形成につながる。

§3　キャリア開発の運用展開

1. キャリア開発の運用意図

　キャリア開発（CDP：Career Development Program）は，人材育成手法の1つとして位置づけられている。その特徴とするところは，長期的展望に立った個別能力開発と育成にあり，組織ニーズと個人ニーズの統合化を通じて，人材育成を推進しようとの意図に基づいている。

(1) 複線型(分野別)長期人材育成

　人材の育成は，従来みられたような職位優先による，いわゆる単線型ではなく，当該職員の能力・適性・意思をベースにして分野別にいくつかのコース(ライン系統・スタッフ系統・ベテラン系統など)に適応させて運用していく複線型方式を重視する。職業生涯のなかで，それぞれに充実感をもち，仕事能力を有効に活用していくためには，単線型から複線型へ切り換えて，よりふさわしいコースを歩むように，組織サイド・上長は準備し支援することが重要である。
　職員が職場での業務遂行を通じて能力を向上させ，将来像に向かって進む際に，たとえば，主任→係長，係長→課長といった役職位だけに価値観を限定してしまうことは，今日の職位価値観の多様化，職場生活スタイルの変化からすれば適切な対応といえないだろう。したがって，幅広い能力活用の領域を事前に設定しておくことが望まれる。そこでキャリア・パスの運用が課題となる。

(2) 不測事態対応型キャリア・パス

　職員の人材育成は，一定のルート(キャリア・パス)に基づいて運用を進め

る。これは配置・異動や昇進の方法と連結したものであり，レベルアップのための計画的実施として展開される。

ところが，今日の医療・福祉経営環境の変化，職場内部の対応態勢の修正などの働きが派生するとき，予定したキャリア・パスでは機能しえない場面が出てくる。組織と人員の関係，組織活力と職員能力の関係など，現状ニーズに対して，従来型のキャリア・パスでは応えられない事態が生じてくるわけである。こうした現状を打開するためには，弾力的にキャリア・パスを運用すること，柔軟な配置・異動が必要となる。ある程度幅のあるガイドラインを設けながら，不測事態に対処できる態勢をとらなければならない。不測事態対応型の構想化を進めなければならない。

(3) 多様な教育機会と選択履修別

将来どのコースを進路とするのか，職員の職場における将来像は，進路選択によって次第に明らかなものとなってくる。その時点で，コースにふさわしいレベルアップと職業生涯の生活設計に取り組むことが要請される。前者のレベルアップは，職場内での教育研修と結びつけて検討し受講するという形になるが，当該職員の将来へ向けた態勢づくりの意欲を維持し，支援していく上でも，複線型コースに沿った教育機会を準備しておかなければならない。

当該職員が必要とする教育プログラムを，選択履修できるような多様な教育機会の設置が必要である。ここでいう教育機会はさまざまである。職場研修のなかで直結させるもの，通信教育講座の受講によるもの，職場セミナーへの参加によるもの，定期的進路相談について意思疎通，調整を図るものなどが挙げられる。現在の職場キャリア開発の運用や長期人材育成方針に適応させ，可能な方法を具体化させていくことが大切である。

(4) 個人の希望尊重とチャレンジ制の重視

キャリア開発の有効な展開は，組織サイドで共通領域をどれだけ多くもっているかや方向づけへの認識が要因となる。その進行度は，両者にとっての関心事であり，具体的な実践機会を示すものでなければならない。職業生涯におい

て将来の進むべき方向を選択する際に，組織サイドの適切な助言・支援は不可欠であるが，重要なことは，当該職員が選択するための明確な意思と希望をもっていることである。こうした動きと関連させて，自己申告制度を運用する方法も実施されている。それぞれに職員の意向や希望を申告内容から捉え，組織ニーズや職員能力や適性などを織り込んで総合検討して進むべき道を方向づける。

(5) 個別キャリア・プランの継続的フォローと見直し

職員各人が職業生涯での進路方向を決定するまでには，さまざまな経緯と準備を伴なう。必要な情報を該当職員に伝達する面接の機会をもつこと。また該当職員が自分のキャリア開発に取り組みやすい職場環境をつくっていくことが課題となる。キャリア設計，キャリア・カウンセリングも準備しておきたいシ

> **Column**
>
> #### 今職場の問題は何か直視しよう
>
> 介護活動に従事する職員をめぐって，いろいろと問題が浮上している。福祉産業分野が直面する１つの領域だ。問題が出てくれば，早く手を打たなければいけない。静観していれば，さらに厄介な局面で露呈してくる。早く，適切にどう手を打つのかが事業所（社会福祉法人，民間企業，連繋法人，NPOなど）の事業経営の浮沈にかかわる。
>
> 全般的に介護職員の定着がわるい。それも恒常的である。「賃金が低い」「ぎっくり腰になった」「一息つく時間がとれない」「人材がとれない」など多くの苦情が挙がっている。処遇や就業形態などさまざまだが，どこでもある問題であり，本気で対応し解決を図ろうとしない事業所は明らかに経営能力を衰退させていく。改めて，現状の職員能力と仕事，その処遇について確認・面接の必要がありそうだ。
>
> 「介護労働実態調査」（厚生労働省，2003年10月）では，人材の確保の困難さ，人材の質の低下が挙げられているが，まずそれぞれの今の職場・事業所が取り組むべき課題をトップ・マネジメントは直視すべきであると考える。
>
> 「手を打てば響く」ように「事業活動の効果」が目にみえてくる態勢づくりが期待される。

ステムである。こうした機会やシステムの運用とともに，それぞれ個人的事情に即して設計したキャリア・プランを，一時的なものにしないで持続し，実施していかなければならない。そのための見直しや修正も積極的に進めることが望まれる。

2. 職場サイドからのキャリア形成への仕組み

キャリア開発は，職場サイドと職員サイドの両者で設計し，実践していくことによって，特徴を活かしていくことになる。ここで，職場サイドからのキャリア形成と職員サイドからのキャリア形成について考えてみよう。

(1) 個人別の能力開発計画とOJT

全体的な能力開発体系に即応させて，キャリア形成は個人に照準をあわせて進めることになる。一人ひとりの能力レベルを把握・分析したあと，当該職員の能力向上のためにどのような方法を講じるかについて，具体的な検討・工夫が要請される。その1つは現行の職能等級基準に対して，どれくらいの適応度があるかを検討し，期待基準ラインを超えるように助言・指導していかなければならない。上位等級の基準を目指して，レベルアップを図る支援態勢をとることが大切である。

このように，目指す方向とレベルの高さについて，上長（直属管理者）と職員（本人）とが同時に確認することが重要である。職場サイドの働きかけとして，上長は，この確認内容を前提として日常業務のなかで指導・育成にあたるべきである。OJT(on the job training；日常業務を通じて行なう部下への指導・育成)において，目標と方向を明らかにして推進していく視点と具体的な実施行動が望まれている。直属管理者は，部下一人ひとりの能力レベル，特性，意思などに符合した方法を工夫し実施していくべきである。もちろん，各人に符合したOJT手法の実施は難しいが，それを日常指導のなかでどう打ち出していくのかが，管理者に期待される力量といえる。

(2) 育成観点からのジョブ・ローテーションの実施

「誰を」「どこに」「どれくらい」といった検討・分析が，ジョブ・ローテーション運用の際に進められる。その着眼点は，組織ニーズとしての戦力面からの検討と並行して，「誰を」「どのようにして」育成していくかの意図や配慮が伴っていることが各人のキャリア開発において必要である。人事の異動は，職場の戦力を強化しよう，あるいは補強しようというやり方に固執すると，職員各人の能力開発・育成の面から効果を弱めることになろう。

職場の戦力強化を進める方向づけは，長期・中期からの職場活力化の展望と連系させて具体化するわけである。そのなかで，ジョブ・ローテーションを位置づけるべきであり，「何年間でどこまでこの仕事の習熟度を高めさせるか」「この技術レベルを2年以内でどこまで引き上げさせるか」といった段階ごとの育成レベルを想定したやり方が望まれる。それに要する時間とコストは，能力育成のためのコストとしてみなければならない。

(3) 外部セミナー，研究会などへの派遣と自己啓発支援

OFF・JT（off the job training；集合教育や外部での教育・訓練）としての教育研修や能力開発の機会を多くすることは，受講側（職員サイド）にとって有利である。業務知識・技術についての理解，ものの考え方や発想転換にとって有益なヒントを得ることを意味するからである。

外部セミナーや研究会などは，能力開発のための具体的な知的作業であり，必要な啓発機会になる。

職場外での教育情報について周知しておくことも大切である。上長（直属管理者）は部下育成への配慮をこの機会と結びつけて支援を図らなければならない。自己啓発支援の面から通信教育講座の受講，業務関連図書についても勧奨し助言を与えることによって，当該職員の能力開発意識を喚起することができる。

(4) 個人別啓発目標の配慮とモラール向上

職員は，それぞれに能力開発・向上について考え，自分のペースで取り組ん

でいる。そうした背景には，組織サイドや職場における能力重視の風土が醸成されつつあることが推察される。所属する職場か企業における能力育成・活用の場面がしばしば見受けられる状況をつくり出すことが，重要である。

　職員が目標を立ててそれに向けて取り組むとき，管理者は補強点，改善すべき点を指摘し助言していく姿勢が必要である。その際の指導・助言の仕方によって，遂行過程における姿勢・行動や目標達成度が変わってくる。やる気を喚起させながら，目標達成への継続的な遂行の重要性について説明することも大切である。

3. 職員サイドからのキャリア形成

(1) 業務関連資格の取得

　職員が現在担当している仕事にとって必要な資格，もしくは望ましい資格については早期に取得することが望まれる。仕事遂行においても直接かかわる資格を取得するために準備しなければならない。当該職員の資格取得に対する強い意思と継続した実践が当面の課題である。そこでは，資格取得が自らの能力向上につながる，仕事対応能力の領域を拡げるものである，との認識がポイントとなる。

(2) 小集団活動参加などによる問題意識の共有

　小集団活動は，メンバーの主体的な活動運営を通じて相互に啓発し，職場の問題について改善を進め，解決を図ろうとするものである。日常の仕事遂行からとらえた問題点を検討して，メンバー自らが打開しようと働きかけるわけである。

　該当職員が仕事をめぐる問題を考えるという取り組みは，今存在する問題の解決を意図しており，その熱意や実践が有効な動きにつながっていく。小集団活動は，職員による経営参加意識を高め，職場問題の改善・解決に役立ってきた。製造分野，サービス分野にとどまることなく，福祉産業分野，自治体など

にも拡がりをみせている。

(3) 外部セミナー，研究会などの参加による多様な能力開発

OFF・JT（職場外の育成・向上）の一環である外部研修，研究会などへの参加を通じて，社内研修とは異なる知識，情報などを得るとともにビジネスへの新たな関心を呼び起こす機会ともなる。職員各人が外部での能力開発の機会をどう活用するかが課題といえよう。自らのレベルアップのために領域を深めていく努力が望まれている。キャリア形成は従業員サイドからの積極的な対応行動が大切であって，そうした積み重ねが着実にキャリア形成の基準を固めていくことに連動していく。

(4) 通信教育受講・関係書講誌などによる専門能力の養成

職員が仕事に直結する，もしくは仕事に関連するものとして知識を修得しようとする取り組みは定着してきた。その具体的な動きが通信教育受講であり，関係書講読である。仕事対象となる範囲のテーマを選択して，それぞれのキャリア開発を図ることになる。

こうした職員サイドからのキャリア形成においては，経営環境の変動，業務内容の改編などの動きに対処していくとともに，職員自らのキャリア形成意思と行動が成否の主要なカギとなる。

§4　キャリアの進展過程と進路プランの連動化

長期にわたるキャリア形成は，基盤づくりから次第に知識・技術領域の専門能力向上を図りながら，高度専門能力の修得とともに経営能力の発揮機会を経験していく。そうした長期的キャリア形成は，だいたい5つの期間に区別することができる。

第1期　将来必要とされる基礎的な知識・技術の修得，仕事遂行基準の確立
第2期　確立した基盤の上に実践能力を強化し，いわゆる一人前としての活動ポジションを構築
第3期　業務遂行における視野を拡大し，習熟・経験を仕事に活用させていく。さらに経営活動への理解・認識を深化させる。
第4期　習熟・経験を統合して経営的視点に立った部門活動の推進
第5期　職業生涯の集約と態勢づくりによる次の生活設計へのステップ準備

上記の期間を職員年齢と呼応させて職業生涯におけるキャリア形成段階を考

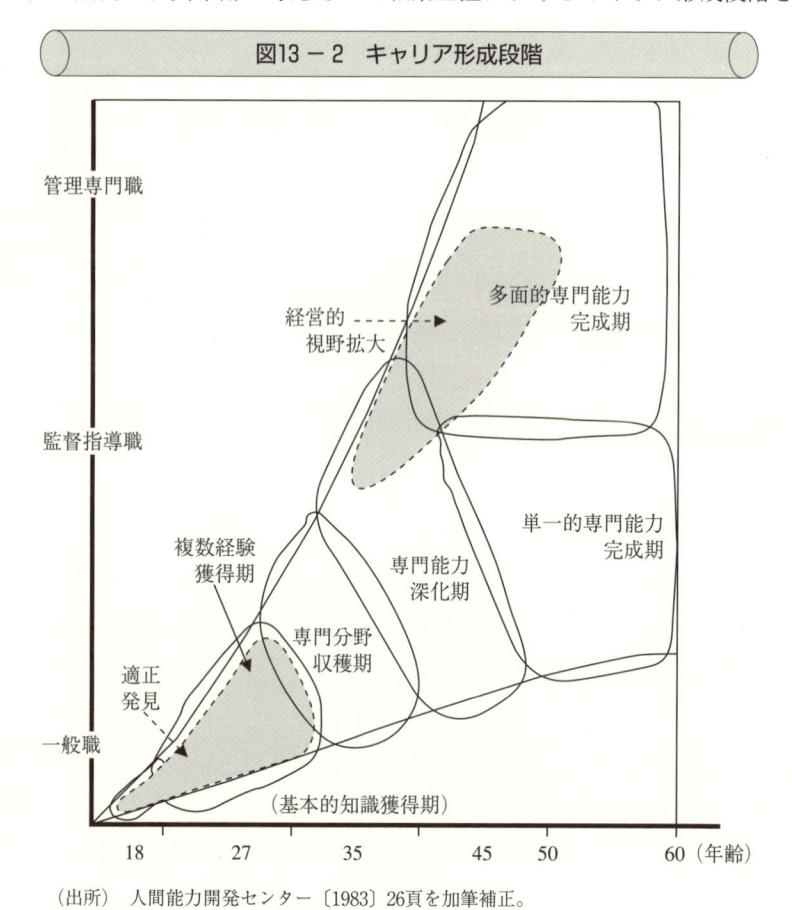

図13-2　キャリア形成段階

(出所)　人間能力開発センター〔1983〕26頁を加筆補正。

える場合，それぞれの年齢ゾーンとキャリアの発展推移が構想される。18歳から60歳までの職業生涯のなかで，年齢ゾーンが高まるに従って，能力のレベルと内容は多様化していく。職務遂行においては専門能力の高度化，他方では習熟能力の高まりが，拡がりの形態をとっていく。職員各人の能力は，加齢とともに変容をみせていくことになる。それぞれが保有している能力をどのように仕事と連結させ適応させ，さらに定着させていくか，極めて重要な課題である。年齢ゾーンとキャリア形成段階をあわせてみる際，今日のビジネス社会では，早期のキャリア形成と能力遂行の成果発揮が求められている。図13－2では，おおまかな年齢ゾーンと能力展開が示されている。

§5 賃金管理

　職員の労働業務に対する報酬としての賃金管理は，労働諸条件のなかで重要な領域分野である。賃金は，労働の対価という形で決定されることになるが，福祉産業部門では，これまで行政職俸給に準拠して適用・管理されてきた経緯がある。しかし，福祉産業間の競争が激しくなるに従い，年功序列型賃金からしだいに，能力型賃金に重点が移行してきた。民間企業にみられる企業競争の激化と生き残るための経営戦略の展開は，着実に福祉産業にも拡大し，その戦略実行の成果が問われつつある。すでに各事業分野に拡がりをみせている能力型賃金は，いわゆる職能給賃金として定着してきている。
　職能給賃金は，従来の年功賃金（年齢や勤続を重視して決定する管理の仕組み）から，業務遂行における能力発揮とその成果度を重視する職能給制度が主流となっている。この年功要素から能力要素への重点移行は，まさに福祉産業分野においても，業務遂行を通じて発揮される職員各人の「能力度」「成果度」がいっそう重要なものとなっている。日本では，年功要素を0にして能力要素を100とするような方式に大きく改編することはほとんどなく，多くの民間企

業にみられた動きは，職能給と年功給の併存という形態での推移である。両者をどれくらいの比率にするか等の対応は，当該事業場の賃金政策，人的資源管理の意図によって異なる。

賃金は，一般的に月例賃金，賞与（一時金）を指すが，広義では退職金なども含まれる。賃金管理において最も関心をもたれるものが月例賃金（基本給と諸手当から構成）である。最近では，管理職を対象とした年俸制（年間賃金としての制度）の普及もみられる。

賃金制度をめぐる社会的・経済的ニーズに応えていくためには，福祉産業分野においても，能力要素に比重を置いた賃金制度（職能給）の確立とその適正な運用を図らなければならない。賃金体系はそのベースとなるものである。

賃金体系は，基本給（職能給＝能力・成果にみあう賃金と本人給＝年齢・勤続にみあう賃金からなる）と諸手当（基本給を補充・調整する機能をもつもので，役付手当，特殊勤務手当，家族手当，住宅手当などからなる）から構成される。

賃金の決定にあたっては，a）社会水準（世間相場，同業界）はどれくらいか，b）支払能力と生産性（事業所の経営状況による支払能力，賃金水準に対する生産性）はどうか，c）生活費（生活を維持していく費用）はどれくらいかなどについて検討・協議する。そこから妥当な賃金を決めることになる。

職能給賃金を運用するには，職員各人の能力度を格付けした職能資格制度の導入・設立が前提となる。職能資格制度は，全職員（新入職員から部長層まで）を対象にして等級格付け（例：1等級〜9等級）を行ない，能力の高さにふさわしい賃金処遇とする。

賃金制度運用においては，4つの原則が挙げられる。

① 能力，職務の内容，レベルを反映させた賃金決定方式であること（刺激機能）
② 人材の採用と定着が可能となる賃金制度であること（維持機能）
③ 職員の生活保障を配慮した賃金額であること（安定機能）
④ 賃金決定基準を明確にして事業場への良好な関係を維持できる賃金体系であること（信頼機能）

§6 人事評価管理

　人事評価は，事業活動にそれぞれの担当業務を通じて参画する職員（一般職層，指導職層，管理職層）の職務行動について，評定する形態で行なわれる。そこでは，評定者（上長）と被評定者（部下・下位者）の関係において，実施目的，評定対象期間などを織り込んだ所定の運用基準に即して，「人事考課表」に記録する方法によって進められる。実施目的として昇給，賞与，昇格，昇進，能力開発，配置異動などに結びつけて行う。

　人事評価は，それぞれの評価要素について進めることになるが，だいたい3つの評定ゾーンに区分している。

- 　成果考課─担当した職務などを通じてどの程度の成果，業績を挙げたか（顧客満足度，目標達成度など）。
- 　情意考課─担当した職務を遂行する際の努力，意欲，態度はどうであったか（積極性，規律性，協調性，責任感など）。
- 　能力考課─担当した職務を遂行する際の能力保有，発揮度はどうであったか（知識，技能，判断力，折衝力，企画力，指導育成力，統率力など）。

　今日の人事評価制度における設計・運用にあたっては，コンピテンシーの研究に配慮しながら，当該事業場の評価意図に即して推進している。その際，ポイントとして3点を挙げることができる。

① 査定型から能力育成型へ
　それぞれ職員の能力育成にどう連結させるかというねらいを明らかにして，人事処遇・活用との体系的運用に重点を置いている。

② 職務基準と職能要件の提示
　人事評価制度における「職務基準」とは＜評定者が被評定者に対して期待す

る職務レベルと内容＞であり，一方の「職能要件」とは＜評定者が被評定者に対して期待し求める能力のレベルと内容＞である。評価行為には，＜何を・どのレベルで＞期待し求めているかを明示しなければならない。「職務基準」と「職務要件」は，この基本原則に立つものであり，実施事前の段階で職務調査によって，全事業場の角度からレベルと内容を分析し，整理しておくことが重要である。

③ 相対評価から絶対評価への転換

　評価の公平性・納得性を高めていかなければ制度への信頼性を失っていく。この事態を回避する持続的努力は必要である。評価は比率分布ではなく，期待レベルを上回っているか，下回っているかを区分し，評語（S，A，B，C，D）決定することが望まれる。福祉産業分野において，適正な人事評価をいかに実施・運用するか。業務をめぐる社会的ニーズの高さ，責任感の堅持，遂行活動への持続的努力，顧客への満足度などいっそう職員への期待レベルが高まっている。高齢化社会の進行は，福祉産業分野での業務活動とそれに伴なう成果・満足度を厳しく求めてきている。そうした動きに適応し，業務活動において効果ある展開を図らなければならない状況に直面している。

　人事評価制度の運用機能の再点検と福祉産業分野への新しい社会的ニーズを受け止めていく態勢づくりが必要といえよう。

〔主要参考文献〕

伊丹敬之・加護野忠男・伊藤元重編〔1997〕『日本の企業システム』（第3巻・人的資源）有斐閣。
人間能力開発センター〔1983〕「CDP事例集」。
二村敏子編〔1982〕『組織の中の人間行動』有斐閣。
服部 治・竹村之宏編〔1996〕『経営・人事労務管理要論』白桃書房。
服部 治・谷内篤博編〔2000〕『人的資源管理要論』晃洋書房。
森 五郎監修・岩出 博著〔2000〕『LECTURE　人事労務管理』泉文堂。
渡辺孝雄〔1998〕『在宅ケアの基礎と実践』ミクス（旧エルゼビア・ジャパン）。

（服部　治）

第14章

リーダーシップのない福祉に明日はない

――<本章の要点>――

　組織は，それを構成する成員としての職員がどのような活動ぶりかによって，大きく変容してくる。職員各人の能力が十分に発揮されているか，組織目標に向かってとりくんでいる意欲はどうかなど，さまざまな問題に直面している。こうした問題を打開し解決して組織活性化を目指す動きは，あらゆる福祉産業分野においても共通の課題となっている。組織としての最優先課題をしっかりと職員に浸透，理解をさせて目標成果を確保するためには，管理者＝上長のリーダーシップが不可欠の要件である。

　現在かかえている主要な問題を理解するとともに，新しい問題への研究着眼をつくることも，本章で望まれる学習姿勢である。

❶　目標管理は，運用をめぐって計画・実施・統制のサイクルを協働的に，効果的に進めることが重要である。組織目標に連動した個人目標の取組みとその達成行動は，個人能力向上と内的報酬の充足につながる。

❷　管理者が直面する課題として，部門統括（もしくは専門業務の高度推進），成員の指導と育成，経営補佐の３点が挙げられる。それぞれの状況に応じてバランスを図りながら，経営活動を推進していかなければならない。専門業務の高度推進の高度化，応用化の比重が加わってくる。

❸　組織の活性化を考えるとき，職場の活力サイドから「成員能力」「仕組み」「組織風土」の要素影響が最も大きい。それぞれに影響を与え，影響を受けることに着目し対応していくことが，活性化のカギとなっている。

❹　リーダーシップは一般的に「ある状況の下で行使され，しかもコミュニケーション過程を通して，集団がもっている特定目標の達成に向けられた，対人間の影響である」と捉えられる。

§1　組織活性化とリーダーシップの発揮

　組織は，規模が大きくなれば，そこにさまざまの問題が派生してくる。いかにして，組織の効果性を高めるかが常に課題になってくるのが実態といえる。概して，組織は＜伝統的なたて系列の命令系統を支える組織構造＞と＜各組織間を横断的に調達する組織プロセス＞からなっていると捉えられる。

　「組織の効果性を高めるには，組織構造とともに組織プロセスも向上させるべきだ」（南カルフォルニア大学のJ.ガルブレス教授）の指摘がある。今日の組織をめぐる問題の重要側面は，人と組織の関係のあり方を問うことにある。組織というのは，メンバー（人）との組み合わせによって作動するのであり，両者の結びつき，連携化がどう進んでいるか，組織の活性化が注目されるわけである。どのような形態であれ，そこには組織と人の組み合わせが成立する。

　したがって，組織の活性化を考える際には，組織のメンバーの職務行動における遂行過程・業務成果・対応姿勢意思などが要素になる。メンバーが意欲的に仕事を遂行し完遂させているか，遂行過程で支援や承認の機会を得たか，キャリア向上を実践する経験があったかなど各様の職務行動とそれにともなう行動結果をはじき出す。とくに，福祉産業分野では，福祉事情の経営方針にもとづいた福祉活動を担当する者の比重は高いとみなされる。

　担当業務のそれぞれの場面，機会を通じて，どのように事業方針の具現化を図るか，その度合いが福祉事業部門の活性化とつながり，やがて福祉経営の活性化の問題へと拡大していくわけである。

　職場問題が，部門問題となり，やがて経営問題の一面を占めるといった事態は少なくない。それだけに，小さな組織，小さな職場が不活性化な状態を軽視するような対応は大いに警戒し，打開のための措置を講じる職場風土を作り上げなければならないと考える。組織はなぜ不活性化するのか。逆にいえば，組

織はいつも活性化していることは難しいのであって，日常業務の中で，不活性化の要因を早く取り除く，問題解決する仕組みと行動づくりに留意していく必要がある。

そうした組織活性化の取り組みは，リーダーシップの発揮にとって，効果を高める土壌となる。アメリカの経営リーダーシップ論で活躍するキャプランとノートンは，リーダーの生み出す成果として，①財務的成果，②顧客に対する成果，③社内ビジネスプロセスの成果，④学習と成長のための成果の4つの点を挙げている。特に，この強調点をわが国の福祉産業分野のこれからのリーダーシップ論に応用すれば，第2点の顧客に対する成果が最も影響を持つと推察される。

今日の福祉産業にみる経営環境の流動化，事業展開の競争の激化などに着目するとき，顧客満足，顧客維持率，新規顧客獲得数，顧客に対する付加価値を生む成果をどのようにつくり，提供していくか。リーダーシップの行使は，福祉産業の新しい市場を開拓し価値を高めていくうえで重要なカギとなっている，と認識しなければならない。

§2 目標管理と取組みの配慮点

目標管理（MBO：management by objectives）とは，「目標を設定し，それを実践し，結果を評価する」ことを通じた，人と組織のニーズの統合化という点にポイントがある。もともと目標管理は計画・実施・統制（Plan・Do・See）のサイクルを確立する方法として，Y理論を基礎とした行動科学的アプローチによる展開であった。したがって，取組みにあたっては，次の点に配慮することが望まれる。

① 成果管理体制における計画・実施・統制のサイクルの精度を高めて職員各人の目標達成意欲の維持・向上を促していく。

② 遂行場面において，人間的側面を配慮したY理論の視点から取組み，前進させていく。
③ 管理者と職員の間に目標達成への協働意識を高めながら，管理者は支援行動を積極的に提示していく。
④ 組織ニーズと個人ニーズの接点としての目標ラインを目指し，達成活動のなかからレベルアップと充実感を体得していく。

経営学者のシュレイ（Schleh, E. C.）は，「具体的な目標こそが人間の力を引き出す」と強調して，経営活動における目標設定の効果を論証している。シュレイは，実務面からの観点に立って，目標をできるだけ具体的に設定することを重視した。つまり，「何をするか」だけでなく，「どれだけ」「いつまでに」やるかをできるだけ明確にせよと指摘する。目標管理の進行をめぐる上長と部下という関係は，絶えず組織ニーズと個人ニーズの関係維持を問うことになる。全体目標＝組織目標と個人目標＝職員目標がうまく機能し，協働関係を維持していくことが重要である。組織を構成するメンバー各人の業務遂行における能力発揮度や，取り組む行動姿勢が，See（統制）段階で大きな成果の格差をも

図14－1　目標管理の進め方

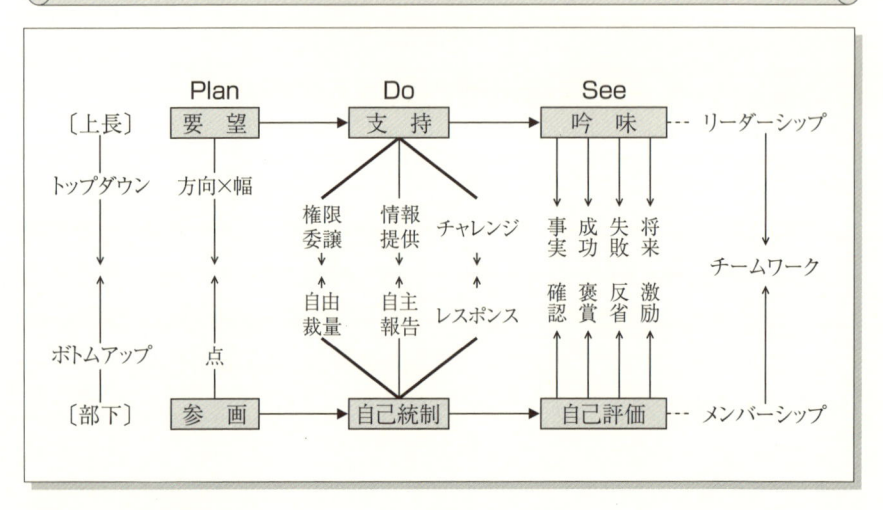

(出所) 『目標管理実践マニュアル』〔1981〕産業能率大学出版部より作成。労務行政研究所「労政時報」〔1994〕第3170号より作成。

たらす。管理者の支援態勢と職員の遂行意思の組合せ方がその成果へ影響を及ぼすことになる。両者はどのような形態で目標管理を進めるのか。望ましい形態を図14-1で示している。

§3　運用におけるステップ

　目標管理を成功に導くために管理者の役割と責任は大きいといわなければならない。シュレイは，企業における管理者－部下の関係について，8つのステップを指摘している。
　第1のステップ——部下各人に期待させる達成結果をきちんと割りつけること。部下の達成を期待するのであれば，上長として期待している事項をきちんと説明すべきである。
　第2のステップ——部下に適切な訓練を提供すること。各企業の実態を観察すること。訓練分野がないがしろにされているケースが多い。この状況を是正するには管理者が第一線レベルの管理者に対し，彼らの主要職務は自分の部下たちに適切な訓練を実施することであることを深く認識させることが重要である。
　第3のステップ——上長からの部下に対する意欲づけが不可欠である。そのためには，部下各人の達成成果についてのフォローアップをしていくこと。
　第4のステップ——優れたリーダーシップの下に，集団としての高い意欲をもつ状態をつくり出す。人間は本来，上長からの意欲づけを必要としている。
　第5のステップ——新しく改善された方法を，つねに目指していくこと。従業員に新しい考えを導入していくことの重要性を強調し，さらに経営活動において，つねに改善を取り入れていく努力が重要である。
　第6のステップ——各管理者が将来の優れた目標達成のために，優れた計画を立案しておくこと。これらの計画を現実的なものとするためには，まず各管

理者に自分の達成すべき成果部分の計画を立案させること。さらに部下の職務に影響を与える全体的な計画には，その立案段階で部下を参加させることが重要である。

　第7のステップ——部下各人に将来の昇進機会を与え，育成を進めていくこと。このためには，経営者層としても各管理者の部下の育成に対する努力を正当に評価してあげることに努めるべきである。

　第8のステップ——部下が業績を挙げた際には，それを正当に評価してあげること。このような認識行為は，部下を正しい方向に導くのみならず，部下が間違った方向に行ってしまうことを防止する。

　シュレイの目標管理場面における上長・部下の関係のあり方を明示したこのステップは，企業活動のみならず福祉産業分野においても応用できる考え方であり，行動様式でもある。つまり，目標設定→目標遂行→目標達成に向けた上長・部下の関係には，自らの遂行課題に取り組み完遂を目指す部下の行動に対してそうした行動の円滑な推進と，そこからもたらされる成果・業績向上を進めるために管理者＝上長が支援・奨励をどれだけ有効に推進したかが問われる。

　職員各人のレベルアップを図り，充足感を高めていく誘因としての管理者の力量はきわめて重要といえよう。そこで，管理職層の活性化について考えておきたい。その状況場面を捉えるとき，「管理職の遂行役割（経営補佐・部下育成指導・部門活動統括）について，業務活動を通じて着実に果たされ，目標達成へ向けての取組みにおいて，管理者自らおよび成員の能力発揮・活用がスムーズに行なわれている状態」といえる。

§4　管理職の直面する3つの課題

　第1点は，部門統括（専門業務の高度推進）である。部門の長として担当する組織活動をまとめ，組織目標の達成・完遂を目指さなければならない。設定した部門目標の達成度を把握し，管理することが主要課題である。ミドルとしての管理職は，組織活動を効果的に推奨するように指揮し支援していく責任を負っている。活動立案設定もこの範囲である。

　第2点は，成員の指導と育成である。組織のメンバーである部下の能力発揮を促し，これを組織活動に直結させていかなければならない。一人ひとりの能力の総和に，いかにプラス・アルファした組織活動をつくりあげていくかがその問われる力量である。部下のそれぞれの強味・特性を掌握するともに，「働き甲斐のある」「働くことに誇りをもてる」「自己実現の場面がある」と感じるような職場づくりが必要である。適切な指導の過程には，仕事の遂行についての賞讃と叱責が伴なう。その指導行動のバックボーンとなるのは，部下を育成しようとする責任感と強い熱意である。

　第3点は，経営補佐である。部門単位から職場単位への目標設定とそれに呼応する態勢づくりがカギとなるが，管理職は常に経営的視点から，業務遂行と遂行結果について判断・処理していくことが要請される。経営を補佐していく立場から，問題発見と問題解決を進めていかなければならない。当該管理者が担う役割と組織目標に対する再確認が必要となる。

§5 組織の活性化と「職場の力」

そこで，組織の活性化の問題について取り組む前提として，いったい，組織＝職場を構成する要素とは何か，職場の能力というのはどのような内容を具備したものなのかなどを検討する必要がある。今日の経営活動における，それぞれ１つの単位となる職場の状況について考えてみよう。

職場を形成する能力要因を職場の力と捉えるならば，職場組織には，３つの能力があるといわれる。すなわち，①成員の能力，②仕組み（制度・構造），③組織風土である（次ページの図14-2参照）。職場の力というのは，経営活動をめぐる内外の経営環境に適応を図りつつ，組織能力を強固なものにしていかなければならない。こうした職場の力＜能力・仕組み・風土＞の形成にあたって，留意を要する点は，「行動能力」「仕組み」「風土」がお互いに影響を及ぼしあうという現象である。したがって，相互環境がプラスになるように組織運営を進めていくことが管理者の課題となる。メンバー各人の能力の総和は，必ずしも職場能力と一致しないことについて着目する必要があろう。次のような場面が想定される。

A職場…職員数20名	職員平均能力10パワー
想定されるA職場の事業活動能力	20×10＝200パワー

実際に発揮される事業活動能力は，200パワーではなく，185パワーであったり，210パワーであったり，その発揮能力はさまざまな形態比率となる。なぜ，そのように想定される事業活動能力と実際の事業活動能力の違いが現れてくるのか。そこに，３つの要素の影響結果が提示されてくると理解される。たとえば「能力」が一定のレベルを保持していた場合でも，「風土」がよくない際には，その「能力」が十分に発揮されない，あるいはメンバーの仕事意欲を減退させ

第14章　リーダーシップのない福祉に明日はない　215

たままの状態といった形となる。逆にメンバーのやる気が高く，協働意欲が強い場合，想定される結果（売上高，生産高，利益率など）よりも，発揮された結果は高い現象を示す。

こうした「職場の力」の展開場面は，日常の福祉産業分野においても多くみられるところである。社会福祉施設事業の活動のなかで，それぞれのメンバーの能力が一定レベルの要因を保持している際にも，メンバー間の信頼関係が弱

図14－2　職場能力：問題状況把握図

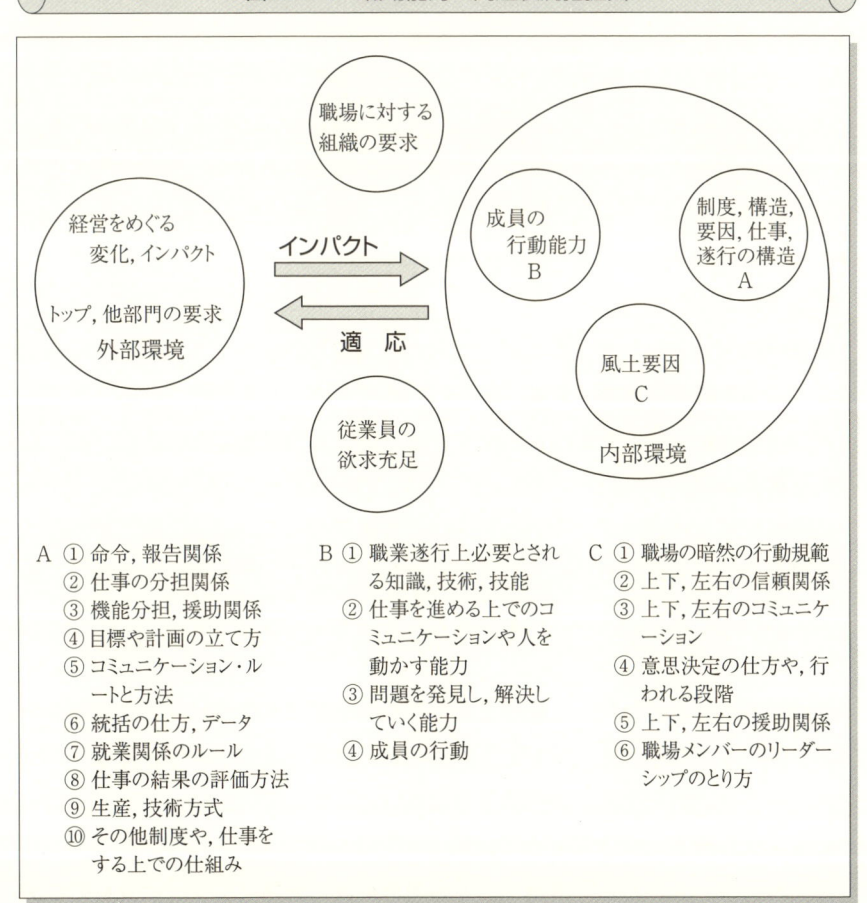

- 経営をめぐる変化，インパクト
- トップ，他部門の要求
- 外部環境
- 職場に対する組織の要求
- 成員の行動能力　B
- 制度，構造，要因，仕事，遂行の構造　A
- 風土要因　C
- 従業員の欲求充足
- 内部環境
- インパクト
- 適応

A
① 命令，報告関係
② 仕事の分担関係
③ 機能分担，援助関係
④ 目標や計画の立て方
⑤ コミュニケーション・ルートと方法
⑥ 統括の仕方，データ
⑦ 就業関係のルール
⑧ 仕事の結果の評価方法
⑨ 生産，技術方式
⑩ その他制度や，仕事をする上での仕組み

B
① 職業遂行上必要とされる知識，技術，技能
② 仕事を進める上でのコミュニケーションや人を動かす能力
③ 問題を発見し，解決していく能力
④ 成員の行動

C
① 職場の暗然の行動規範
② 上下，左右の信頼関係
③ 上下，左右のコミュニケーション
④ 意思決定の仕方や，行われる段階
⑤ 上下，左右の援助関係
⑥ 職場メンバーのリーダーシップのとり方

（出所）　清水〔1981〕70頁より作成。

かったり，活動目的への優先課題が徹底されておらず各様の受け止め方になっていたりする場合，やはり期待を上回る成果を得ることは難しい。3つの職場能力＜行動能力・仕組み・風土＞を相互にプラス展開していくように，調整・運営していかなければならない。

§6　集団をベースとした個人と組織のあり方

　管理者が組織を目標に即して運営していくためには，どのような型が望ましいのか。経営学者のリッカートは，集団をベースとした個人と組織のあり方について，システム1～4のパターンに区分し，その特性をまとめている（Likert〔1964〕）。次の形態のように位置づけられている。

　＜システム1＞
　独善専制型ともいわれ，トップや上長の一方的判断に基づき，徹底した命令によって運用される組織（職場）である。動機づけとして恐怖，脅迫，懲罰などが作用するため，上下間の信頼感や共感はほとんど存在しない。

　＜システム2＞
　温情専制型といわれ＜システム1＞ほど専制的ではないので，部下からの意見具申なども若干はある。しかし，上長は部下とマン・ツー・マンで接し，かつ強圧的傾向が強く，さらに恩着せがましさがある。

　＜システム3＞
　相談協議型ともいわれ，上長相互間での相談や協議，さらには上長と部下の相談や協議などを通じて，横や上下の連帯がある程度まで生み出されるが，マン・ツー・マンがやはり上長対部下の基本になっている。

　＜システム4＞
　集団参画型ともいわれ，集団としての力を最高に発揮しようとするものである。そこで人間行動における支持関係，意思決定における集団参画・高い業績

目標の設定の必要性などが，このシステムの特性の基本となっている。

さて，こうした4つのパターンのなかで，＜システム1＞＜システム2＞は伝統的（古典的）経営管理とみることができる。これに対し＜システム3＞は人間関係管理に比重を置いた形態である。リッカートは，＜システム4＞を目指すべき領域として位置づけ，その基本的原則として「支持関係」「集団方式」「業績目標」の3つを指摘している。

§7 ＜システム4＞の原理と組織運営

＜システム4＞の原理では，上長と部下の間には信頼関係が確立している状態を目指す。両者の間に存在する信頼関係をベースにして，経営行動を遂行する。それは，目標に対する達成のための挑戦とか，組織活動における積極的な参画行動といった形で現れてくる。そうした行動，態度をとらせるものは何か。信頼関係が活動遂行において一定の役割を担い，目標遂行によって自らの充足感の形成につながっていくことに注目すべきであろう。これらの原理に即して組織運営を推進するとき，どのような効果が期待できるか。

その点について，リッカートは特定期間における組織運営の効果をみる着眼点として，3つの要素（原因変数，媒介変数，結果変数）を挙げている（図14-3参照）。＜システム4＞と＜システム1・2＞による効果性に対する作用関係がそこに表示されており，組織運営のなかで形成される対応形態（影響力，態度，意欲，信頼感）は明らかに＜システム4＞において，プラス面をもっていることが理解される。組織成員としての職員の仕事遂行をめぐる行動は，向上・達成を目指す積極的な態度を基盤として展開することになる。

＜システム4＞では職員各人の行動について，上部から（上長）の支援・助言があり，側面から（同僚・関係者）の協力・後援がある。そこでは一人ひと

図14-3 システムの効果性に作用する各変数の関係

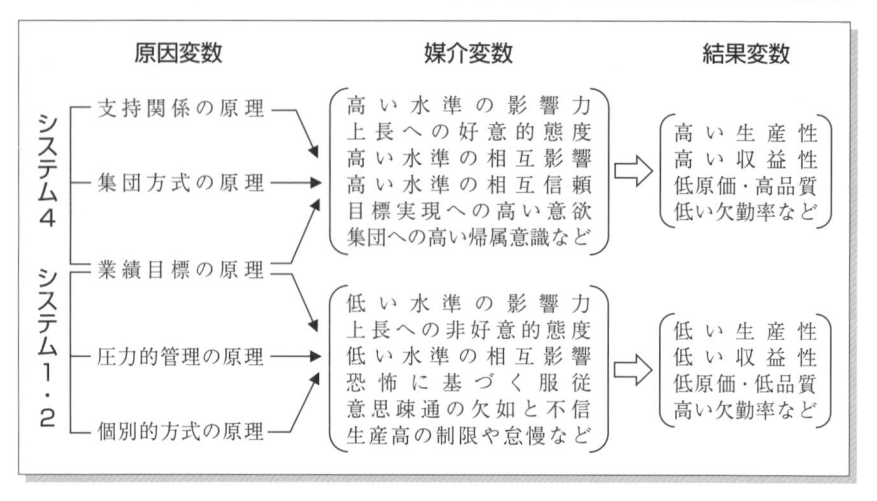

	原因変数	媒介変数	結果変数
システム4	支持関係の原理 集団方式の原理 業績目標の原理	高い水準の影響力 上長への好意的態度 高い水準の相互影響 高い水準の相互信頼 目標実現への高い意欲 集団への高い帰属意識など	高い生産性 高い収益性 低原価・高品質 低い欠勤率など
システム1・2	圧力的管理の原理 個別的方式の原理	低い水準の影響力 上長への非好意的態度 低い水準の相互影響 恐怖に基づく服従 意思疎通の欠如と不信 生産高の制限や怠慢など	低い生産性 低い収益性 低原価・低品質 高い欠勤率など

（出所） リッカート（三隅訳）〔1964〕122頁より作成。

りのもち味や特性を承認することを優先していく雰囲気がある。また，弱点を補充しようとする行動を重視した支援の方法が講じられる。組織風土はプラス面を強くする影響力をもつ。

　それらの媒介変数の動きは，成果という形で結果変数に波及していく。＜システム4＞では，高い業績目標を設定し，それを実現していくことに主眼を置いて，実現達成へ向けての職員の対応が適切に進行されるとき，そこには結果変数において，「高い生産性」「高い収益性」「低原価・高品質」を確保することができる。したがって，福祉産業分野においても組織成員としての職員のモラールを向上させ，各人の能力総和について想定される組織活力の量よりも高い水準に引き上げていくためには，それぞれの職場，組織活動場面で，福祉理念に基づく「支持関係」「集団方式」「業績目標」を軸とした原理の導入と実践にとりくむことが重要となろう。

＜事例研究＞組織の活性化による新しい組織像の形成

　組織活性化を全社的運動として積極的にとりくんでいるN社の新しい組織像

と意識改革は，次のような基本的な考え方を表明して着実に成果を収めつつある。
　①　やるべきことはやれ！
　　・行動の重視　・与えられたこと，決められたことはねばり強く実行する
　　・やったことへの適正な評価
　②　アイデアをつぶすな！
　　・アイデアの重視　・試行錯誤的「実験」の奨励　・困難を恐れるな！
　③　外に目を向けろ
　　・環境対応力を高める　・社内への目配りも　・的確な意思決定と施策展開能力の重視
　⑤　強力なリーダーシップを！
　　・まず経営者から　・中堅層が後に続け！
　同社のCI（Corporate Identity）運動に直結した組織活性化のとりくみによって「組織力」「仕組み」「風土」は体系的に改革へつながっている。

§8　リーダーシップの実践とSL理論

　管理の基本は「人を通して仕事を成し遂げることにある」といわれている。それぞれの経営方針に基づいて管理者＝上長は，組織成員＝部下に対し影響力を行使して成果の向上を目指す。リーダーシップというのは「ある方法の下で行使され，しかもコミュニケーション過程を通して，集団がもっている特定目標の達成に向けられた対人間の影響力である」と捉えられる。
　リーダーシップをめぐる研究は，経営管理の進展，人材活用のニーズの高まりのなかで，積極的に進められてきた。
　理論的な側面では，大別して特性理論（traits theory），行動理論（behavioral theory），状況適合理論（contingency theory）に区分できる。そうしたなかで，

ハーシーとブランチャード（Hersey, P. & K. H. Blanchard）のSL（Situational Leadership）理論（状況適合理論に基づく）が注目される。
① 教示的なリーダーシップ：課題達成指向行動を高くして，人間関係指向行動を低く抑えるリーダーシップのとり方である。課題優先的，指示的リーダーシップの型といえる。
② 説得的リーダーシップ：課題達成指向行動も高く，人間関係指向行動も高くするというリーダーシップのとり方である。
③ 参画的リーダーシップ：課題達成指向行動をできるだけ低く抑えて，人間関係指向行動を高くして前面に打ち出していくリーダーシップのとり方である。
④ 委任的リーダーシップ：課題指向行動も人間関係指向行動も低く抑え，部下に全てを委ねるようなリーダーシップのとり方であり，いわば放任的なリーダーシップといえる。

組織における人と仕事の関係は，多様な要素を織り込んで成立するが，そこでのリーダーシップのあり方がメンバーの職務遂行能力とモチベーションに大きな影響を与えるとともに，職場活力の成果において注目していく重要な側面である。

〔主要参考文献〕
上原橿夫〔1991〕『経営管理者の課題解決』産業能率大学出版部。
梅津祐良〔1988〕『革新型リーダーシップ』ダイヤモンド社。
清水　勤〔1981〕『問題解決に強くなる本』産業能率大学出版部。
服部　治〔1994〕『能力戦略システム』マネジメント社。
森　五郎監修・岩出　博〔2000〕『LECTURE　人事労務管理』泉文堂。
渡辺　峻・角野信夫・伊藤健市編〔2003〕『マネジメントの学説と思想』ミネルヴァ書房。
Likert, R.〔1961〕*New Patterns of Management*（三隅二不二訳〔1964〕『経営の行動科学』ダイヤモンド社）。
Likert, R.〔1976〕*New Ways of Management Conflict*（三隅二不二訳〔1988〕『コンフリクトの行動科学』ダイヤモンド社）。

（服部　治）

第15章

高齢者の自立を支援するビジネス

―――<本章の要点>――

❶ 2000年4月の介護保険法制定を契機にスタートした民間介護サービス事業は当初，苦境に陥ったものの迅速な戦略転換を図り，事業を軌道に乗せた。民営法人事業者は他の法人形態より大きな伸びをみせている。だが一方では，介護保険の総費用が急増，制度の破綻が懸念されるに至って「介護予防」が重視されるようになり，「新予防給付」も創設された。

❷ 「介護予防」と表裏一体の関係にある「地域密着型サービスの提供」のため「地域包括支援センター」が各地に設置され，民間事業者にビジネスチャンスをもたらしている。だが，ユーザー側からみた制度改定への不満・不安は根強く，こうした点にいかに対応できるかが重要となろう。

❸ 業況の厳しい建設業界をはじめ異業種からの参入も依然として活発である。変わり種としては，Jリーグの参入を挙げることができる。また，この分野への新規参入を「支援」するビジネスも行政書士，税理士を中心に活発化してきた。こうした状況にあって，「経営力」が真に問われる時代に入ったといえるが，ワタミグループの有料老人ホーム参入・展開は，「経営力」を生かした事例といえよう。

❹ 病院経営の支援にも大きなビジネスチャンスがある。もともと総合商社が医療資材の調達，設備導入を足がかりに積極的に推進していたが，その後，多くの異業種経営先進企業がかかわるようになった。最近特に注目されるのは，大手ゼネコンの参入である。

§1　軌道に乗った民間「介護」サービスの転機

1．サービス利用者の予想を上回る伸び

　2000年4月の介護保険法制定を契機にスタートした民間介護サービス事業は，後述の通り紆余曲折を経ながらも順調な伸びを示した。しかしいくつかの問題点も顕在化し，5年を経過した2005年6月には大幅に改正されるに至った。その主な改正ポイントは，次の2点に集約されるのではないかと思われる。

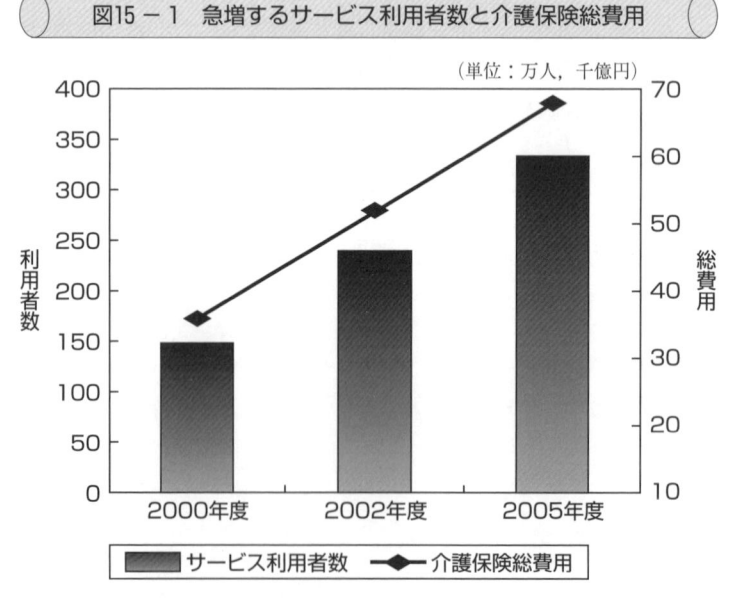

図15－1　急増するサービス利用者数と介護保険総費用

（単位：万人，千億円）

（注）　利用者数は4月サービス分
（資料）　厚生労働省『介護保険事業状況報告』より筆者作成。

① 介護予防重視の方向への展開
② 地域密着型サービスをはじめとする新たなサービスの創出と体系化

　この背景にあるのは介護サービス利用者の予想を上回る拡大であり，その意味では非常に社会的意味のある制度であったといえる。だが反面，その費用が急増，このままでは制度が維持できないという懸念も強まった。サービス利用者は図15-1のように急増，総費用も拡大の一途を続けている。すなわち，マーケットは予想以上の伸びで拡大し続けているということになるが，介護保険がこの市場を支えている以上，介護保険の伸びを超える費用の拡大，保険料の大幅引き上げもしくは制度の破綻，という厳しい状況がすぐに現実のものとなることが予想されたのである。

2. 迅速だった介護サービス大手の戦略転換

　ここでこうした事態が生じた背景を確認するため，これまでの介護サービスの展開状況を概観する。2000年4月以降，介護・高齢者支援サービス事業へ民間企業がいっせいに参入したが，利用者が予想外に少なかったこと，利用単価の安い「家事援助サービス」に利用が集中したこと，等の理由で大手の多くは苦境に陥った。また，介護拠点の統廃合も余儀なくされた。当初の見込み違いから業績も落ち込み，当然経営状況も厳しいものにならざるをえない。2001年7月4日の日本経済新聞の特集記事は，「介護ビジネスは早くも正念場を迎えている」と断じたほどである。

　苦境に陥った大手介護サービス企業の戦略転換と事業の見直しはしかし，迅速かつ的確であったといえる。前記のようなサービス拠点の統廃合をはじめとして，他事業者や医療機関との提携，「訪問」介護から「施設」介護への重点移行といった様々な見直しは功を奏し，介護保険制度施行の1年目こそそろって赤字だった大手も，施行2年目には単月黒字化に成功，2002年度通年でも軒並み黒字となった。

　ニュービジネス展開の一般的パターンと照らし合わせてみても，「2年目で単月黒字化，3年目で通年黒字」というペースは，相当早めに事業が軌道に乗

ったことを物語っている。これは高齢者支援のサービスニーズがそれだけ大きかったことと，それらのサービスの多くが「民間ビジネス」になじむものだったということである。また，民間企業の「企業努力」が実を結んだ結果ともいえる。

介護関連サービス業各社の収益はその後も好調を維持した。介護大手7社の2003年度連結業績はいずれも，売上高，経常利益とも前年度を大幅に上回る「増収増益」傾向を示している。前2002年度にもほとんどの大手は「増収増益」を記録しており，試行錯誤の連続であったとはいえ，成長市場としての「高齢者支援サービス事業」がようやく定着したことを端的に物語っているといえる。

3. 拡大の一途をたどる民営事業者と顕在化する制度破綻の懸念

図15-2に示されるように，その後の民営法人事業所の伸びは各法人形態別に見ても特に大きく，介護保険制度開始後の5年間で社会福祉法人のそれを大きく超えるまでに至った。

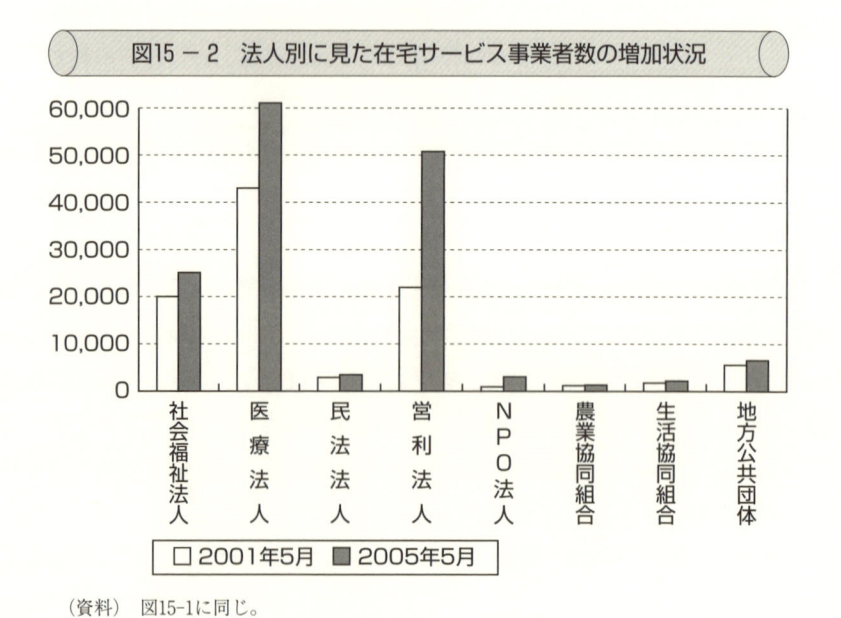

図15-2 法人別に見た在宅サービス事業者数の増加状況

法人	2001年5月	2005年5月
社会福祉法人	20,000	25,000
医療法人	43,000	61,000
民法法人	3,000	3,500
営利法人	22,000	51,000
NPO法人	1,000	3,000
農業協同組合	1,500	1,500
生活協同組合	1,500	2,000
地方公共団体	5,000	6,000

（資料）図15-1に同じ。

ただ一方では、総費用の急増により介護保険制度の破綻を招きかねないという懸念をも生じた。その結果として重視されるようになったのが「介護予防」というコンセプトである。もともと「介護予防」とは、図15-3に示されるように急増する要介護認定者の要介護度が進行するのをできる限り予防、あるいは遅らせることにより、介護費用支出の抑制を図ろうという趣旨で考えられた概念である。要介護認定者のなかでもとりわけ増加の著しい「軽度の」要介護認定者の状態が改善し認定者ではなくなることがもっとも望ましいが、要支援者が要介護者に移行することを防止するだけでも十分に意味がある。より重度の介護認定者の増加をできる限り抑えて、費用支出を少なくすることで、制度の破綻を防止することが期待されている。

要するに「制度の持続性」をいかに担保するかに真の狙いがある、というわけである。「新予防給付」の創設が、そのことを端的に物語っている。

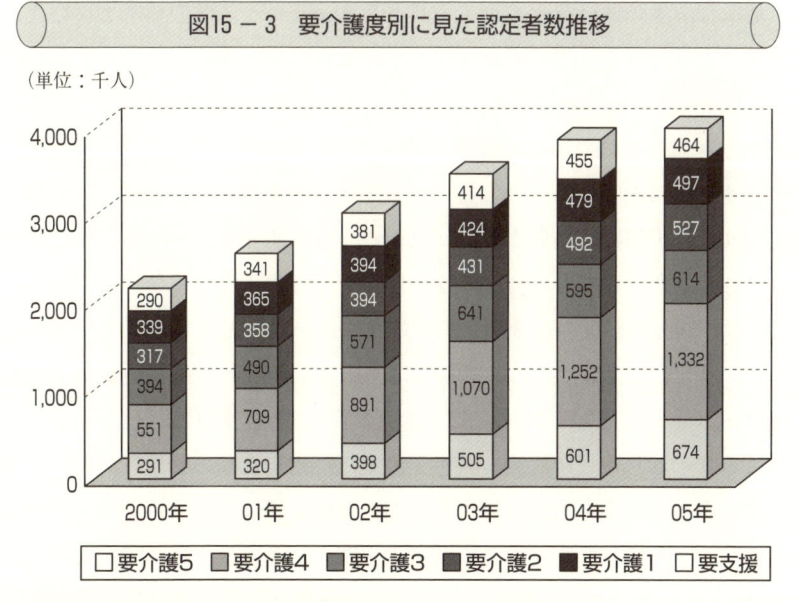

図15-3　要介護度別に見た認定者数推移

(単位：千人)

年	要介護5	要介護4	要介護3	要介護2	要介護1	要支援
2000年	290	339	317	394	551	291
01年	341	365	358	490	709	320
02年	381	394	394	571	891	398
03年	414	424	431	641	1,070	505
04年	455	479	492	595	1,252	601
05年	464	497	527	614	1,332	674

(資料)　厚生労働省『介護保険事業状況報告年報』より筆者作成。

§2 地域支援事業，地域密着型サービスの創設は新事業機会を生むか

1. 本来，介護・高齢者支援事業は地域密着型

　地域支援事業とは，要支援以前の元気な状態からのいわゆる「介護予防」と，包括的かつ継続的な支援を地域の力で推進しようとする目的で2006年度より創設された事業である。地域資源の有効活用が，地域の福祉と医療の再編・統合を実現するという「地域ケア」に不可欠であり，また本来，介護・福祉サービスが地域密着型の性格を強く有することを考えると，当然の帰結ともいえる。

　実際，大手民間サービス事業者の「予期せぬ苦境，戦略転換」といった試行錯誤の動きに対し，「地域密着」を標榜する小規模事業者の健闘は，参入初期段階から目立っていた。(介護報酬の多い) 身体介護サービスと (低報酬の) 家事援助サービスの区別にさほどこだわらず「何でもやってくれる」，「いつでも来てくれる」小規模事業者の姿勢が真の「地域密着」型のサービスとして受け入れられた，ということに他ならない。

　例えば，1964年創業の看護婦・家政婦紹介業を母体とする「やさしい手」(東京都目黒区) は東京都，横浜・川崎市に，店舗総合設計・施工業からの新規参入組である「大起エンゼルヘルプ」(東京都荒川区) は東京23区と埼玉県の主要都市にそれぞれサービス拠点の大半を集中，拠点当たりの利用者数を増やすために地域密着型の集中的なマーケティング活動を行なっている。こうした「地域密着型サービス」を提供する事業者の健闘は，その後も続いている。

　「介護予防」と「地域支援事業」，「地域密着型サービスの提供」とはまさしく表裏一体の関係にあり，目的と手段といった関係とも言えるかもしれない。また注目すべきは地域サービス・事業の中核機関として「地域包括支援セン

ター」が各地に設置されるということで，設置基準は概ね人口2～3万人に1ヵ所となっている。運営主体は市町村だが，在宅介護支援センターの運営法人に業務委託ができることになっている。こうした動きのなかで，民間事業者にも新たなビジネスチャンスが生まれていることは事実である。

2. ユーザーの新介護予防サービスへの評価は「不安がいっぱい」

業界の識者は(1)，改定後のいわゆる「新介護予防サービス」がもたらす影響を次のように見ている。

① 介護給付の対象者が，改定後は40％激減。
② 代わって，予防給付の対象者160万人の新たなマーケットが出現。
③ 地域支援事業対象者100万人の新たなマーケットが出現。

しかしながら，この制度改正に対する反応は必ずしも芳しくない。㈳東京都社会福祉協議会介護保険居宅事業者連絡会が2006年4月～6月に実施した『介

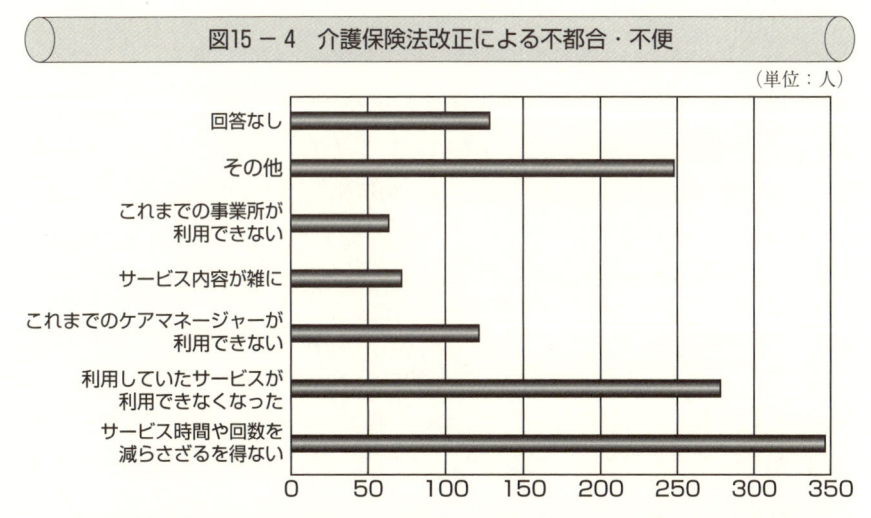

図15-4 介護保険法改正による不都合・不便

(単位：人)

回答なし	約125
その他	約245
これまでの事業所が利用できない	約60
サービス内容が雑に	約70
これまでのケアマネージャーが利用できない	約120
利用していたサービスが利用できなくなった	約275
サービス時間や回数を減らさざるを得ない	約345

（資料）㈳東京都社会福祉協議会介護保険居宅事業者連絡会『介護保険制度改定の影響調査（利用者調査）』

---

(1) 株式会社　ウェルビー代表取締役　青木正人氏「新介護予防サービスがもたらす影響」『介護経営白書（2006年度版）』。

護保険制度改定の影響調査（利用者調査）』が示すとおり，利用者の制度改定への不安，不満が少なからずあり，改定が利用者にすんなり受け入れられているとはとうてい言いがたい。これまで利用していたサービスが利用できない，利用時間，回数の制限等についての不満，不安が特に大きい（図15-4）。

3.「介護」サービスの周辺に各種高齢者支援の事業機会が

　「介護」サービスの周囲には，今も各種の高齢者支援ニュービジネスが輩出している。介護サービスの対象になるいわゆる要介護者の数は増え続けおり，ニーズがまだ満たされていない状況であるが，一方では「介護」とは縁遠くみえる元気高齢者も数多くいるということを忘れてはならない。

　『高齢社会白書』によると，65歳以上の高齢者の有訴者（病気やけが等で自覚症状のある人）は50％強，「日常生活に影響のある人」は20％であるという。逆にみると，大半の高齢者は「元気」なのである。しかもこれら「元気高齢者」には意外に豊かな層が多いのも事実であり，彼らは（多少高くとも）質の高い，個々のニーズにぴったり合った支援サービスを求める傾向にある。したがって介護保険制度の導入以来，高齢者支援ビジネスの展開方向は，「複合化」，「多様化」，「選択可能」，「地域浸透」，「高級化」，「コンビニ化」といった方向に展開・拡大してきたが，制度改定をめぐる2000年代半ばの環境変化を受け，こうした動きには一層拍車がかかる一方，「介護予防の重視」と「地域密着型サービスの提供」という二つのキーワードを軸にした新たな展開が期待できる。

　「特定施設入所者生活介護」（特定施設）として介護保険制度に位置づけられた有料老人ホームの拡大は，そのようなサービスの複合化，多様化を端的に示す事例といえた。介護サービスの部分は全額自己負担だったのが，制度施行で保険給付が受けられるようになった。このことで，利用者に大きなメリットが生まれたわけである。

　これまでのように「施設」（特別養護老人ホーム等）か「在宅」かという二者択一ではなく，「特養に入るほどではないが，今後不安」という高齢者の多様なニーズに応えることをめざす。また高齢者向けの「新しい住まい方の提案」

という要素も，最近ではかなり目立ってきている。

　厚生労働省も有料老人ホームの伸びに対応して指導指針を出し，「介護室は全室個室化」，「定期借地・定期借家の容認」（一時金入居方式のみならず，月払い方式も可にするため）など「住まい」としての要素をかなり意識しているようである。さらに有料老人ホームを，「住宅型」，「介護保険指定型」，「健康型」（介護を要するようになった時は退去）に明確に3区分し，利用者への情報提供を万全に徹底させるよう指導する。

　2002〜2003年ごろからは，超高額物件も目立ち始めた。東京都世田谷区の成城で売り出されているのは，一時入居金が最低1億円以上，居室（というより居住）面積が15〜40坪（平方メートルではない）と広い。月々18万円程度の水道，光熱費のほか，レストラン使用料として月3万円（食事代は別）かかる。「老後の豊かな住まい」ということであり，また「健康型」でもある。介護関連のコンサルティング会社「タムラプランニング＆オペレーティング」の調査によると，2005年の介護付き有料老人ホームの入居一時金は平均475万円だった。

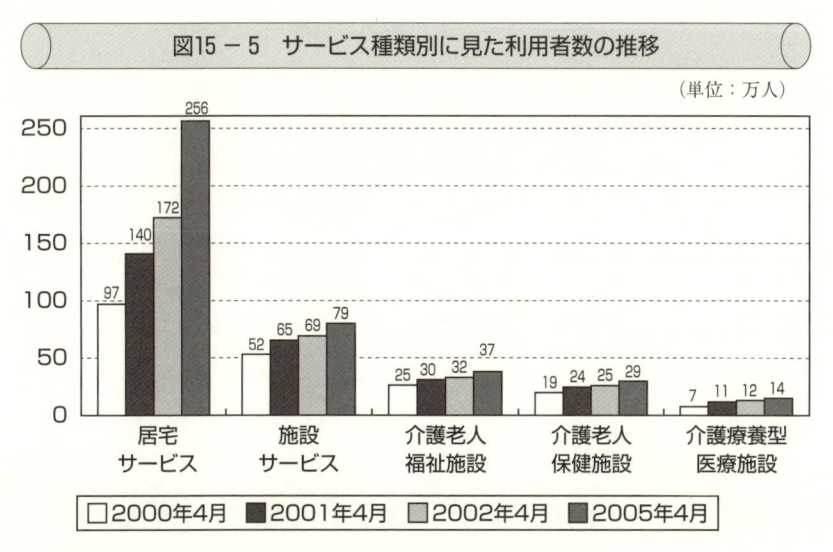

図15-5　サービス種類別に見た利用者数の推移

（単位：万人）

サービス種類	2000年4月	2001年4月	2002年4月	2005年4月
居宅サービス	97	140	172	256
施設サービス	52	65	69	79
介護老人福祉施設	25	30	32	37
介護老人保健施設	19	24	25	29
介護療養型医療施設	7	11	12	14

（資料）　厚生労働省『介護給付費実態調査月報』より筆者作成。

4. 急増する有料老人ホームと価格引き下げ競争の激化

　入居一時金はもともと終身利用権の名目で事業者が徴収し，建物，内装，機器等の設備投資費用に当てることになっているわけだが，一定の期間が過ぎると途中退去しても戻らないことも多い。このため，入居予定者の立場からはややもすると「無駄」な支出になりかねないし，できればあまり多く払いたくない性質のものといえよう。入居時に数百万円かかるということになれば，入居をためらう高齢者も少なくない。

　しかも図15-6に見る通り，有料老人ホームは急増を続けており競争が激化，2006年半ばから大手がそろって入居費用の引き下げに踏み切った。大手の「メッセージ」が同年3月に開業した「アミーユレジデンス吹上」で，入居一時金を無くしたことが激しい価格競争のきっかけになったといわれる。まず，大手の「ツクイ」は80万円と180万円の二本立てだった入居一時金を原則として80万円に統一，「メデカジャパン」も2007年秋に建設・開業予定施設の入居一時金を従来の物件の5分の1から10分の1の低水準の100万から200万円に抑えるという。

図15-6　急増する有料老人ホーム数

年	ホーム数
2000年	349
01年	382
02年	494
03年	663
04年	943
05年	1,698
2006年6月	2,189

（資料）『厚生労働省老健局資料』および『日本経済新聞』（2006年11月4日）より筆者作成。

5. 介護・高齢者支援分野で生まれるニュービジネス

「北海道型」と呼ばれる高齢者用共同住宅にも注目が集まっている。もともと，学生向けの下宿アパートから学生がいなくなり代わりに高齢者が住むようになったことから，自然発生的に生まれたといわれている。一戸建て住宅は高齢者にとって，冬季の除雪作業等で何かと住みにくい。また特別養護老人ホーム待機者も多く，高齢者が共同住宅に集まってくる傾向が強まった。そうした高齢入居者は，たとえ入居時には健康でも次第に介護が必要になってくる。

こうして生まれた「北海道型」の特徴は，①民間が経営する賃貸集合住宅で，②個室の他，食堂や娯楽室，談話室等の共用室が付いており，③食事，家事代行，介護サービスを外部のサービス会社に委託するかあるいは自ら提供する，という点にある。これらの共同住宅は，前記の「住宅型」有料老人ホームと実質的に似通ったものといえるが，5万円前後の家賃に食費，管理費等の利用料が10～16万円（月当たり）と割安であり，全国の近い将来を先取りしたケースとして注目される。

介護タクシーは介護・高齢者支援事業としてようやく普及・定着してきたと思われる。駐車規制が厳格化してきた現在でも，介護タクシーだけは例外扱いが認められるもようであり，介護・福祉分野でなくてはならない存在になっている。

2000年度には64にすぎなかった介護タクシー業者は翌2001年度には146，2002年度には160強にのぼっていた。その後も業者数は増え続けているもようで，2006年度現在は何社営業しているのか明確なデータは得られないが，全国介護タクシー協会の会員数から類推すると全国で1,000をかなり超える数とみられる（もちろん非加盟会社も多い？）。

もともと介護タクシーは，「介護」の分で厚生労働省，「タクシー」の分で「国土交通省」と，ダブル監督を受けざるを得ないことから，ニュービジネスのなかでも事業の許認可，料金設定その他でなにかとわずらわしい分野とされてきた。にもかかわらずこれだけ市場が拡大してきた要因を挙げれば，わかりやす

くかつ根強いニーズがあったという点に尽きるが，不況にあえぐタクシー業界という潜在的参入者の存在も看過できない。この点は，公共工事の減少による不況の建設業界から介護・福祉事業への参入が相次いでいる（後述）ことと奇しくも符合する。

例えば，東京都村山市にある地域タクシー会社ながら創業40周年と老舗を誇る東京交通は，不景気の最中でも日中特に午前中に通院する利用者がコンスタントに増えている点に着目した。そこで，「ならば，そういう方々にもっと乗り心地の良い空間を用意し，喜んでもらいたい」と考え，1999年に「リフト付き福祉車両」の認可を受けて介護タクシーを開始した。現在は全員介護2級ヘルパーのドライバーを揃え，車両も回転リフトアップシートや車椅子リフト装備の小型車，回転シート仕様の中型タクシー，ストレッチャーや車椅子対応の大型キャラバンリフトカーなど多様な車両を揃えている。

さらに02年には，東京都から「老人居宅生活支援事業者」の認定を受け，「ケアセンターもみの木」を開設し，訪問介護サービス事業を開始，介護タクシーとの相乗効果が生まれた。もみの木は04年に東京消防庁から「民間の患者等搬送事業者（民間救急）」の認定も受け，「民間救急コールセンター」からの要請を受けて「民間救急車」の役割も果たすに至っている。

§3　異業種からの新規参入で活性化する介護・高齢者支援事業

1．異業種企業の参入はますます活発に

2000年の介護保険制度導入以降，民間事業会社の好調な滑り出しに刺激された形で異業種からの参入が相次いだ。このことも，介護・高齢者支援ニュービジネスの輩出の大きな要因として見逃せない。なぜなら異業種企業は，本業の

ノウハウを活かしつつ既存業者とは一味違う異質の（新規）サービスを提供することを目指すはずだからである。また，逆に介護・高齢者支援ニュービジネス分野での事業経験を本業に活かし，本業でのシナジー効果をねらう動きもみられよう。

　日本マクドナルドの創業者一族が経営する「藤田商店」は，2002年から2003年にかけ自ら施設建設を活発化，中小の介護事業者に賃貸，約年10％の投資利回りを得ている。ナムコは介護保険制度施行時に介護事業に出資，これを機にリハビリ用ゲーム機を開発，販売している。三菱重工業グループは，2004年10月に有料老人ホーム等の高齢者支援施設を完備した「福祉タウン」を神戸市に建設。また冷凍食品大手の加卜吉は，介護大手のメデカジャパンとの折半出資会社により2003年5月に，有料老人ホーム，ホテル，診療所等を備えた複合サービス拠点をオープンした。このサービス拠点は，熱海駅近くの経営破綻したホテルを改修したもの。

　四国電力は，「メッセージ」（岡山県倉敷市）との提携で2003年に有料老人ホーム「アミーユよんでん道後」の建設・運営を開始したのをかわきりに漸次拡大の方向にある。マンション管理会社も介護リフォーム，健康相談等の介護関連サービスを強化し，管理サービスに付加価値を付け，管理受託の営業拡大につなげている。駐在の管理員にはホームヘルパーの資格取得を促し，資格講座の費用を会社が負担することになっている。

　こうした参入の動きは，2005～2006年にかけても勢いが衰えるどころかますます活発化する方向にある。西部ガスは同じエネルギー企業である四国電力と同様，介護つき有料老人ホームを2005年に建設した（営業開始は2006年）。

2. 目立つ建設業界からの参入

　当該業界への主要な参入事例としては，建設業界からのそれがまず注目される。もともと国土交通省は，公共事業費削減の影響を受け低迷する地方の中小建設業者に対し2004年度から事業構造の変革，とりわけ新規事業推進を指導するアドバイザーの派遣事業を行ってきたが，その最大の目玉は「介護・高齢者

支援」ビジネスであった。こうした公的なバックアップの動きを受け，具体的な参入事例がみられるようになった。

2003年ごろから通所型の施設の建設・運営を始めてきた岩手県の中堅建設会社「水本」は，翌2004年には1階が通所型の介護施設，2階が「外部サービス利用型特定施設入居者生活介護」の認定を受けた高齢者専用の賃貸マンションを建て，介護サービスを本格化した。2006年末現在，温泉入浴施設，デイサービスセンター等も運営，介護事業は本業の建設業とほとんど同規模の売上げを上げるまでに至っている。

全国第4位の高齢者県である山形県の黒田建設は，脱公共工事依存の切り札としてデイサービスに特化して参入を敢行した事例として有名。介護保険制度が導入された2000年4月に「ほっと新庄デイサービスセンター」を開設，送迎30分以内の近隣地域限定のきめ細かいサービスを提供している。県内では同業他社がそれに触発された形で介護事業への参入を図っている。例えば「ふるさと企画有限会社」がデイサービス及びグループホームの運営，「オークランドホーム株式会社」がグループホームの運営，「株式会社斎藤商会」が福祉用具の賃貸サービス，介護住宅改修事業，「株式会社タイヨウ」が特定施設入所者，短期入所者対象にしたサービスを行っている。

埼玉県の「中央住宅」は，「関東介護サービス」という新会社を設立，千葉県野田市にグループホームを建設・運営している。福島県では建設業協会が，建設業協同組合を通じ建設業関係者とその家族を対象に2級，3級の訪問介護員研修を実施しており，業界ぐるみでの介護・福祉事業への参入を支援している。

財団法人建設業振興基金の調査による建設業からの他の主な介護・福祉分野参入事例は，表15-1に示す通りである。

大手建設会社いわゆるゼネコンは後述のとおり，そろって医療・福祉施設を専門に支援する体制を整えており，やや異なったスタンスながら当該分野を視野に入れた事業展開をめざしている。

表15-1 建設業からの介護・福祉分野参入事例

(建設企業名)　　(参入テーマ)
エルム建設：高齢者生活支援型グループハウスの運営ほか
安平建設：デイサービスセンターの建設・運営
朝日建設：子会社設立による高齢者介護施設の事業運営
三由建設：国土交通省の助成制度を活用した高齢者向け賃貸住宅事業
北川建設：訪問介護，居宅介護住宅改修，デイサービス
共栄コンクリート工業：福祉・介護施設の運営
松屋産業：手すり，車椅子リフト，リハビリ機器等の研究開発・販売

(資料)　㈶建設業振興基金「調査」より筆者作成。

3. 問われる「経営力」と注目されるニューカマー

　生保，損保業界大手も，当初から介護・高齢者支援サービスに力を入れてきた業界の一つといえる。第一生命，あいおい損保は，子会社を通じ通所介護(デイサービス)事業を展開してきたが，介護の実態を把握しつつこれを保険商品の開発につなげるねらいもある。また明治安田生命は，松下電器産業やNTTデータ等と共同出資で介護事業支援会社を設立，保険契約者には要望に応じてケアプランを策定するサービスを実施している。また松下の販売店を通じて福祉用具のレンタルを割安で行なっている。

　損保業界からの参入は，その後も相次いでいる。子会社の東京海上日動ベターライフサービスを通じて「訪問介護事業」を行ってきたミレアホールディングスは，2005年末から翌年にかけ株式会社サミュエルと共同で新会社「東京海上日動サミュエル」を設立し「施設介護事業」にも参入，介護事業展開を本格化した。

　変わり種としては，Jリーグからの新規参入事例を挙げることができよう。全国型，広域型大規模展開のプロ野球に対し「地域密着型」展開に活路を求めるJリーグは，「介護予防の重視」と「地域密着型サービスの提供」を軸とする今後の介護・高齢者支援事業の担い手として意外に有望であるかもしれない。

2006年12月にJ1, J2の全チーム31が介護予防事業に参入することを表明，地域のスタジアムやトレーニング施設を使い，コーチや選手らがストレッチなどの健康法を指導する。たとえば鹿嶋市が鹿島アントラーズに業務委託する形でカシマサッカースタジアムや市の公民館などでストレッチ，ウオーキング，体操を主とした「運動プログラム」，健康法，ダイエット，食事指導などの「教養プログラム」が実施されることになった。ところが，残念なことに順調なスタートというには程遠い状況で，ほとんどのクラブが苦戦を強いられているという。経営力が事業の有望性に追いついていないということであろうか。

　真の経営力が問われる状況のなかで，当該業界への参入動向で最も注目すべきニューカマーは居酒屋チェーンのワタミグループではないだろうか。「われわれのビジネスの醍醐味は，100円で仕入れたから300円で売る，というのではなく，『280円で売りたい』と決めたら，あらゆる努力をしてそれを実現すること」という経営理念を掲げ，「年金から介護の自己負担分を差し引いても，お小遣いが残る」価格を目標に施設の家賃や食費を実現する，という方針には期待が大きい。

　ワタミは「ワタミの介護株式会社」というユニークな名称の子会社を通じ，1987年に既に有料老人ホーム「レストヴィラ座間」を開設，その後も徐々に老人ホームの運営を続けていたが，2004年から本格的な参入に踏み切っている。すなわちそれまで2～3年に1ヵ所のペースが2004年には一挙に5ヵ所，2005年には3ヵ所，2006年には4ヵ所とハイピッチで東京近郊を中心に続々と開設された。2006年末には，今後15年で有料老人ホームを1,000棟開設するという構想を発表している。他社の同クラスのホームと比較すれば，入居1次金は3分の1，月々の負担額も30～50％安に価格設定するとしており，ユーザーにとっては介護市場での価格破壊への期待も大きい。

4. 「参入への支援」にも大きなビジネスチャンスが

　上記のように，介護・高齢者支援サービスの分野には新規参入が相次いでいるが，今後もその勢いは衰えそうもない。だが，参入に当たっては煩雑な手続

きが求められ，法的規制のチェックも厳しい。また競合状況の判断も難しく，当該業界でも真に「経営力」が問われる時代に入っており，実際参入はしたがすぐに経営に行き詰まるケースも少なくない。

そこで介護・高齢者支援事業の立ち上げ，その後の事業展開をサポートするビジネスが求められるわけである。そうしたサポートを行っている業者としては，①行政書士事務所が最も目立った動きを示しており，以下，②税理士，その他の専門サービス業（社会保険労務士，経営コンサルタント，システム開発会社等），③フランチャイズ方式で当該事業を展開する事業者，④医療，介護分野専門のコンサルティング会社等，多様な業態が挙げられる。

§4　規制改革で展開余地の大きい福祉ビジネス

1.　「福祉」，「医療」は規制改革の最重要課題

「官の関与の強い生活者向けサービス分野」つまり「社会的規制の特にきつい分野」といえるのが「福祉」，「医療」分野である。もともと，「公共の福祉」や「安全網の確保」，「広くあまねく」といった理由付けあるいは単なる建て前からこれらの分野では，サービス提供の主体が地方公共団体，医療法人，社会福祉法人，社会福祉協議会等に限定され，株式会社をはじめとする民間のサービス提供が排除されていた。介護保険制度の施行はその規制に一部風穴を明けたといえるが，まだまだ規制は強い。

2005年に始まった制度改定によって事業展開の環境は大きく異なってくる。給付基準の厳格化等，事業展開にはマイナスの要素も少なくない。だが一方，変化の中にチャンスありで，ニュービジネス展開の余地も大きい，ということになる。今回の制度改訂でどのような事業機会が生まれるか，その具体的展開

はどうなるかについては「介護・高齢者支援サービス」に焦点を当て記述したが，ここでは「医療機関経営」を支援するサービスについて述べる。

2. 病院経営支援に大きなビジネスチャンス

　医療・病院ビジネスについて民間企業は，その経営を支援する，経営コンサルテーションや事業代行ビジネスに経営の民間参入の手がかりをつかもうとしているようにみえる。全国公私病院連盟の調べによると病院の約80％は赤字という実態であるが，それ以上に，一つの事業主体として病院をみたときいかにも遅れているという感が否めず，経営改善の余地が大いにあると考えられるからである。したがって異業種の経営先進企業が，その経営支援に大きなビジネスチャンスを見出すのは自然なことといえよう。

　もともと病院経営に食指を動かしていたのは総合商社で，医療資材の調達や設備導入を契機に諸々の支援を行なってきた。なかには伊藤忠商事のように，病院から「直接の医療分野以外」のサービス（コンビニ，喫茶店，理・美容店，職員食堂，レストラン，自動販売機コーナー等）を一括受託するケースもみられる。

　病院のレセプト作成等を請け負う医療事務代行サービス企業が，病院の経営コンサルティング事業を手がけるケースもある。同業界最大手のニチイ学館は経営診断指標の開発，業界2位の日本医療事務センターは，病院経営のコスト削減額の保証を武器に，医療機器・資材の発注代行，資金調達支援，財務分析等を行なう。このほか医療機関専門のコンサルティング会社もあり，もともと開業支援業務中心ではあったが，「経営診断」，「人事・業務効率化」等の経営改善支援業務にも次第に力を入れるようになってきた。

　外資もこの分野に大いに注目している。透析機器の大手メーカー，ドイツのフレゼニウスメディカルケアは欧米で1,400の医療機関を経営しているが，日本でも静岡県の医療機関を対象に人工透析治療施設の開業・運用支援事業を行なう。アメリカ GE（General Electric）社は1998年頃からアメリカで病院経営支援事業を手がけ，2003年現在，約1,500社と契約を結んでいる。こうした経験をベースに同社は，子会社の GE 横河メディカルシステム（75％出資）を通

して，日本でも医療機関向け経営支援事業「ヘルスケアソリューション」を積極展開する。この事業の特徴は，GE社が採用している経営改善手法「シックスシグマ」を指導すること，ニューヨーク州にある同社の人材開発研修所での研修も行なうことなどが挙げられる。

「シックスシグマ」の指導に当たっては，専任スタッフを病院に送り込み，医師や職員を対象に医療コストや収入の管理を教育する。研修ではGE本社幹部が経営戦略の策定を講義する他，アメリカ医療機関の経営者を招き，意見交換会を開くという。病院経営支援事業の料金はベッド数500床程度の規模で300万円〜500万円，2006年に年6億円の売上げを目指している。

3. 大手ゼネコンは専門部署を整備して対応

全くの異業種企業による病院経営支援の動きも活発である。大手建設会社いわゆるゼネコンの医療機関経営支援ビジネスは，近年ますます本格化している。地域別の患者需要予測のソフト開発を手がかりに，各病院の競合状況等の経営環境を予測するというサービスを行ってきた清水建設は，1985年に医療専門の組織を立ち上げて以来，医療機関の経営に対するノウハウを積み重ねてきた。2000年には遂に医療関連の組織を統合，現在の「医療福祉本部」を設立した。

2006年4月には同社を中心に設立されたSPC（特別目的会社）「多摩医療PFI株式会社」を通じて，東京都と「多摩広域基幹病院及び小児総合医療センター整備等事業」に係る事業契約を締結した。建物の建設にとどまらず，2010年の開院後は，15年間にわたって経営をサポート，建物の保守管理・警備，さらには医療事務，選択・清掃・給食などの医療関連サービス，医療器械，薬品等の調達管理等の多岐にわたるサービスを行うことになっている。

他のゼネコン各社も，表15-2に示すように医療機関・福祉施設向けのサポート体制を築き，サービス強化に努めている。

三井不動産は，臨床検査受託サービス会社の「エスアールエル」等と共同出資会社を設立し，複数の医療機関が一ヵ所に集まった「メディカルモール」の開発・運営を行なう。「メディカルモール」はアメリカなどではすでにかなり

表15－2　ゼネコン各社の「医療機関・福祉施設」サポート体制

企業名	担当部署の名称	スタッフ数	（建設以外の）サポート内容
鹿島建設	病院経営支援室等	40名	設計・施工から病院経営全般にわたるトータルソリューション
大成建設	医療福祉営業部，設計本部医療福祉担当	60名	医療・福祉機関に対する経営，施設，運営に至るまでの総合的サポート
竹中工務店	医療福祉本部	20名（設計除く）	サービスの充実，施設の充実，運営の改善の3つの視点からのサポート
大林組	開発企画部医療福祉G 建築計画部医療福祉施設G 設計4部医療福祉G　他	30名	企画構想コンサルティング，診療圏調査・事業収支計画書の策定，ホスピタル・アイデンティティー

（資料）　㈱ゆう建築設計「調査資料」より筆者作成。

普及している施設で，患者にとっては複数の診療科目を受診でき，また個々の医療機関には，受け付けや薬局，待合室等が共有できてコスト削減になるなど双方にメリットがあるため，今後有望な施設としてかなり期待が大きい。

　この他，みずほ銀行は市場調査やファイナンス支援等の総合サービス，日立製作所は先端医療機器のリース事業を重点的に推進している。

〔主要参考文献〕
㈶厚生統計協会〔2006〕『統計でわかる介護保険』。
厚生労働省〔2006〕「介護保険制度改革の概要」。
㈳全国老人保健施設協会編〔2004〕『介護白書（平成17年版）』ぎょうせい。
内閣府〔2005〕『高齢社会白書（平成17年版）』。
ヘルスケア総合政策研究所〔2006〕『介護経営白書（2006年度版）』日本医療企画。
三浦文夫編〔2007〕『図説　高齢者白書』全国社会福祉協議会。

（志築　　学）

社会福祉関連年表

	福祉等の動向	社会・経済の動向
1945(昭和20)	生活困窮者緊急生活援護要綱	第2次世界大戦終結
1946(昭和21)	(旧)生活保護法制定 民生委員令公布	日本国憲法公布
1947(昭和22)	労働基準法公布 労働者災害補償保険法制定 児童福祉法制定	失業保険制定
1948(昭和23)	民生委員法制定	
1949(昭和24)	身体障害者福祉法制定	
1950(昭和25)	社会保障制度審議会　社会保障に関する勧告 (現)生活保護法制定	
1951(昭和26)	社会福祉事業法制定	対日平和条約(サンフランシスコ講和条約)調印
1952(昭和27)	戦傷病者戦没者遺族援護法制定 母子福祉資金の貸付等に関する法律制定	
1954(昭和29)	厚生年金保険法制定	
1956(昭和31)	売春防止法制定	
1957(昭和32)		なべ底不況
1958(昭和33)	国民健康保険法制定	
1959(昭和34)	国民年金保険法制定	岩戸景気
1960(昭和35)	福祉年金支給開始 精神薄弱者福祉法制定 身体障害者雇用促進法制定	
1961(昭和36)	児童扶養手当法制定	
1963(昭和38)	老人福祉法制定	
1964(昭和39)	母子福祉法制定	東京オリンピック
1965(昭和40)	母子保健法制定	
1966(昭和41)	国民年金法改正(1万円年金)	いざなぎ景気

1970(昭和45)	心身障害者対策基本法制定 国民生活センター設立	
1971(昭和46)	児童手当法制定	
1973(昭和48)	老人医療費公費負担制度実施 福祉元年	第1次石油ショック
1974(昭和49)	雇用保険法制定(失業保険法廃止)	
1976(昭和51)	在宅老人福祉対策事業の実施及び推進について	
1979(昭和54)	新経済社会七ヵ年計画(日本型福祉社会の提唱)	第2次石油ショック
1980(昭和55)	武蔵野市福祉公社設立 ベビーホテル問題	
1981(昭和56)	母子及び寡婦福祉法制定(母子福祉法改正)	
1982(昭和57)	老人保健法制定(老人医療費公費負担制度廃止) 家庭奉仕員派遣事業の所得制限撤廃(有料化)	
1985(昭和60)	国民年金法改正(基礎年金導入など) 男女雇用機会均等法公布 社会保障制度審議会「老人福祉のあり方(民間活力の利用提言)」	
1986(昭和61)	長寿社会大綱の閣議決定 機関委任事務整理合理化法制定 老人保健法改正(老人保健施設の創設など)	
1987(昭和62)	障害者の雇用の促進に関する法律 社会福祉士及び介護福祉士法制定 家庭奉仕員講習会推進事業の創設 精神保健法(精神衛生法の改正) 今後のシルバーサービスの在り方について意見具申	
1989(平成元)	高齢者保健福祉推進十か年戦略(ゴールドプラン) 国民年金改正(完全物価スライド制など) 合計特殊出生率1.57　過去最低 介護対策検討会報告書(介護の社会化など)	消費税3％実施
1990(平成2)	老人福祉法等の一部を改正する法律(社会福祉8法改正)	

1991（平成3）	育児休業法制定	
	老人保健法改正（老人訪問看護制度の創設）	
1992（平成4）	福祉人材確保法制定	第2次医療法改正
1993（平成5）	福祉用具の研究開発及び普及の促進に関する法律	
	障害者基本法制定（心身障害者対策基本法の改正）	
1994（平成6）	21世紀福祉ビジョンを閣議報告	老人保健福祉計画の策定
	地域保健法制定	
	高齢者，身体障害者等が円滑に利用できる特定建物の建築の促進に関する法律（ハートビル法）制定	
	今後の子育て支援のための施策の基本的方向（エンゼルプラン）	
	高齢者保健福祉推進十か年戦略の見直しについて（新ゴールドプラン）	
	報告書　新たな高齢者介護システムの構築を目指して	
	製造物責任法（PL法）制定	
	緊急保育対策5か年事業	
1995（平成7）	中間報告　新たな高齢者介護システムの確立について	阪神・淡路大震災
	社会保障制度審議会　社会保障の再構築　勧告	
	精神保健及び精神障害者福祉に関する法律制定（精神保健法の改正）	
	高齢社会対策基本法	
	障害者プラン──ノーマライゼーション7か年計画策定	
1996（平成8）	高齢者介護保険制度の創設について	
1997（平成9）	介護保険法制定	第3次医療法改正
	社会福祉士基礎構造改革について　中間のまとめ	
	精神保健福祉士法制定	
	言語聴覚士法制定	
1998（平成10）	特定非営利活動促進法（NPO法）制定	
	知的障害者福祉法（精神薄弱者福祉法の法律名変更）	
1999（平成11）	地域福祉権利擁護事業開始	第4次医療法改正
	今後5か年間の高齢者保健福祉施策の方向（ゴールドプラン21）	
	重点的に推進すべき少子化対策の具体的計画（新エンゼルプラン）	

2000（平成12）	成年後見制度開始 消費者契約法制定 介護保険法施行 高齢者，身体障害者等の公共交通機関を利用した移動の円滑化の促進に関する法律（交通バリアフリー法）公布 児童虐待の防止に関する法律公布 社会福祉の増進のための社会福祉事業法等の一部を改正する法律公布（社会福祉事業法は社会福祉法へ法律名の変更）	「健康日本21」発表
2001（平成13）	高齢者の居住の安定確保に関する法律公布 配偶者からの暴力の防止及び被害者の保護に関する法律公布	厚生労働省発足
2002（平成14）	身体障害者補助犬法制定 ホームレスの自立支援等に関する当別措置法制定	
2003（平成15）	支援費制度の実施 報告書　2015年の高齢者介護 次世代育成対策推進法制定 母子家庭の母の就業の支援に関する特別措置法成立	イラク戦争 社会保障制度改革発表
2004（平成16）	年金制度改正	
2005（平成17）	個人情報の保護に関する法律施行 介護保険法改正 障害者自立支援法成立 高齢者虐待の予防，高齢者の養護者に対する支援等に関する法律（高齢者虐待防止法）成立	
2006（平成18）	介護保険法の一部を改正する法律施行 一般社団法人及び一般財団法人に関する法律・公益社団法人及び公益財団法人の認定等に関する法律公布 競争の導入による公共サービスの改革に関する法律（公共サービス改革法）施行	第5次医療法改正
2007（平成19）	短時間労働者の雇用管理の改善などに関する法律の一部を改正する法律 日本年金機構法成立 国民年金法の一部改正	新潟中越沖地震 郵政民営化
2008（平成20）	高齢者医療制度創設（75才以上）	

（岡本　多喜子）

Index

和文索引

あ行 ☆

IT　17, 166
アウトカム　40, 45, 46
アウトソーシング　53, 78, 164
亜鉛　169, 170
アカウンタビリティ　146
アクション・プラン　143
アクチュアリ　25
アソシエーション　123, 126
アダム・スミス　7, 135
アドバイザーの派遣事業　233
アメニティ　48
アメリカの安全基準　48
アルツハイマー　23
アロマテラピー　166
安全ガイド　15, 17
安全網　3, 237
アンゾフ　142

異業種企業の参入　232
育成医療　34
EC委員会　125
意思決定　147, 149
1.57ショック　75
一般特定施設入居者生活介護　64
移動サービス　129
移動用リフト　17, 30
委任範囲　161
医薬優良工程　41
医療　19, 62, 72, 119
　　更正――　34
医療型療養病床　3, 62
医療機関等との連携　43
医療事務代行サービス　238

医療難民　3, 24
医療費　96
　　――抑制　84, 150
医療法人　20, 61, 62, 63, 78, 180, 184, 187, 224, 237
医療保険　73
　　――制度　85, 145
　　――適用療養型病床　62
インテリジェント・ワーク　114, 119
インフォーマル雇用　115
インフォームド・コンセント　42, 159, 167

失われた10年　75
上乗せ　90, 92, 184
運動プログラム　236

栄養改善法　170
栄養療法　170
営利企業・法人　62, 65, 71, 224
営利第一主義　68
エージェンシー制　137, 138
ABC予算　145, 146
エコマネー　123, 133, 136
SG基準　15, 17
SGマーク　43
SL理論　219, 220
エリア・マーケティング　179
園芸療法　166
エンゼルプラン　81
延長保育　77
エンパワーメント　165
エンプロイアビリティ　192

応益負担　76, 81
応能負担　76, 83

大きな政府　7, 8, 9
大手建設会社（ゼネコン）　221, 234, 239
大文字印刷　48
音楽療法　166
温情専制型　216
音声入力　48
オンブズパースン　167

か 行　☆

会議体　142, 149
会議用拡張器　31
介護・訓練支援用具　29, 30
介護大手　224
介護過誤　187
介護型医療病床　61
介護給付サービス　97
介護給付対象市場　90, 96
外国人労働者　119
介護計画　45, 116
介護サービス　129
介護支援センター　15, 20
介護支援専門員　116
介護事故　121
介護市場　236
介護施設　61, 151
介護住宅改修事業　234
介護職員の基準　20
介護総費用　60
介護タクシー　23, 231, 232
介護度の認定　19
介護難民　3, 12
介護の社会化　75
介護福祉士　119
介護ベッド　77
介護報酬　3
介護保険　15, 20, 28, 29, 42, 43, 45, 60, 61, 67, 74, 78, 121, 223
　——給付　11
　——施設　20, 63, 85, 150, 152
　——指定型　229
介護保険制度　53, 69, 78, 86, 90, 97, 114, 115, 145
　——の破綻　225

介護保険総費用　222
介護保険適用　179
　——療養病床　51, 62
介護保険法　28, 81, 130, 221, 222
　——改正（改定）　5, 117, 227
介護保険料　179
介護用品　15, 103
介護予防　3, 62, 65, 90, 92, 119, 221, 223, 225, 226, 227, 228, 235
　——ケアプラン　117
　——福祉用具　28
介護リフォーム　233
介護利用型軽費老人ホーム　21
介護療養型医療施設　61, 63, 86, 229
　——病床　61
介護老人医療施設　92
介護老人福祉　152
　——施設　20, 21, 63, 86, 92, 175, 178, 179, 184, 229
介護老人保健施設　21, 63, 65, 66, 86, 92, 175, 176, 179, 229
介助犬　86
改正介護法　64
改正介護保険法　61, 62
改正社会福祉法　56
改正地方自治法　53
ガイド71　18
ガイドライン　8, 48
外部委託　53
外部環境　175, 176, 177, 215
外部購入経費　46
外部セミナー　201
開放性　126, 127
皆保険・皆給付　5
カイロプラクティック　169
科学的証拠に基づく医療　65
科学的管理法　166
価格破壊　236
かかりつけ医　24, 92, 151
かかりつけ薬局　154
格差社会　115
学習と成長　143, 153
確定給付企業年金法　25

和文索引　247

確定給付年金　105
確定拠出型年金　92, 105
火災報知機　31
家　事　129
　──援助サービス　21, 223, 226
　──介護　23
過剰設備投資　164, 165
ガス安全システム　31
家政婦の派遣　77
家族介護　93
活動領域　140
価値分析　14, 18
家庭裁判所　112
株式会社　64, 65, 70, 174, 175, 180, 187, 237
紙おむつ等　33
ガルブレイス　8, 208
簡易保険　25
環境税　6
環境分析　182
環境保護　15, 68
看護師　161
間接業務の合理化　160
完全競争　8
完全雇用政策　72
感染事故　159
感染防止　41, 49
簡素化　167
官民提携-協働　70
管理職　213
管理体制方式　45
官僚化の弊害　134
緩和ケア　24
緩和病棟　150

機会均等　15
機会損失の防止　163, 164
危機管理対策　121
企業年金　103, 104, 105
企業の参入　86
基金型企業年金　105
技術開発計画　145
規制緩和　7, 51, 67, 70, 71, 75, 77, 81, 90, 110
基礎年金　74, 104

期待基準ライン　198
寄付優遇税制　70
基本給　204
規約型企業年金　105
虐　待　120, 141
キャッシュ・フロー　68, 69
キャッシュバランスプラン　105
キャプラン　143, 209
キャリア・アップ　192
キャリア・カウンセリング　197
キャリア・パス　189, 195, 196
キャリア・プラン　189, 197, 198
キャリア開発　189, 190, 195, 196, 198, 199
キャリア形成　198, 200, 201, 202, 203
キャリア設計　197
教　育　8
教育プログラム　196
競合施設　174
共済組織　123, 126
共済年金　105, 106
共　助　1, 11, 123
行政改革のモデル　7
強制加入　106
行政処分　76
競争原理　75, 81
競争優位　174
協　働　131
協同組合　123, 135, 136, 137
協同主義　135, 137
共同生活　20, 34
共同生産　123, 129, 132, 133
協同組織　126
業務委託　227
業務の標準化　194
共用設計　92, 94, 95
共用品　13, 15, 48, 90, 92, 95, 97, 101
共用福祉用具　94
教養プログラム　236
居住費・食費　62, 64
居宅介護　34, 91
居宅介護住宅改修　28, 235
居宅サービス　19, 62, 229
居宅担保高齢者融資　92

禁治産・準禁治産の制度　83
金融商品取引法　43
金融商品販売法　43

空気清浄器　32
苦情処理　43
国・地方公共団体　58
クリティカルパス　167
グループハウス　235
グループプラクティス　23
グループホーム　19, 21, 82, 85, 92, 151, 179, 234
グローバル化　25, 51, 52
訓練いす（児）　30

ケアガイドライン　45
ケア記録　169
ケア事故　168
ケア従事者　113, 114, 115
ケアチーム　40, 45
ケア提供者　120
ケアの継続性　141
ケアハウス　13, 20, 21, 64, 65, 91
ケア・パス　167, 169
ケア標準時間　167
ケアプラン　45, 113, 116, 117, 118, 120, 169
ケア方式　22, 37, 45, 46
ケアマネージャー　15, 23, 109, 113, 116, 117, 118, 120, 151, 152, 154, 227
ケアマネジメント　45
経営会議　149
経営課題　37
経営計画　139, 143, 144
経営効率　141
経営刷新　44
経営参加意識　200
経営資源　37, 42, 46, 55
経営主体　58, 61, 175, 180
経営診断　238
経営戦略　139, 140, 141, 142, 143, 147, 149, 155, 159
経営層のマネジメント能力　114
経営哲学　140

経営トップ　142
経営ビジョン　175
経営補佐　212, 213
経営理念　39, 139, 140, 141, 142, 144, 147, 236
経営力　221
経済産業省　94
経常利益　46
継続的評価　39
携帯用会話補助装置　17, 32
携帯用信号装置　31
経費意識　146
経費合理化　47
軽費老人ホーム　65
景品表示法　22
契　約　43, 71, 82, 83, 111
ケインズ　1, 7, 9, 128
KKD経営（「経験」「勘」「度胸」）　162
ケスラーリハビリ研究所　48
月次予算　146
減価償却費　46, 157
元気高齢者　81, 82, 228
権限委譲　162, 165, 192, 210
権限規定　148
健康型　229
健康志向　85
健康食品　85
健康増進　92, 131
――法　170
健康相談　233
健康日本21　170
健康保険法　73
検索エンジンとの連携　184
健常者　16, 22, 92, 94, 99, 101
建築基準法　110
憲法25条　4, 38, 72, 167
権利保護　15, 167
権利擁護　43, 56, 71, 82

公益質屋法　53
後期高齢者　14
公　共：
　――政策　52
　――投資　7

── の福祉　237
高業績者　193
合計特殊出生率　25, 74, 75, 85
口腔ケア　23
抗酸化物質　170
公私分離の原則　38
公衆衛生　72, 73, 130
公　助　1, 11
更正医療　34
公正取引委員会　22
厚生年金　105, 106
　── 基金　105
　── 保険法　73
厚生労働省　90, 96, 231
公設民営化　65, 68, 69, 78
構造改革特別区域法成立　65
交通バリアフリー法　13, 41, 79, 99
公的介護保険　24
公的資金　13, 69
公的年金　2, 13, 25, 73, 103, 104
公的扶助　72, 73, 74
公的保険　1, 9, 11, 12, 139
公的保険給付対象市場　91
行動基準　140
合同診療所　23
行動特性　193
行動理論　219
公費負担　34
公平住宅修正法　15
広　報　187
公民権法　15
公民二階建て階層型制度　5
公務員・学校職員等　105
効率経営　155, 160
高齢化　6, 67, 74, 75, 104
高齢者　11, 13, 14, 21, 24, 26, 38, 67, 74, 76, 79, 84, 87, 90, 97, 99, 103, 104, 109, 168
　── の自立支援　80, 221
　── の賃貸住宅　64
高齢者医療制度改革　5
高齢者医療保険　2, 5
高齢社会白書　228
高齢者虐待防止法　120

高齢者支援サービス　224, 226, 228, 237, 238
高齢者施設　45, 107
高齢者人口　14, 74
高齢者生活福祉センター　21
高齢者世帯　55
高齢者保険10か年戦略　75
高齢者向け資金調達　107
高齢者向け賃貸住宅事業　235
高齢者用共同住宅　231
高齢者用の賃貸マンション　234
コーポラティブ・ハウス　107
ゴールドプラン　18, 20, 21, 75, 80, 81, 82, 90
顧　客　143
　── の視点　153
　── の信用失墜　164
　── への満足度　206
顧客維持率　209
顧客満足　155, 173, 174, 185, 205, 209
国際電気標準会議　100
国際標準化機構　41, 100, 168, 186
国際標準規格　158
国土交通省　231, 235
国富論　135
国防費　6
国民健康保険法　73
国民年金　103, 104, 105
　── 基金　105
　── 法　73
　── 保険法　73
国民のニーズ　1
国連憲章第71条　124
心のバリア　52
個　室　20
個人権利保護条例　41
個人年金　25
個人の尊厳　11, 12, 54
コスト・コンシャス　146
コスト合理化　18, 155
コスト削減　128, 164, 240
コストダウン　79, 166
コスト低減　45
子育て支援サービス　129
誇大広告の禁止　55

国家の経済への介入　1
国家のビジョン　2
国家扶助　72
固定費　157, 158, 164
古典派経済学　136
個別キャリア・プラン　189, 197
コミュニケーション　193, 207, 215
コミュニティ　133
雇用機会　8, 25
雇用構造の二重的性格　115
雇用条件の整備　44
雇用対策　72
雇用保険　2, 73
コラボレーション　117, 131
コレクティブ・ハウス　107
混合診療の解禁　5
コンティンジェンシー・プラン　144, 146
コンパラブルワース　44
コンピテンシー　119, 169, 189, 191, 193, 194, 205
　──評価制度　163
　──・ディクショナリー　193
コンプライアンス　42, 57, 68

さ 行 ☆

サービス・ニーズの高度化　121
サービス運営基準　43
サービス効率化　45
サービス担当者会議　118
サービスの品質　163
サービス方式　47
サービス利用契約書　41
サービス利用者数　222
財形貯蓄制度　107
財形年金　107
財源の確保　96
財産　26, 168
歳出カット　2
財政逼迫　2, 3, 5, 6, 7, 9, 53, 57, 77, 90
在宅医療　150, 151
在宅介護　64, 89
在宅介護サービス　91, 130, 151, 183
　──業者　185

在宅ケア　19, 150
在宅サービス　86
在宅濃縮酸素療法　18
在宅配食サービス　186
在宅福祉サービス　16, 77, 78
在宅療養支援診療所　23
在宅療養等支援用具　32
財務　143, 153
財務諸表の開示　55
作業療法士　15, 161
サッチャー　7, 134
サプリメント　26
差別化　173, 175
　──戦略　141, 182, 184
サラモン　126
サラリーマン　104, 105
産業廃棄物　170
酸素吸入装置　32
酸素ボンベ運搬車　32
残余モデル　128

CI 運動　219
JIS 日本工業規格　17, 41, 43, 100, 101
Jリーグ　221, 235
Jリート市場　70
シェア　185
自営業者　105
ジェンダー　25
支援費制度　83
資格取得　200
視覚障害者　32, 33
事業拡大　174
事業企画計画　144
事業主負担　4
資金　26, 146, 165, 168
資金調達　13, 51, 103, 238
仕組み（制度・構造）　214
資源管理　191
自己管理型給付　5
自己啓発　189, 192, 199
自己決定　42, 71, 75, 80, 82, 83, 84
自己健康管理　4
自己実現　213

自己申告制　197
自己責任　4, 7, 9, 42, 71, 75, 80, 83, 84
自己選択　71, 75, 80, 83, 84
自己評価　55
自己負担　2, 9, 16, 85, 120
仕事のプロセス　166
事故防止　40, 46, 48, 49, 141, 155, 160
資産運用のポートフォリオ　25
資産格差　75, 84
自　助　1, 11
市場規模　90, 94, 95, 179
市場競争　39, 53, 55, 56, 68, 75, 87, 114
市場経済　8
市場原理　6, 39, 40, 173, 174, 179
市場シェア　179
市場主義　7, 8
市場メカニズム　7
自助努力　7, 12
施設介護　64, 89, 91, 223, 235
施設サービス　229
施設入居者支援サービス　129
持続可能な制度　4
肢体不自由者（児）　29
市町村　58
シックスシグマ　239
執行原理　137
実施要領　149
私的年金　13, 25
児童委員　57
自動消火装置　31
児童手当　72
児童福祉法　28, 53, 59, 60, 74
ジニ係数　38, 75
資本生産性　47
市民運動　15
市民社会　128
市民民主主義　123, 128, 129, 133
事務所内業務規定　41
使命感　113, 114, 141, 189, 193
社会参加　13, 82
社会的企業　132
社会的経済セクター　123, 125, 126, 127, 128
社会的資本　133

社会的使命　142
社会的弱者　11
社会的責任　68
社会的入院　3, 76, 150, 151
社会的役割　140, 141
社会福祉　72, 73
社会福祉6法　74
社会福祉8法改正　80
社会福祉関連8法　16
社会福祉関連有資格者　17
社会福祉基礎構造改革　53, 56, 69, 80, 82
社会福祉協議会　43, 57, 63, 82, 174, 237
社会福祉構造改革　38
社会福祉サービス　77
社会福祉事業　55, 58, 59, 60, 61, 62, 67, 68, 76
　　──法　51, 53, 54
社会福祉施策　74, 87
社会福祉施設　78
　　──職員等退職手当共済法　53
社会福祉事務所　130
社会福祉政策　71
社会福祉法　39, 43, 51, 53, 54, 57, 58, 59, 60, 76, 141
社会福祉法人　20, 51, 53, 55, 56, 58, 59, 61, 62, 63, 65, 69, 76, 77, 78, 175, 180, 184, 187, 224, 237
社会保険　72, 73, 74, 106
社会保険庁　2
社会保険方式　80
社会保障　2, 3, 7, 38, 73, 115
社会保障制度　1, 2, 4, 6, 11, 71, 72, 74, 84
　　──改革　3, 5
　　──審議会　24
社会民主主義　8
社会連帯　80, 82
収益計画　144, 145
従業員満足度　192
就業規則　148
住居改修費　24
終身年金　104, 105
重層的管理　42
住宅型　229
住宅対策　72

住宅担保融資　13, 108
集団参画型　216
重度障害児（者）　16
重度障害者用意思伝達装置　17
重度身体障害者　16
収尿器　33
自由放任　7
終末期医療　168
重要成功要因　153
シュレイ　210, 211, 212
循環型社会　87
情意考課　205
障害児　83
障害児童平等教育法　15
障害者　3, 10, 11, 14, 15, 38, 58, 79, 84, 86, 87,
　　99, 103, 109, 118, 120
　　――介護　90
　　――基本法　13, 52
　　――自立支援法　29, 34, 118, 119
　　――福祉サービス　57, 58
　　――プラン　52, 56, 81
状況適合理論　219, 220
少子化　6, 75
　　――対策　84
少子高齢化　3, 25, 85
小集団活動　143, 147, 171, 200
消費者基本法　103, 110
消費者教育　111
消費者契約　82
　　――法　15, 55, 67, 83, 103, 110, 111
消費者団体　111
消費者の自立支援　111
消費者保護　125
消費者保護基本法　55, 83, 110
消費税　5, 6, 80
情報・意思疎通支援用具　32, 33
情報開示　43, 64, 67, 68, 159
情報格差　87
情報公開　39, 187
情報通信支援用具　32
情報提供体制　55
情報の透明性　42, 159
情報の非対称性　40, 159

正味ケアの実働率　160
ショートステイ　21, 62, 91, 151
職員の満足度　141, 169
職員のモラール　218
職員目標　210
食事サービス　129
職能給　192, 203, 204
職能資格制度　204
職能要件　205, 206
職場外の育成・向上　201
職場能力　215
職場の力　214, 215
食品衛生法　110
職務開発　163
職務拡大　162, 192
職務基準　205, 206
職務充実　162, 163, 192
職務調査　162, 206
職務分掌　148
助成金　57, 59
所得格差　2, 8, 38, 39, 75, 87
所得再配分（分配）　3, 76, 84, 106
　　――政策　72, 75
　　――調査　38
ジョブ・ローテーション　199
自立訓練　34
自立支援　13, 69, 119
自立性　126, 127
自立生活支援具　30, 31
視力低下　170
シルバーマーク振興会　167
シルバーマーク制度　186
人員採用・育成計画　144, 145
人員削減　164
新規顧客獲得数　209
新規参入　174, 221, 232, 235, 236
寝具産業　77
人権尊重　11, 12, 168
人件費　46, 156, 157, 158, 164, 192
人権保護　120
人工喉頭　33
新ゴールドプラン　18, 19, 80, 81
新古典派経済学　137

人事規則　148
人事考課表　205
人事評価　192, 205
心身機能の低下　83
心身障害者対策法　52
身体介護　23, 49, 226
身体拘束　167
身体障害　34, 119
身体障害者　10, 83, 168
　——ケアマネージャー　120
　——福祉法　28, 53, 59, 60, 74
人的確保　190
人的行為サービス　12, 92
人的サービス　1, 18, 95, 96
人的資源　13, 115, 119
　——管理　189, 190, 191, 192, 204
新保守主義　1, 7, 9, 39
信頼関係　39, 217
診療自由裁量権　61
診療報酬　3, 150, 179

垂直的ネットワーク　150
水平的ネットワーク　150, 151
スウェーデン　78, 132
ストーマ用装具　33

「聖域なき」歳出削減　2
成　果　40, 45, 46
成果考課　205
成果主義　44, 53, 147, 163
生活支援ハウス　21
生活習慣病　169, 170
生活保護法　3, 53, 59, 73, 74
生　協　224
整合性　143, 145
成功体験　147
生産性　37, 44, 46, 47, 152, 160, 161, 162, 218
生産年齢人口　6
清　拭　23
政治の貧困　6
精神障害者　10, 34, 43, 87, 112, 119
精神通院　34
税制適格年金　106

製造物責任法　15, 41, 83, 103, 110, 111, 158, 159
制　度　128, 149, 224, 225
成年後見制度　41, 43, 53, 67, 82, 83, 92, 103, 112, 168
政府介入　7, 39
セイフティーネット　3, 4, 6, 114
生命保険会社　24, 106
生命保険契約者保護機構　24
セカンドオピニオン　167
責任予算　146
世代間扶養　25
絶対評価　206
説得的リーダーシップ　220
設備投資　144, 145, 146
説明責任　68
全社的品質管理　55
全職員による総合品質経営　47
全人的ケア　169
先進ハイテク技術　17
戦争犠牲者援護　72
先天性心臓疾患　120
専門化　167

送迎用バス　21
総合社会保険化　4
総合的品質経営　158
総合的品質保証　18
相互扶助　123
総収入　46
相対評価　206
相談協議型　216
総付加価値　156
組織活性化　207, 208, 209
組織戦略　147
組織内部の分析　175
組織の活性化　40, 214, 219
組織風土　147, 207, 214, 218
組織目標　210, 213
措　置　53, 54, 57, 58, 69, 76, 86, 114
損益計算書　156
損益分岐点　157, 160
損害賠償　112, 120
損害保険契約者保護機構　24

た行 ☆

体位　23, 30
第一生命　235
待機児童数状況　56
第5次医療法改正　5
第三者機関　55
第三者機能評価機構　20, 41, 158, 168
第三者評価　168, 169, 186
第三の道　1, 8, 9, 39
貸借対照表　156
退職金制度　105
代替医療　169
大腿骨骨折　121, 168
第2種社会福祉事業　43
第2次ベビーブーム　74
第2次臨時行政改革　7
タイム・ダラー　133
タクシー業界　87
宅地建物取引業法　110
たばこ　170
多摩医療PFI株式会社　239
タムラプランニング＆オペレーティング　256
団塊の世代　67, 120
短期入所　34, 60, 234
　──生活介護　21, 62, 66, 91
　──療養介護　62, 91
男女機会均等　44
担保不足　26

地域医療との連携　150
地域との「コミュニケーション」　141
地域福祉　57
　──権利擁護制度　55
地域別運営　5
地域包括支援センター　5, 117, 221, 226
地域密着　187, 223
地域密着型　64, 160, 221, 226, 228, 235
小さな政府　6, 7, 8, 9, 12
チームワーク　117, 210
地球市民　52
知的業務　114, 119

知的障害　34, 57, 119
知的障害者　10, 43, 83, 112
　──福祉法　52, 53, 59, 74
地方公共団体　20, 59, 224
地方自治体　70
地方分権　81
　──推進法　53
注意義務違反　168
中間施設　150
中期計画　143, 144, 146, 147
中古住宅評価制度　26
中立的立場　116
聴覚障害者　17, 31, 33
調剤薬局　15, 154
貯金　25
直接資金調達　69
貯蓄動向調査　38
賃金　46, 203, 204
賃貸住宅　64, 70

通院介助　86
通貨危機　8
通所介護　21, 66, 91, 156. 235
通所授産施設　56
通所リハビリ　21, 62, 66, 156
強み-弱み分析　143, 182
積立方式　25

定額支払制　61
デイケア　21, 151, 179, 184
デイサービス　20, 21, 59, 60, 85, 129, 151, 166, 179, 184, 234, 235
T字杖　30
定常型社会　9
低所得者　106
定着率　162
テイラー　166
適格年金　105
適正人員配置　164
適正人件費　46
出来高払いの医療保険請求　61
㈶テクノエイド協会　27
電気式痰吸引器　32

和文索引

点字器　32
点字タイプライター　32
電磁調理器　31
点字ディスプレイ　32
点字図書　33
転倒　121,168
電動車いす　11,16,48
転倒事故防止　49

同一価値労働　44
同一処遇の原則　44
東京都武蔵野公社　26
透析加湿器　32
頭部保護帽　30
特殊寝台　29
特殊尿器　30
特殊便器　31
特殊マット　29,30
特性理論　219
独善専制型　216
特定施設　13,20
特定施設入居者　64,66,67,91,228,234
特定非営利活動促進法　78
特別養護老人ホーム（特養ホーム）　19,21,
　　62,65,86,93,151,153,169,178,228,231
独立行政人　53,69,137,
床ずれ　169
土地価格の暴落　26
トップ　147,149
都道府県知事　59

な 行 ☆

内的報酬　191
内部環境　176,180,215
内部牽制　148
内部プロセス　143,153
中村哲医師　130

ニーズの多様化　11,121
二世帯住宅政策　12
日常生活サービス　23
ニッセイ基礎研究所　93,94,95,96
日程管理　166

日本医療機能評価機構　41
日本医療事務センター　238
日本医療評価機構　158
日本型おみこし経営　142
日本工業規格　41,100
入居一時金　229,230
入居金　22
入浴担架　30
入浴補助用具　30
21世紀福祉ビジョン　81
25年勧告　72,73
任意加入　106
任意後見制度　83
任意後見人　112
認知症　93,170
認知症ケア　23,111
認知症高齢者　11,43,87
　——支援対策　81
認知症対応型共同生活介護　66,91
　——施設　19,21
認知症老人専門病棟　19
認定区分　3

寝たきり　21,77,93,121
熱傷事故　49
ネットワーキング　13,38,46
ネットワーク　139,141,42,149,154
ネブライザー　32
年金　73,74,78,85
年功給　204
年功序列型賃金　203
年次計画　143,144,145,146,147
年次予算　145
年棒制　204

農協　106,224
ノウハウ　79
能力開発　198,205
能力型賃金　203
能力考課　205
能力・実力評価制度　163
能力分析　180,182
ノートン　143,209

ノーマライゼーション　13, 14, 51, 52, 54, 57, 69, 81, 82, 140

は行 ☆

ハーシー　220
パーソナル関連（入浴，排泄）　16
ハーツバーグ　162
パートタイマー　115, 119, 161, 164, 166
パートナー　150, 151
ハートビル法　13, 41, 79, 99, 168
ハイエク　7
徘徊　23
排泄管理支援用具　33
配置異動　205
ハイテク機器　33
ハイテク技術　13, 48
廃用性症候群　170
パック　167
発生主義会計制度　53
パブリック・プライベート・パートナー　69
バランスト・スコアカード　143, 153
バリア解消製品　92, 94, 95
バリアフリー　12, 13, 14, 23, 52, 86, 99, 109, 1 68
　──関連法規　99
阪神・淡路大震災　78, 82

非営利組合・組織　123, 127, 137
非営利性　76, 125, 126, 127
PL法　15, 41, 43, 83, 158
非効率性　137
ビジョン　1, 37, 140, 176, 182
非政府組織　123, 124
日立製作所　240
ビタミンE　169, 170
一人暮らし老人　77
被評定者　205
ヒヤリ・ハット　42
病院の付添婦の派遣　77
評価制度　42, 147, 163
病児保育　77
被用者年金　103, 104, 105

標準化　37, 167
評定者　205
広井良典　8
品質管理　14, 18, 37, 41
品質規格　17
品質基準　17
品質向上　163
品質保証　17, 40, 41, 48, 101, 155, 158, 159, 160, 167, 186
品質マニュアル　171
品質マネジメントシステム　170

フィナンシャルプランナー　85
フィリピンの労働者　119
付加価値生産性　37, 40, 45, 46
付加価値率　46, 47
部下教育指導　212
賦課方式　25
福祉（介護）タクシー　26, 92
福祉元年　74, 75
福祉計画　80
福祉国家　127, 128, 129, 133, 134
　──論　123
福祉サービス　34, 128, 129, 131, 132
福祉産業の市場規模　89
福祉産業の使命　37
福祉社会　127, 128, 133, 134
福祉住環境コーディネーター　103, 109
福祉推進10か年計画　80
福祉タウン　233
福祉電話　33
福祉ニーズの多様性　1
福祉入浴　92
福祉見直し論　74
福祉用具　14, 15, 42, 90, 92, 94, 95, 97, 103, 108, 234, 235
　──専門相談員　103, 109
　──貸与　15, 91, 169, 186
　──の定義　27
　──法　13, 14, 99
福祉用具販売　186
　──サービスガイドライン　17
福祉用具分類コード95　27

福祉用品　16
福祉理念　37
複線型長期人財育成　189, 195
複線型方式　195
プッシュ戦略　183
不動産投資信託　70
不平等　8
部門活動統括　212
部門統括　213
部門別経営戦略　145
富裕層　11
プライバシー　20, 68
プライバシーマーク　186, 187
プライマリー・ケア　45
フラッシュベル　31
ブランチャード　220
フランチャイズ方式　237
フリードマン　7
プル戦略　183
ブレア　8, 134
フレゼニウスメディカルケア　238
プロジェクト　144, 145
プロセス　37, 45, 46, 47, 147, 160, 166

平均在院日数短縮　152
ベヴァリッジ型福祉国家　72
ベビーホテル　77
ヘルスケア・リート　70
ヘルスケア施設評価合同委員会　159
ヘルスピープル2000　170
便器　30
偏見　87
ベンチ・マーキング　53
ベンチマーク　140
変動費　157, 158

保育行政　77
保育協同組合　132
保育所　56, 77, 132
保育ニーズ　77
棒状の杖　30
法整備の充実　119
法定貨幣　133

法定後見制度　83
法廷後見人制度　112
訪問介護　21, 23, 66, 91, 156, 169, 186, 223, 235
　　──員研修　234
　　──事業　235
訪問看護　21, 24, 62, 91, 177
　　──ステーション　21, 66, 151, 156
訪問通所　91
訪問入浴　91, 156, 169, 186
訪問販売法　110
法律遵守　37, 68
ポーター　142
ポートフォリオ分析　143, 183
ホームページ　184, 187
ホームヘルパー　21, 23, 87, 119, 233
ホームヘルプサービス　21, 23, 77, 78
ホームヘルプ事業　56
ボールディング　52
保健・医療活動　130
保健衛生　130
保険タイプ　106
歩行困難　121
"歩行時間延長信号機用小型送信機"　31
母子および寡婦福祉法　74
母子加算　3
補助食品　85
ホテル・コスト　62, 64
ボトムアップ　171, 210
ホメオパシー　169
ボランティア　1, 20, 82, 125, 126, 129, 152, 164
　　──精神　131

ま 行

マーケティング　47, 175, 181, 226
マーケティング戦略　173, 174, 176, 177, 182
マーシャル　137, 138
マーストリヒト条約　1
マクロ環境　177, 178
マズロー　162
末期がん患者　24
マッサージ　169
マニュアル　120, 149
マネジメント・スキル　161

マンション管理会社　233
満足の文化　121

ミクロ環境　178, 179
未成年後見制度　43
ミッション　141
身分・地位の保証　113
ミュルダール　7
未来志向の経営　147
ミル　136, 138
民間委託　131
民間介護保険　24
民間救急コールセンター　232
民間救急車　232
民間健康保険機構　159
民間産業　71
民間資本による社会資本整備　53
民間年金　106
民間非営利組織　123, 124, 128
民間保育所　77
民間保険　106
民主性　126
民生委員　53, 57
民法法人　224

ムダ・ムラ・ムリ　45, 47

メイス　15, 99, 100
メジャー保守党政権　134
メッセージ　230
メディカルモール　239
メンバーシップ　210

盲人　32, 33
目標管理　44, 137, 147, 163, 169, 192, 207, 209, 211
目標達成意欲　209
目標達成度　205
モチベーション　3, 162, 189, 194, 220
モニタリング　39, 118
モラール　40, 163, 199
モラルハザード　6
モン・ドラゴン協同組合　136

や 行 ☆

夜間休日サービス　184
夜間頻尿　170
夜間保育　77
やさしい手　226
薬局　23

ユースフル製品　92, 94, 95
優先入所　86
裕福層　121
有料老人ホーム　13, 20, 51, 55, 62, 64, 67, 70, 77, 85, 91, 93, 169, 174, 175, 179, 183, 184, 228, 229, 230, 231, 233, 236
豊かさ　12
豊かな社会　2, 8
ユニットケア　20, 45
ユニバーサルデザイン　13, 15, 48, 79, 92, 94, 99, 100

要介護　65, 90
要介護1　117
要介護者　150, 225
要介護度別　225
要介護認定　116, 225
要支援　65, 117, 225
腰痛　49
要保護児童　54
浴槽　29
横出し　92
予算会議　144, 146, 147, 149, 165
予算制度　146, 165
予算編成会議　144
予実管理　146
余剰設備の撤収　164
予想損益計算書　145
予想貸借対照表　145

ら 行 ☆

ライフスタイル　11, 26
ランチェスター戦略　185

リース　47

和文索引　259

リーダーシップ　116, 117, 142, 147, 161, 163, 192, 207, 208, 209, 210, 211, 215, 219, 220
リート　51, 70
リエンジニアリング　158, 165
理学療法士　15, 161
離職率　115, 190
リスク分散　25, 26, 47
リスクヘッジ　26
リスクマネジメント　41, 42, 148, 165, 168
リストラクチャリング　158, 164
リスボン宣言　167
リッカート　148, 161, 216, 217, 218
リバースモーゲージ　23, 26, 92, 103, 108
リハビリ　19, 23, 91, 141, 166, 169
リハビリテーション　72, 85, 140, 166
　——法　15
リハビリ病床　3
リハビリ病棟　150
リフォーム　108, 109
リフト（手動式・電動式）　49
リフト付き福祉車両　232
リフレクソロジー　166
流通ネットワーク　152
リュウマチ　170
療育指定保健所　29
利用契約　55
良質サービス　37, 39, 40, 41, 42, 46, 49, 55, 160, 167
良質のケア・サービス　45
利用者　12, 15, 37, 40, 54, 71, 144, 184
　——保護　43, 55, 110
　——本位　37, 40, 58
　——満足　40, 44, 77
療養型医療施設　19
療養型病院　61
療養型病床群　93
療養施設　156
療養病床　2, 176
旅行業法　110
稟議制度　146, 165
リンキング・ピン　148

倫理的使命　37

ルームクーラー　32

レーガン　7
連結ピン　148
レンタル　17, 29, 41, 108, 235
レンタル専門店　15

ロイヤルティー　179
老人医療費公費負担制度　76
老人福祉計画　80
老人福祉施設　156
老人福祉法　22, 59, 60, 64, 65, 74
老人ホーム　85
老人保健計画　80
老人保健施設　19, 21, 62, 93, 150, 156, 169
老人保健福祉計画　80
労働環境改善　44
労働銀行券　136
労働交換所　136
労働者協同組合　136
労働者災害補償保険　73
労働者年金保険法　73
労働条件　77, 119
労働生産性　19, 44, 155, 156, 157, 160
労働装備率　47
労働分配率　46
労務管理　184
老齢加算　3
ローシュ　148
ロバート・オウエン　135, 136
ローレンス　148
ロッチデール　126, 136

わ 行

ワーカーズ・コーポラティブ　136
ワークシェア　164
ワークシェアリング　25, 44
Y 理論　209, 210

欧文索引

accident　42
ADA法　15
Balanced Scorecard　143
B/S　145, 146
behavioral theory　219
BSC　143, 153
BTO　68, 69
Career Development Program　195
CDP　195
Corporate Identity　219
clinical freedom　61
congruence　143
contingency theory　219
CS　40, 46, 155, 159, 160, 185
customer satisfactuon　40, 185
EBM　65, 168, 169
Empowerment　162
ES：Employee Satisfaction　141, 169, 192
FP　85
GDP　2, 3, 6
General Electric社　166, 238
GMP　41
HMO　159
HOT　18
Home Oxygen Therapy　18
HRM　191
Human Resource Management　191
ICD　168, 169
IE　166, 168
IEC　100
ILO　44, 115
incident　42
industrial Engineering　166
International Organization for Standardization　158
ISO　18, 41, 100, 158, 168, 171, 186
ISO/IECガイド 71　99, 100
ISO9000　55, 170
JACAHO　159
JCQHC　158

JIS 日本工業規格　17, 41, 43, 100, 101
Job Enlargement　162
Lawrence, P.R.　148
Likert, R.　148
Lorsh, J. W.　148
Management by Objective　44, 163, 209
MBO　44, 147, 163, 209
ME機器　45
morale　40
National Health Service　68
New Public Management　52, 123, 137
NGO　123, 124, 130
NHS　68
NPM　51, 52, 53, 55, 56, 57, 68, 69, 123, 137, 138
NPO　1, 11, 20, 23, 38, 65, 123, 125, 126, 130, 132, 152, 158, 167
NPO法　78, 80, 82, 124
NPO法人　131, 224
NTTデータ　235
Occupational Therapist　15, 161
OFF・JT　190, 192, 199, 201
off the job training　190, 192, 199, 201
OJT　189, 190, 192, 198
off the job training　199
on the job training　198
OT　15, 19, 41, 161
P/L　145, 146
PAC　167
Performance Analysis and Control　167
PDC　139
PERT　166
Program Evalution and Review Techniques　166
PFI　13, 53, 47, 65, 68, 69, 70, 77, 133, 134, 134, 137
Physical Therapist　15, 161
PPC　22
progressive patient care　22
PPP　69, 70, 123, 133, 134, 137
Private Finance Initiative　53, 134

Private Public Partner 134	Schleh, E. C. 210
PT 15, 19, 41, 161	SWOT分析 143, 182
QOL 13, 14, 16, 39, 52, 140, 141, 142	Total Quality Management 47, 158
Real Estate Investment Trust 70	TQM 47, 55, 158, 168, 169, 171
REIT 13, 70	traits theory 219
Reverse Mortgage 108	VA 14, 18, 166
Safety Guideline 15	Value Analysis 14, 18, 166
Salamon, L. M. 126	

＜編著者紹介*＞

＊肩書は執筆時のものです。

渡辺　孝雄（わたなべ・たかお）

トータルサイエンス経営研究所所長，社会福祉法人プラットホーム武蔵野館理事
横浜市立大学商学部卒業。さくら総合研究所（現，日本総合研究所）コンサルティング部長，政府派遣専門委員，第一福祉大学（現，福岡医療福祉大学）人間社会福祉学部教授など歴任。この間，海外，国内における健康保険制度・病院管理・福祉産業・医療・看護・高齢者施設・在宅ケア分野の指導にあたる。
（主要著書）『医療・福祉サービスの経営戦略Ⅱ』じほう社，2006年。『競争に勝ち抜く医療マーケティング』（共著）ぱる出版，2006年。『Demystifying Japanese Management　日本的経営の変貌』（日米対訳）学生社，1991年。『病院経営と医療マーケティング』日本生産性本部，1988年。

服部　治（はっとり・おさむ）

松蔭大学経営文化学部教授，金沢星稜大学名誉教授
中央大学法学部卒業。社団法人近代的労使関係研究協会・制度政策研究委員・理事などで活躍。この間，立教大学講師，中国人民大学客員教授，職種転換教育専門委員（現　厚生労働省）など経営・人的資源管理の研究にあたる。
（主要著書）『人的資源管理要論』（編著）晃洋書房，2000年。『現代経営学総論』（編著）白桃書房，1998年。『経営人材形成史』（編著）中央経済社，1997年。『現代経営行動論』晃洋書房，2005年（日本労働ペンクラブ賞・2005年度）。

小島　理市（こじま・りいち）

アルケー・エートス・ネット主宰，産業能率大学講師
横浜市立大学商学部経済学科卒業。医薬品総合商社で顧客サービス，品質保証，業績システムの管理業務を担当。シンクタンクの福祉産業分野の経営問題などについて研修指導を担当。
（主要著書・論文）『競争に勝ち抜く医療マーケティング』（共著）ぱる出版，2006年。「予防医療を考える」『医食同源』（2003年）産能大学。

平成16年4月8日　初版発行
平成20年6月10日　新版発行　〈検印省略〉
平成25年11月25日　新版2刷発行　略称：福祉産業（新）

福祉産業マネジメント
＜新版＞

編著者　© 　渡辺　孝雄
　　　　　　服部　　治
　　　　　　小島　理市

発行者　　　中島　治久

発行所　同文舘出版株式会社
東京都千代田区神田神保町1-41　〒101-0051
電話　営業03(3294)1801　振替00100-8-42935
編集03(3294)1803　http://www.dobunkan.co.jp

Printed in Japan 2008

印刷：広研印刷
製本：広研印刷

ISBN 4-495-37232-3